AF377739

Breve aunque perfectamente humana

Alua Arthur

Breve aunque perfectamente humana

Cómo llevar una vida auténtica siendo realista con su final

EDICIONES OBELISCO

Colección Psicología
BREVE AUNQUE PERFECTAMENTE HUMANA
Alua Arthur

1.ª edición: mayo de 2025

Título original:
Briefly Perfectly Human
Making and Authentic life by Getting Real About the End

Traducción: *Antonio Cutanda*
Corrección: *Sara Moreno*
Diseño de cubierta: *Enrique Iborra*

© 2024, Alua Arthur
Publicado por acuerdo con Mariner Books,
sello editorial de HarpersCollins Publishers
(Reservados todos los derechos)

© 2025, Ediciones Obelisco, S. L.
(Reservados los derechos para la presente edición)

Edita: Ediciones Obelisco, S. L.
Collita, 23-25. Pol. Ind. Molí de la Bastida
08191 Rubí - Barcelona - España
Tel. 93 309 85 25 - Fax 93 309 85 23
E-mail: info@edicionesobelisco.com

ISBN: 978-84-9111-100-9
DL B 4201-2025

Printed in Spain

Impreso en España en los talleres gráficos de Romanyà/Valls S. A.
Verdaguer, 1 - 08786 Capellades (Barcelona)

A los que se pasan.
A los que no llegan.
A los errantes.
A los soñadores doloridos.
A los perpetuos buscadores
de nada que encontrar

En amoroso recuerdo de Peter Saint John,
Chante Murphy, Angelina Araba Enim, Lindsey
Pearlman, Jason Forde, Damain Reeves, Joan Marie,
Margo Madji; de mis abuelos paternos, el rey Awulae
Blay VI y Bozoma Ellimah; de mis abuelos maternos,
J. O. Evans Enim y Kate Acquah;
de mis miles de antepasados, de mis muchos clientes
y de cada persona que vino antes que yo y que ya murió.

Nota de la autora

En el núcleo de mi trabajo como doula de la muerte existe, necesariamente, un elemento de confianza. Los clientes me invitan a entrar en su hogar y en su vida y, conmigo, recorren sus desamores, sus instantes de mayor orgullo, sus mayores alegrías, los cajones de los calcetines y los esqueletos que esconden en los armarios. Para facilitar tal confianza, estoy moralmente obligada a mantener la confidencialidad con mi cliente, algo que mantengo hasta el día de hoy. Las historias de este libro se derivan de los encuentros más impactantes que he tenido en mi trabajo, y las lecciones que me han enseñado viven dentro de mí todavía. No obtuve permiso por escrito para compartir las experiencias de mis clientes, muchos de los cuales ya partieron. Sin embargo, mi trabajo con ellos, y mis recuerdos de las reveladoras conexiones que tuve con ellos, han permanecido en mí hasta que han brotado.

A través de todo el libro utilizo nombres ficticios, pero, con el fin de proteger aún más sus identidades, he cambiado muchos detalles y he construido casos compuestos. Combino las experiencias de muchas personas con las cuales he trabajado estrechamente –inclusive de clientes moribundos y de aquellos otros que solicitaban consultas sobre planificación del final de la vida y sesiones de meditación sobre la muerte– con personas que simplemente optaron por compartir sus relatos sobre la muerte conmigo en una cafetería, en un avión o en una fiesta. Mi intención consiste en crear una historia en la cual cualquier persona pueda encontrarse a sí misma. Las experiencias que tenemos en el momento de morir son universales y, sin embargo, nos sentimos más solos que nunca en el momento en que realizamos ese viaje. Espero que estas historias te muestren que se nos ve, incluso al término de nuestra vida. Se te ve. Se te escucha. Tu vida importa. Tu muerte también importará.

Capítulo 1

Una amiga al fin

La bocina del coche brama, haciéndome volver en mí justo a tiempo de dar con mis manos en el capó para alejar instintivamente mi cuerpo del taxi rojo y amarillo. Chirrían los frenos y el coche se detiene a dos centímetros de mí, sin llegar a golpearme. Ondas de choque recorren mi cuerpo como una corriente eléctrica, mientras se me corta la respiración y vuelvo al presente al percatarme de la gravedad de lo que estuvo a punto de ocurrir. La adrenalina ha tomado el control. Hasta el vello de mi cuerpo está prestando atención. Todo se mueve a cámara lenta, como en *Matrix* cuando Neo esquiva las balas. He estado a punto de morir, y el accidente habría sido por culpa mía, por no prestar atención.

«*¡Compórtate como es debido,* Alua!», me recrimino a mí misma de la manera habitual. Durante el último año he llegado a la conclusión de que no sé hacer nada bien. Ya no sé cómo ser una dichosa abogada de oficio. No sé cómo sentirme contenta. No sé cómo enderezar mi vida. Ni siquiera sé cómo cruzar una calle atestada de gente a las ocho de la mañana.

Hasta aquel momento, yo no había pensado demasiado en mi muerte. Sin embargo, en un instante, he tenido claro que no quería morir en una calle de Trinidad, Cuba, medio bebida, con el maquillaje de anoche aún en la cara. Mis padres me matarían. Siendo la buena niña ghanesa que soy, me doy cuenta de la vergüenza que traería a la familia si acabara salpicando la abarrotada calle por causa de mi propia negligencia. También pienso en el tanga que llevo debajo de mis vaqueros cortos. Mi madre se avergüenza con mis tangas. Como la mayoría de las madres, mi madre se explayaba mientras yo crecía hablando del tipo de ropa interior yo debía llevar si sufría un accidente... y éste no era el tipo de ropa interior que ella aprobaría.

Las calles pulsan con los quehaceres cotidianos: las madres llevan a los niños a la escuela, los bicitaxis llevan a la gente al trabajo... La atmósfera está impregnada de ruidos, de las bocinas de los taxis, del claqueteo de los caballos que transportan trigo y otras mercancías por las calles adoquinadas... Pensé que los evitaría a todos corriendo calle abajo por mitad de la calzada, entre las hileras de casas de colores pastel. Fue una mala decisión. Con tanto caos, no resulta sorprendente que no viera venir el taxi.

Me repongo y salto a la acera, junto a las personas que se han detenido para observar la escena que yo misma he provocado. Aminoro el paso y me muevo con mayor determinación, pero sigo yendo rápido. Llego tarde. Yesenia, una mujer a la que conocí ayer mismo, me está esperando. Nos pasamos la noche anterior bailando en una cueva de caliza como si el cartílago de la rodilla nos fuera a durar para siempre, los cuerpos resbaladizos por el sudor y la humedad.

Cuando nos conocimos, ella estaba en el portal de su casa con los ojos entrecerrados, y me saludó al pasar. Yo estaba terminando mi habitual *footing,* después de recorrer más de 12 kilómetros, de regreso a la casa de huéspedes en la que me alojaba.

—*¡Amiga! ¡Amiga!*[1] –la oí gritar.

Cuando me volví, me hizo gestos con la mano, bruscamente.

—*¡Ven aquí!*

Aflojé el paso y ella me alcanzó. Era una mujer de treinta y tantos años, con los ojos muy maquillados. Dijo que me había visto antes, y me preguntó que por qué iba corriendo por la ciudad. Con mi incipiente castellano, le expliqué que estaba de visita en Cuba. Y, siendo una mujer que viajo mucho sola, ya me esperaba la pregunta que me haría después: ¿y dónde está tu esposo?

---

1. En castellano en el original, al igual que todas las demás frases que aparecen en cursiva en los diálogos. *(N. del T.)*

—*No hay esposo* –repliqué.

No, ni tampoco novio. Y sí, había decidido venir sola. Y no, no me pasaba nada, aparte de mis erróneas decisiones, mi falta de rumbo y la depresión que cubre mi cerebro como un acabado turbio de laca. ¿Cómo traducir mi necesidad de libertad, mi cuestionable gusto por músicos inmaduros, mi fobia al compromiso? ¿Cómo encontrar las palabras en castellano necesarias para describir un efímero matrimonio de seis meses que había terminado cuatro años atrás, cuando apenas podía explicarme a mí misma en inglés lo que me había ocurrido? ¿Cómo hacerle comprender mi abyecta pasión por deambular por el mundo, el deseo de escapar de mi piel y de una vida que me estrangulaba? Sin una respuesta clara a la pregunta de qué estaba haciendo en Cuba, me encogí de hombros.

Yesenia ladeó la cabeza, sopesando si arreglar o no mi problema de ausencia de hombres, y finalmente se ofreció a buscarme un ligue. Me dijo que iríamos aquella misma noche a un conocido lugar de moda en el hermoso barrio histórico de Trinidad. Sentí curiosidad ante la propuesta, pero no era optimista. Después de tres semanas en Cuba, había flirteado con unos cuantos cubanos y me había percatado de lo fácil que les resulta hacer juegos malabares con las mujeres. Además, por una vez en mi vida, estaba intentando no desaparecer bajo la sombra de un hombre.

Aquella noche, a la hora convenida, subí los dos escalones ruinosos de hormigón que llevaban a la puerta del apartamento de Yesenia. La puerta estaba abierta, y sólo estaba cubierta con una cortina. Desde fuera se oía bramar la radio con la popular música cubatón, a la cual ya me había acostumbrado desde mi llegada a la isla. Yesenia me hizo sentar ante una mesita, cubierta con un mantel de plástico con flores moradas en proceso de desintegración, y se puso a trabajar para dejarme bonita para el hombre que ella había elegido para mí. Al parecer, era joven y guapo, y Yesenia afirmaba que me querría tanto que ya no tendría que volver a viajar sola. Cuba es para los amantes, me recordó, mientras me recogía el cabello en una coleta alta y la sujetaba con una goma roja brillante en lo alto de la cabeza. Era el *look* de Janet Jackson de la década de los noventa, cuando filmó *Poetic Justice*. Yesenia eligió un lápiz de labios de un color que determinadas generaciones denominarían «rojo puta» y suficiente sombra de ojos escarchada de un color gris azulado como para dar envidia a las jóvenes de los ochenta.

Nos encaminamos hacia el club en medio de la oscuridad, ascendiendo por un sendero rocoso empinado. Por mis andanzas el día anterior, reconocí aquel sendero como el que llevaba a la ermita de la Popa, que se encontraba en la cima de la colina. La noche era oscura como la boca de un lobo, y no había seres humanos a la vista. Pero en cuanto empecé a preguntarme si no habría cometido un error dejándome llevar por Yesenia, nos encontramos con un grupo de gente fumando y charlando junto a un agujero grande en el suelo. Cuando nos acercamos, vi que el agujero era una escalera que se sumergía en la tierra.

—*Espera aquí* –dijo Yesenia.

Agradecí tener que esperar en la superficie en vez de seguirla bajo tierra. Yesenia se adelantó para ver si el lugar estaba abierto por la noche y, unos instantes después, me hizo señas con la mano para que me uniera a ella. Lo que no me había dicho es que tendríamos que descender a los infiernos para encontrar a un hombre. Bajamos por una larga escalera de piedra irregular y entramos en un laberinto de túneles que, al cabo de un rato, se abrieron a una pista de baile. Disco Ayala se abría en las profundidades de una cueva de roca caliza a unos treinta metros bajo tierra. Cuando mis ojos se ajustaron a la luz del lugar, vi varias hileras de luces, de asientos y una pista de baile en medio. Olía a cigarrillos rancios, a sudor y a piedra húmeda. Era medianoche, y la fiesta estaba comenzando. Haciendo una rápida inspección, y viendo a los turistas europeos varones con sus vaqueros ajustados lavados al ácido y a las jóvenes trabajadoras sexuales cubanas bailando solas alrededor de ellos, supuse que iba a tener una novedosa y extravagante experiencia. Exactamente lo que me gusta de la vida.

Y la noche no me decepcionó, aunque sí lo hizo el hombre que Yesenia había elegido para mí, un hombre sorprendentemente grande. Tenía cara de niño, pero era muy alto y musculoso, como si su cuerpo hubiera madurado mucho más rápido que su cara. Era guapo, pero a la manera en que las tías ven guapos a sus sobrinos. Carlos y yo no estábamos destinados a vivir un amor eterno, pero pasamos un rato entretenido con las actuaciones de unos cubanos descamisados que se tumbaban sobre lechos de cristales y hacían trucos con espadas y fuego, mientras escuchábamos cubatón y eurotecno.

El resplandor del cielo a primera hora de la mañana nos sorprendió cuando finalmente salimos al mundo exterior, bañadas en sudor y exudando alcohol por los poros. Recorrimos el sinuoso sendero que bajaba de la colina a la ciudad riendo, cantando y prometiéndonos que nunca olvidaríamos aquella noche, con una mezcla de castellano e inglés. Y cuando iba, ya sola, hacia la habitación que había alquilado en una *casa particular,* me di cuenta de que todavía llevaba la goma roja de Yesenia en el cabello. Dos horas más tarde, tendría que levantarme para tomar un autobús a Santiago de Cuba, una ciudad rebosante de arte y música vibrantes, y con la mayor población de color de toda la isla.

Cuando mi pequeño despertador de viaje sonó y me despertó con una sacudida, miré la hora y gruñí… y luego me invadió el pánico. Iba a llegar tarde al autobús. Pero primero tenía que ver a Yesenia para darle las gracias y devolverle la goma del pelo, ya que no había muchos productos nuevos en Cuba debido a los embargos. Recogí lo más rápido que pude mis cosas, que estaban desordenadas y esparcidas por la habitación, y apenas pude cerrar mi mochila tras apretujarlo todo en ella. Tomé un trozo de papaya madura que había dejado mi casera y partí hacia la casa de Yesenia para devolverle la goma, hacerle una foto e ir a buscar mi autobús, todo en veinte minutos. Fue cuando iba con tales prisas cuando casi me atropelló el taxi. Y en medio de aquel caos, en mi acto reflejo de protección, aplasté el trozo de papaya que llevaba en la mano sobre el capó del auto, y sentí cómo goteaba entre mis dedos. No pude evitar soltar una maldición.

Después de mi cuasiaccidente con el taxi, llego finalmente a casa de Yesenia, sudorosa y aturdida por una experiencia que terminará dando forma al resto de mi vida. Yesenia me ofrece que desayune con ella y me propone otro encuentro con Carlos. Me río, le hago una foto y le doy las gracias, y salgo corriendo por la puerta, prometiéndole que contactaré con ella.

La parada del autobús de Viazul está abarrotada de gente cuando llego, jadeando, dos minutos antes de la hora de salida. Los humos de los autobuses al ralentí se filtran en la taquilla sin puertas. Hay dos mostradores, uno con una cola larga y otro sin cola, y un letrero plastificado y amarillento entre ambos mostradores donde pone «*Boletos*». Me pongo en la cola detrás de una mujer blanca de treinta y tantos años. Su mochila rebosante, sus pantalones cortavientos color caqui con cremalleras en las rodillas y su calzado cómodo la delatan como una viajera, como yo. Me llama la atención el tatuaje de una pluma de escribir roja en su antebrazo derecho.

—Bonito tatuaje –digo.

—Sí, me gusta escribir –dice ella sonriendo.

«¿Quién se hace un tatuaje de algo que simplemente le gusta hacer?», pienso.

Entablamos conversación. Su nombre es Jessica.

Con un inglés con mucho acento (¿alemana? ¿francesa? Sé que es mejor no tratar de adivinarlo), Jessica me dice que va a Camagüey, la tercera ciudad más poblada de Cuba, en el mismo autobús que yo y se sorprende cuando le digo que todavía no tengo el billete. El autobús es la forma más barata de viajar por Cuba, y las plazas de la compañía Viazul desaparecen rápido. Jessica me dice que me he equivocado de cola. Al percatarse de que he perdido unos minutos preciosos charlando con ella, Jessica se ofrece a vigilar mi equipaje y me promete con un guiño que hará esperar al conductor del autobús hasta que yo llegue. Me fío de su guiño y la creo, del mismo modo que me había fiado de Yesenia lo suficiente como para seguirla bajo tierra.

Mientras regateo el precio del billete con una mezcla de castellano e inglés, veo a Jessica a través de la polvorienta ventana intentando subir al autobús con las dos mochilas. El conductor le hace señas para que las ponga en la parte inferior del vehículo, pero Jessica le ignora. Otras personas en el exterior también le hacen indicaciones, pero las ignora así mismo. Me echo a reír al darme cuenta de que está cumpliendo su promesa de dar largas para que el conductor no se vaya sin mí.

Finalmente, el taquillero de la compañía me extiende el tique y le pago 47 pesos cubanos. Debería costar en torno a 36 pesos, pero no le doy importancia. Perder 11 pesos cubanos no es lo peor que mi impulsividad me haya causado.

Paso entre la gente evitando sus miradas, y me avergüenzo cuando veo a un cubano que no ha conseguido un billete para el viaje que yo sí he conseguido, y todo porque yo podía pagar más por él. Siento una punzada en la conciencia, pero ni siquiera tengo tiempo de lamentarme por las injusticias que traen consigo mis privilegios, puesto que el autobús está arrancando ya. En resumen, me aprovecho de las ventajas que me dan estos privilegios, como hacen otros tantos.

Corro hacia el autobús, y el conductor apenas frena antes de abrir la puerta para que yo me suba. Jessica aplaude, y yo me siento a su lado en la primera fila de asientos.

—¡He hecho el ridículo por ti! –me dice entre risas mientras se acomoda.

Además de sus tejemanejes para retrasar la salida del autobús, resulta que ha convencido a alguien para que intercambiara su asiento, con el fin de que pudiéramos sentarnos juntas.

—¡Lo sé! ¿Por qué lo hiciste? –le pregunto, jadeando aún.

El motor del Viazul retumba de nuevo cobrando vida bajo nosotras. La cabina de pasajeros está decorada con luces de Navidad, mientras una cadena de canciones de amor en español suena a todo volumen. Estamos en marcha: dos nuevas amigas unidas por la extraña complicidad que se genera entre dos personas viajando solas por el extranjero.

—Funcionó, ¿no es cierto? –dice Jessica encogiéndose de hombros, para luego preguntarme qué me ha llevado a Cuba.

La verdad es que no dispongo de una respuesta. La verdad es que la respuesta no va tanto de «Estoy cumpliendo con mi lista de "Cosas que deseo hacer antes de morir"» o «Soy una exploradora sexi y atrevida dispuesta a saltarse las prohibiciones de viaje de Estados Unidos con tal de tener una aventura», como de «Voy a la deriva en una barcaza depresiva que hace agua, de modo que tomé el primer flotador que encontré para ver si podía salvarme». He estado dando vueltas por el país, cabalgando, haciendo largas caminatas, bebiendo ron y practicando el español con la esperanza de encontrar el camino de vuelta a mí misma, a mi vida y a mi cuerpo.

Hasta el momento, la vida me había resultado relativamente fácil, a pesar de mi oscura piel. Tengo una familia muy unida y solidaria que emigró de Ghana a Estados Unidos, he tenido una educación formal estelar, un cuerpo sano y grandes amantes. He viajado a lugares que provocarían la envidia de muchos y, profesionalmente, trabajo como abogada de oficio, lo cual se supone que me permite defender mi entrada o salida de cualquier asunto. Y, sin embargo, aquí estoy yo, en un viaje sin ningún propósito en concreto, atascada y profundamente insatisfecha.

Tiempo atrás, durante mi último año en la universidad, cuando disponía de tiempo para hacer grandes planes, me preguntaba cómo podría prestar un buen servicio al mundo que me rodea. No soy lo suficientemente diplomática como para dedicarme a la política, aunque los amigos políticos de mi padre me llamaran Madame President porque, siendo adolescente, podía debatir con ellos sobre políticas internacionales de derechos humanos. Tampoco tengo paciencia para dedicarme a la docencia. No quiero tener hijos y, ciertamente, no quiero responsabilizarme del cuidado de los hijos de los demás.

El derecho me ofrecía muchas más opciones, de modo que fui a la Facultad de Derecho porque no sabía qué otra cosa podría hacer con mi única y breve existencia. Ahora, con casi nueve años en la profesión, me había abierto camino en una vida que siempre había despreciado. Estaba en medio de una depresión de caballo, sintiéndome huésped en mi propio cuerpo. Y sabía que, si me muriera justo en ese momento, mis últimos pensamientos serían de remordimiento.

De manera que le ahorro a Jessica tal exceso de información que, según dicen, asusta a la gente, y, a cambio, le doy una no-respuesta:

—Estoy viendo qué puedo ver.

Y le devuelvo la pregunta.

—Yo estoy dando la vuelta al mundo –dice–. Empecé en los Estados Unidos, ahora estoy en Cuba, luego me voy a Argentina, Brasil… y más tarde a Sudáfrica, antes de volver a Alemania.

—Y estás haciendo este viaje porque…

El tono de Jessica cambia, y se le oscurece la mirada.

—Como tú dijiste, estoy viendo qué puedo ver. –Jessica desvía la mirada por un instante y, luego, continúa–: Tengo un cáncer de útero. Ésos son los lugares del mundo que quiero ver antes de morir.

—¡Mierda! –exclamo de repente, para arrepentirme de inmediato.

Pero Jessica se echa a reír. ¿Cuál es la respuesta socialmente aceptable para una revelación como ésta?

Yo quizás sea una persona sensible, pero eso no significa que tenga tacto. Nunca lo he tenido. Sea por ingenuidad, por curiosidad, aburrimiento o, en este caso, por insensibilidad, a menudo paso por alto las señales sociales que indican que un tema de conversación no es adecuado. De modo que sigo adelante:

—¿Y ese cáncer te va a matar?

La expresión de Jessica se suaviza. Mira más allá de mí, más allá del pasillo y de la ventanilla del autobús.

—Puede ser.

—Y luego, ¿qué? –pregunto.

Me muerdo el labio por dentro, preguntándome de inmediato si no debería haberme metido el pie en la boca antes de hablar, una vez más. Pero no he podido evitarlo.

Sin embargo, Jessica duda un instante.

—Bueno, supongo que luego estaré muerta.

Nos echamos a reír, con esa risa honda que tiembla ante la fragilidad de la vida.

Con 36 años, Jessica tiene sólo 2 años más que yo, y ambas estamos enfermas con sendas enfermedades que podrían matarnos si no las tratamos.

«Yo podría morir por causa de mi depresión», pienso.

No me había planteado mi propia muerte hasta este momento y tras el simulacro de accidente que había tenido por la mañana. Lo más cerca que había estado de planteármelo había sido cuando el activista del sida adolescente Ryan White había muerto, en 1990, cuando yo tenía 11 años. Aquello fue una noticia a nivel nacional. Pero esta vez, se me antoja… diferente.

No sé si se debe a mi reciente roce con la muerte, al ambiente festivo o a cualquier otra cosa que se agita en mi interior, pero me pongo a hacerle preguntas acerca de su vida a Jessica, preguntas que son *realmente* directas y personales. ¿Qué le quedará por hacer en la vida si el cáncer la mata? Le pregunto si quería tener familia. ¿Qué le ha impedido tener familia hasta ahora? Le pregunto por su trabajo, sus amantes, sus sueños y sus penas. Finalmente, le pregunto acerca del final:

—¿Qué crees que es la muerte?

Jessica me dice que ésta es la primera vez que alguien le hace esas preguntas o que alguien quiere escuchar lo que ella tenga que decir respecto a la muerte. Aunque en su programa oncológico va incluida la atención psiquiátrica, dice que su psiquiatra sólo se preocupa por cómo está viviendo ella la enfermedad, que no le ha preguntado nada acerca de la muerte. Por otro lado, ni la familia ni sus amistades han buscado el momento para hablar y hacerle una pregunta existencial tan fundamental como ésta. Dice que cada vez que habla de la muerte, todo el mundo le dice que debe tener esperanza, que mire el lado luminoso de las cosas y que se centre en curarse.

Y yo inmediatamente me pregunto por qué no nos dejamos espacios para que la gente hable de aquellas cuestiones que más pesar les causan en el corazón. Quizás sea porque creemos que es demasiado doloroso de escuchar. Es decir, intento evitar que mis allegados sepan hasta dónde llega mi angustia mental. No quiero cargarlos con ello y, así, me paso la vida fingiendo. Quiero protegerlos de mi dolor, aunque mi dolor se haga con ello cada vez más profundo. Todos sabemos lo que está pasando, pero nadie lo dice. Y este extraño bucle tiene que ser infinitamente más angustioso para una persona que tiene una enfermedad incurable, que no puede permitirse el lujo de fingir que lo que está ocurriendo no está ocurriendo en realidad. Cuando alguien está muriendo, tal evasión es una forma de luz de gas existencial.

Me rompe el corazón que Jessica esté bailando sola con la muerte, y siento la necesidad de bailar con ella en ese solitario espacio, dando vueltas y más vueltas en la extraña belleza de la vida, en lo curioso que resulta todo. La llamada es clara e inequívoca, y no me exige otra cosa que ser quien soy en este instante. No me exige que piense o que sepa algo. Sólo me pide que sienta. Con todos estos pensamientos corriendo desbocados por mi mente, la siguiente pregunta que le hago a Jessica es puramente instintiva:

—Cuando te ves a ti misma en tu lecho de muerte, ¿a quién ves?

Jessica cierra los ojos y reflexiona sobre mi pregunta.

—Veo las cicatrices de mis operaciones. Veo cabello gris. Veo mis tatuajes. Manchas de la edad… Veo a una mujer que no hizo lo que quería hacer.

Jessica abre los ojos y me cuenta lo mucho que deseó siempre publicar un libro, escribir algo por sí misma. Y, entonces, se le iluminan los ojos: acaba de tener una idea. Quizás podría escribir un blog sobre este viaje. ¡Quizás ése podría ser su libro!

Me entusiasma tanto su idea que doy un grito. Entonces es cuando le encuentro sentido al tatuaje de la pluma que lleva en su piel. Jessica saca su libreta de notas y sus palabras comienzan a fluir con tal rapidez que su propio entusiasmo apenas puede seguirla. Yo lo observo todo con alegría, sabiendo que algo está ocurriendo, pero sin saber exactamente qué. Y nos sumimos en un silencio amable mientras ella escribe, furiosamente al principio, para hacerlo de forma más pausada al cabo de un rato.

Jessica sonríe para sí tras escribir una última frase, para luego apoyar la cabeza en el cristal de la ventanilla. Cierra los párpados y sus hombros se relajan. La muñeca que sujeta el bolígrafo se afloja, y éste cae de su mano. Se ha quedado dormida, y parece tranquila.

Me pongo los auriculares, feliz. Juntas, Jessica y yo hemos dado con algo que puede darle más sentido a su vida, algo a lo que aferrarse y que le permita acercarse a la vida que siempre imaginó.

Mirando por la ventanilla a los cirrocúmulos que cubren el paisaje, pienso en lo que yo quiero de mi vida y en quién quiero que esté a mi lado en el momento de la muerte. Es la primera vez que me hago estas preguntas. Tengo 34 años.

Me doy cuenta de que la Alua que quiero ser en mi lecho de muerte es una mujer que ha llenado la copa de su vida hasta el borde y ha construido una vida que, ahora, no tiene inconveniente en abandonar. En ese autobús de Cuba, sentada junto a Jessica, me siento muy lejos de ser esa Alua. Soy la cáscara de un ser humano, en cuyo cuerpo sólo queda una pizca de luz. Siento el agobio de la vergüenza por no saber que he estado viviendo muerta tanto tiempo. Las entrañas se me tensan. Pero, en este momento, después de hablar con Jessica acerca de la muerte, me siento un poquito más cerca de la persona que quiero ser en mi lecho de muerte de lo que estaba unos momentos antes.

Mi iPod selecciona una canción aleatoriamente y da en caer sobre *Use me (Úsame),* de Bill Withers, y pienso en lo perfecta que es esta canción para la vida que quiero llevar. Siempre he querido ser de utilidad, ser útil, ser usada. Esa vocación me llevó a convertirme en abogada de oficio, sirviendo a comunidades con bajos ingresos. Pero había partes de mí que seguían sin ser de utilidad: mi sensibilidad emocional, mi inclinación hacia el absurdo, mi amor por la humanidad con todo su caos. Una abogada tiene que ver el mundo en blanco y negro, en lo que es legal y lo que no es legal. Pero yo quiero ser testigo de la vida en su aspecto más pleno, en sus tres dimensiones: la confusión, el amor obcecado y la lealtad, la disonancia cognitiva de todo eso. Ambas cosas y todas ellas.

¿Qué tendría que hacer para sentirme completamente usada en mi lecho de muerte? Si muriera feliz, ¿qué aspecto tendría el final de mi vida? Contemplo ese yo mío futuro en mi cabeza: unas manos sin vida que soportaron el dolor y crearon placer; un rostro flácido, arrugado, con líneas de expresión y patas de gallo; toda una vida de amor resplandeciendo desde el recipiente de mi cuerpo en los corazones de mi familia y mis amistades.

Mirando a mi alrededor en el autobús, hago balance de las personas que hay a bordo y me pregunto con qué final se encontrarán *ellas*. Está el conductor del autobús, concentrado en la carretera que se despliega ante sus ojos. La mujer malhumorada a la que Jessica convenció para que se cambiara de asiento y que pudiéramos sentarnos juntas. El anciano que se abanica con un trozo de cartón. La joven madre que da el pecho a su hijo. El bebé en sí.

Estas personas están actualmente distraídas con los asuntos cotidianos de la vida. Pero, un día, morirán. Si sintieran la inmediatez de la vida —lo preciosa que es, su insignificante importancia—, ¿qué harían de diferente justo en estos momentos? ¿Cuántos libros que nunca se escribieron, cuántos amores no declarados y sueños no cumplidos yacen aletargados ahí, en esos asientos y en esos cuerpos? ¿Morirían satisfechos con la vida que están viviendo, o se quedarían con ganas de más?

Me pregunto si no habrán estado evitando pensar en la muerte. Me pregunto si habrán tenido siquiera una experiencia como la que estoy teniendo yo con Jessica: sentada tranquilamente con una nueva amiga en presencia de nuestra común mortalidad, comparando notas sobre la muerte con humor, amor y curiosidad. ¿Cambiaría una experiencia así su vida, igual que está cambiando la mía?

Yo podría ser esa amiga, creo.

Yo podría ser esa amiga para un montón de gente.

Por vez primera desde que la depresión arraigó en mí, siento las señales tangibles de la vida en mi cuerpo. Hablar con Jessica acerca de la muerte ha despertado algo en mi interior. Los ojos de par en par. El corazón abierto. El espíritu alerta. El pulso audible. El aliento contenido. Concentrada como un láser. Todo mi ser está presente en estos instantes. Explorando mi cuerpo, no encuentro resistencia alguna dentro de mí. Mi curiosidad natural, mi compasión y mi facilidad para tratar con emociones difíciles han permitido a Jessica hacer un poco las paces con su muerte y, a continuación, con su vida. No exige otra cosa de mí que ser exactamente la persona que soy. *¿La muerte?* Le doy vueltas a esa idea en mi cabeza como una pelota de tenis con púas, con incredulidad. Me siento más viva de lo que me he sentido en años. Hablar de la muerte me está trayendo de vuelta a la vida.

Después de unas cuantas horas más de cháchara incesante, salvo una siesta en la que me he sumido cuando la resaca me ha alcanzado finalmente, hemos llegado a Camagüey, el destino de Jessica. He estado temiendo el momento de nuestra despedida y las siete horas posteriores, sola, en la carretera hasta Santiago. No sabría decir si la efervescencia que siento es por ella o por aquello de lo que acabo de tomar conciencia. Jessica se pone en pie y recoge lentamente sus cosas. Yo evito el contacto visual. Esbozamos una despedida y, apenas ha dado unos pasos, se vuelve de repente y dice:

—¿Qué dirías si me fuera a Santiago contigo?

Y yo grito con toda mi alma:

—¡SÍ!

Y Jessica baja corriendo del autobús para decirle al conductor que no saque su equipaje. Luego, se deja caer de nuevo en el asiento, a mi lado.

Jessica y yo no tenemos plan alguno, pero nos tenemos la una a la otra. Su cáustico sentido del humor encaja muy bien con el mío. Juntas codiciamos la merienda del niño del otro lado del pasillo, nos contamos terroríficas historias románticas y de sexo y nos reímos de los vídeos del cantante español Camilo Sesto que nos ponen en el autobús al caer la noche. La humedad de Cuba, los humos del autobús, el hambre que tenemos y las escasas paradas durante el viaje para ir al baño no consiguen romper nuestra burbuja.

Al llegar a Santiago, exploramos las tiendas de la zona en busca de ron Habana Añejo de 3 años y de una batidora de zumo de mango —como si mi hígado no hubiera tenido suficiente— y nos dirigimos a la casa de huéspedes donde había reservado habitación para la noche. Un hombre de mediana edad nos recibe en el porche y nos invita a pasar. Esta *casa particular* es de una sola planta, con muros de color rosa descolorido, y decorada con viejas fotos de una mujer y tapetes de encaje. La tapicería de los muebles, de terciopelo verde, está cubierta con un plástico amarillento. El hospedero nos lo muestra todo mientras recorremos la casa lentamente como si estuviéramos de visita en un museo.

Nos abre la puerta en una habitación de dos camas y una cajonera con un ventilador encima. Las camas están cubiertas con esos edredones de flores que cabría esperar en la casa de la abuela. No es difícil negociar un nuevo precio por dos huéspedes en lugar de una gracias a nuestras divisas extranjeras. Unos buenos tragos de ron y la música de los Backstreet Boys en mi iPod amenizan la velada con mi nueva amiga, mientras cucarachas del tamaño de roedores corretean por el suelo. Dejamos las mochilas sobre la cajonera, sin abrir, no sea que nuestras nuevas amigas se metan dentro.

Jessica y yo no tardamos en convenir en que habrá que buscar otro lugar donde quedarse mañana. Danzamos un rato, saltando sobre las camas toda vez que nuestras amigas las cucarachas hacen aparición. Pero, a medida que avanza la noche, los signos de la enfermedad de Jessica se hacen evidentes. Jessica se mueve lentamente, y se le han acumulado líquidos en las piernas y en el abdomen tras el largo viaje en autobús. Me enseña a hacer masaje linfático mientras hablamos de dónde estaba yo cuando cayó el Muro de Berlín, qué edad teníamos cuando nos llegó el período y cómo fue que sus abuelos se hicieran cargo en gran medida de su crianza. La mochila de Jessica tiene un compartimento especial para las medicinas: frascos con pastillas de diversos tamaños y colores, dispensadores diarios con los días de la semana impresos y pastillas sueltas. Medicinas en abundancia. Y, sin embargo, ahí está ella, viviendo la vida y llevando consigo su enfermedad. Viviendo mientras se muere.

Al final, nos acomodamos en las camas, en nuestra habitación roja con un mural donde hay representado un Sol. Cuando apago la luz, oigo a Jessica que no hace más que dar vueltas en la cama, inquieta. Nos reímos al comentar que las cucarachas van a tener su propia fiesta ahora. Luego, poniéndose seria, dice en un susurro:

—Por favor, no te asustes, ¿de acuerdo?

Yo no digo nada, pero aguanto la respiración, aguzo el oído y siento que mi cuerpo se tensa como intentando captar cualquier indicio que pudiera dar motivos para asustarme. ¿Estará huyendo del Gobierno alemán? ¿La habrá enviado mi familia para que no me quite el ojo de encima? ¿Intentará matarme mientras duermo? Estoy sola en una habitación de una pequeña isla con alguien a quien sólo conozco desde hace 14 horas. Quizás debería estar preocupada.

Tímidamente, Jessica dice:

—¿Te acuerdas del taxi que casi te atropella?

—Sí –digo alargando la «i».

Estoy confusa. ¿Cómo puede saber lo de mi casi accidente en Trinidad con el que comencé el día? Fue antes de que nos conociéramos en la estación de autobuses. Aguanto el aliento mientras Jessica continúa:

—Yo iba en ese taxi.

No creo en las coincidencias. Pero sí que creo en las sincronicidades y en los fallos en la *matrix*. Dicho esto, he aquí lo que sé ahora, muchos años más tarde, en mi nueva vida: si no fuera por mi «casual» encuentro con Jessica, yo probablemente estaría muerta. La carga de estar viviendo una vida falsa, agobiada con tantas expectativas sociales y culturales me estaba asfixiando. Me sentía fracasada y no encontraba motivos para seguir viviendo. Cada día me preguntaba, «¿Para qué vivir?». Pero, el mero hecho de contemplar la idea de llegar al final de mis días como el ser humano roto y vacío que era me dejó un espacio para construir el tipo de vida que yo quería llevar. Al visualizar quién quería ser en mi lecho de muerte, invité a la vida a entrar: la maravilla de mantener un contacto visual consciente con la persona que amo; el gozoso tedio de deslumbrar a mi sobrina con unos patines para ella y otros para mí en su fiesta de cumpleaños; la inspiración proporcionada por un trabajo útil para los demás; el asombro de ver a mi sobrino cumplir los 18 años en un abrir y cerrar de ojos; el sobrecogimiento del parto; el misterio de la muerte.

En nuestra sociedad, rehuimos toda conversación que verse sobre la muerte. Al igual que la familia y las amistades de Jessica, que la animaban a tener esperanza en una improbable curación en vez de tomar en consideración su final, fingimos tener el control sobre las enfermedades y sobre la vida. Los seres humanos somos así de graciosos. Nuestra evidente inadecuación e impotencia ante la muerte es un recordatorio de nuestras limitaciones. Y, comprensiblemente, eso nos da miedo. Pero la idea de la muerte es una semilla. Si se cuida con atención esa semilla, la vida crece en su lugar como una flor silvestre. Lo único que está bajo nuestro control es cómo nos vamos a relacionar con nuestra mortalidad una vez que nos hacemos conscientes de ella. Cuba es el lugar en el que yo fui consciente. Si tú aún no eres consciente de ella, ¿a qué estás esperando?

En este mismo momento, mientras escribo esto, Jessica aún está viva, y su cáncer está remitiendo. Pero —alerta de *spoiler*— Jessica terminará muriendo. Todos lo haremos.

Capítulo 2

El cuerpo siempre gana

Cuando se me pide que me sitúe en la cabecera de una cama, tanto clientes como sus familiares creen normalmente que sé todo lo que hay que saber acerca de la muerte y del proceso de morir. Pero, a pesar de las innumerables horas que me he pasado junto a personas que se preparaban para la muerte, sigue habiendo muchas cosas que nunca comprenderé. ¿Quién podría comprenderlo? Ciertamente, no los científicos, ni los filósofos, ni los predicadores callejeros que nos rodean, pues todos ellos siguen vivos. ¿Y qué decir de las personas que han tenido experiencias cercanas a la muerte? Llegaron al vestíbulo de la muerte y dieron media vuelta. ¿Y las doulas de la muerte como yo? También estamos vivas. Aunque me leyera todos los libros del mundo y estuviera al borde de la muerte más de mil veces, si no experimentara la muerte de primera mano, seguiría sabiendo lo mismo y sintiendo tanta curiosidad como cualquier otra persona. Lo que *sí* he observado estando junto al lecho de muerte de otras personas es que morir es un proceso de transformación del cuerpo y que la muerte marca el final de esa transformación. Cuando se termina nuestro tiempo en la tierra, el cuerpo pasa de ser un recipiente vibrante y animado por algo desconocido a convertirse, en el lapso de un brevísimo aliento, en materia vacía y sin vida.

El cuerpo cuenta nuestra historia. Al término de la vida, nuestro cuerpo ofrece pistas sobre el tipo de vida que vivimos. Las caras de mis clientes suelen reflejar el modo en que discurrieron por el mundo. Por ejemplo, las profundas líneas de expresión que Jonathan tenía entre las cejas sugerían una actitud escéptica e inquisitiva generalizada. Jonathan había sido astrónomo, y el único trozo de suelo visible en su casa era el del sendero que llevaba de su salón al dormitorio. El resto estaba cubierto de pilas de relucientes revistas científicas. Jonathan se negaba obstinadamente a ponerse las gafas de lectura para leerlas y, al tener que entrecerrar los ojos para ajustar la vista, se le habían hecho aquellas marcas de expresión en el entrecejo, que no le abandonaban ni siquiera cuando dormía.

Una antigua bailarina llamada Elizabeth, que tuvo que estar postrada en la cama durante tres años debido a las múltiples prótesis de rodillas y caderas que tenía, marcaba sus líneas de expresión en torno a la boca, que se correspondían con otras similares en torno a los ojos, que ascendían luego hacia las sienes y en dirección al Sol. Aquellas líneas hablaban de la alegría exuberante de su vida. Incluso en sus últimas semanas de vida, seguía riéndose como si se estuviera enamorando.

El ceño fruncido, la desaprobación y la tristeza acompañaban a la papada de Ernst. Con un exiguo metro y medio de estatura, Ernst era un viejo cascarrabias que sólo accedió a que fuera a verle porque sus hijas insistieron. En lo único en lo que se deleitaba era en la obsesión de su nieto con los trenes, obsesión que él también compartía. Ernst tenía la apariencia de alguien que estuviera oliendo a pescado podrido en la habitación, salvo cuando su nieto estaba alrededor.

Edward tenía los brazos, el torso y los muslos cubiertos de tatuajes. Era un importante abogado de empresa que dirigía un club de moteros en los suburbios donde vivía. Sólo se había dejado las pantorrillas y los antebrazos sin tatuar debido a las vacaciones a las que acudía regularmente con los socios de su empresa para jugar al golf.

Y luego está mi propio cuerpo. Espero que, cuando muera, mi cuerpo diga que bailé, que disfruté de la calidez del Sol en mi rostro, y que me encantaban tanto las sentadillas como las patatas fritas.

El 29 de mayo de 1978, y con un peso de cuatro kilos y medio, mi cuerpo llegó a la Tierra a jugar. Dios bendiga al cuerpo de mi madre. Ella vivió 26 años, tenía un cabello afro corto y un cuerpo que ya había sido habitado por mi hermana cuando yo tomé residencia en él. Ni siquiera se enteró de que estaba preñada de mí porque su primera hija tenía sólo seis meses cuando se volvió a quedar embarazada. No creía que las mujeres pudieran quedarse embarazadas mientras estaban amamantando. Pero estaba equivocada. Yo fui concebida en Londres, pero no quiero saber demasiado de aquello, salvo que viajé en el útero de mi madre para nacer en Ghana. Llevo viajando desde entonces.

Mi nacimiento fue mi primera muerte –desde el vientre materno a este mundo–. Cambié de forma. Cambié mi manera de respirar. Cambié de entorno y abandoné el único lugar que conocía hasta entonces –el confortable cuerpo de mi madre– para su alivio, pues llegué tres semanas más tarde de lo previsto. O, como me gusta decir a mí, llegué en el momento oportuno, pero no según las proyecciones científicas. Fue en Acra, la capital de Ghana, y lo único que tenía que hacer mi madre era ser paciente hasta que yo hiciera mi entrada. Ni oxitocina, ni epidural, ni opción alguna, salvo dejar que la naturaleza siguiera su curso y permitir que el cuerpo de mi madre hiciera lo que tenía que hacer. Llegué tras unas largas labores de parto en el que ambas tuvimos que esforzarnos. Ella tomó energías con un plato de Tuo Zaafi (una comida del norte de Ghana a base de masa de maíz, menestra de verduras y carne), a horcajadas en el baño; yo tuve que sacudirme un poco para que mis anchos hombros atravesaran el canal del parto. Nací cuando el Sol estaba en Géminis y la Luna en Piscis. También estaba Géminis elevándose en el horizonte oriental.

Fui un bebé enorme, con los ojos como platos, pero me convertí en una niña regordeta. En Ghana, que un bebé tenga peso es una fuente de orgullo para la familia. Allí, a los niños regordetes se los llama cariñosamente *bofti,* que significa «riqueza, salud y buena crianza». Y un gran apetito, cosa que a las madres les encanta.

Siendo niña, mi homónima, la tía Alua, la tía favorita de mi padre, gritaba «*¡Bofti!*» alegremente cada vez que me acercaba a ella, e intentaba levantarme, gimiendo de placer por lo pesada que era yo. La tía Alua estaba exultante de gozo por el hecho de que mi padre y mi madre me hubieran puesto su nombre. Sin saber qué hacer conmigo y dándome pellizcos en los mofletes, me metía en su casa para darme caramelos, pasteles y mi refresco favorito, una Muscatella, que era un refresco de nata mezclado con piña y ginger ale. Estando en mi cuerpo de niña, me sentía celebrada, deseada, segura y querida.

Cuando, finalmente, nos mudamos a los Estados Unidos, cuando yo tenía 11 años, la relación con mi cuerpo comenzó a deteriorarse. Ser regordeta estaba mal visto aquí. Lo mismo que ser negra. De repente, mi cuerpo era vilipendiado, era un enemigo, algo que temer y que arreglar, en vez de valorarlo como el milagro que era. Y en los inicios de la adolescencia, mis curvas comenzaron a llamar más la atención de lo que yo hubiera querido.

Ahora, como mujer adulta, he encontrado cierta armonía con mi cuerpo arraigándome en el misterio de su existencia y disfrutando de su poder y de su gracia. Ya no intento liberarme de esa panza que se acomoda en mi abdomen inferior haciendo abdominales y planchas de dos minutos. Lo que hago es disfrutar de los chips de tortilla bañados con Nutella y de los macarrones con queso trufado.

Ya no soy regordeta, pero sigo siendo grande. Ser grande no es una elección. Mido 1,78 metros de altura en un cuerpo muy melanizado, femenino, bien formado, enérgico, capaz y atlético. Por ahora. Y considero que todos y cada uno de estos atributos son un privilegio, diga lo que diga el mundo exterior. Mis rasgos faciales son fuertes: unos pómulos afilados como cuchillas y unos incisivos superiores anchos y distanciados entre sí. Tengo las clavículas prominentes, lo suficientemente profundas como para retener agua en los hoyuelos, y unos bíceps gruesos que van a juego con mis caderas, suficientemente amplias como para portar bebés, y con mis isquiotibiales un poco más abajo. Y tengo los dedos tan largos y las palmas tan amplias que puedo agarrar un balón de baloncesto femenino desde arriba con una sola mano, aun con mis delicadas y decoradas uñas.

Tengo unas piernas robustas, aunque llenas de cicatrices, grandes y pequeñas, de toda una vida de torpezas y aventuras. Y tengo unos pies enormes, con los que tropiezo a menudo. Todos los huesos que me he roto a lo largo de la vida los tengo en los pies, lo que me valió que me dieran el apodo de Grace, a modo de broma. (Lo gracioso del caso es que este apodo forma parte ahora de mi empresa como doula de la muerte, Going with Grace [Partiendo con gracia], no se me escapa).

A veces, cuando alguien que no me conoce escucha mi voz por teléfono, me dice «señor», sobre todo por la mañana, cuando tengo la voz más ronca y grave. Y ceceo bastante —al dar un leve giro a la ese—, aunque yo no me doy cuenta, salvo cuando me escucho en un audio, o cuando los niños se burlan de mí. Es algo que hago con la lengua y que la logopedia no ha conseguido eliminar. Pero no encuentro nada malo en ello. Sólo que es diferente en Estados Unidos. Funcionaría a la perfección en España.

Llevo rastas en el cabello, que me cae hasta la mitad de la espalda, y me adorno los mechones con cordones dorados, abalorios y conchas de cauri. Decoro mucho mi cuerpo, con prendas de colores brillantes, adornando mis orejas y mi nariz con muchos *piercings* y cubriéndome los dedos y las muñecas con lo que algunos considerarían un exceso de bisutería de latón y cobre. Me perfumo con incienso y mirra.

La gente se me queda mirando allá donde voy. Bastante más en Jaffna, Sri Lanka, que en Bedford-Stuyvesant, Brooklyn. Pero no importa, intento darles algo que valga la pena mirar. No voy a estar aquí demasiado tiempo. Por eso insisto en ocupar mi lugar en el mundo, en las viviendas, en mi vida y en mis relaciones. No lo haría de otra manera. Estoy aquí. Éste es mi cuerpo. Es el lugar en el que vivo y, también, el lugar en el que moriré.

Con el tiempo, mi cuerpo, como todos los demás cuerpos, se arrugará y deteriorará. Estoy perdiendo ya colágeno en la piel y pigmento en mis folículos capilares, y necesito orinar más a menudo que antes. A mis células les cuesta más reponer los nutrientes que llegan a través de los alimentos y del entorno de lo que les costaba hace un tiempo. Se me están cayendo las tetas y me he tenido que rendir definitivamente a la celulitis, incluso en los brazos. Me enteré de que estas cosas pasan después de cumplir los 40, cuando vi que la grasa se acumulaba en lugares donde previamente no lo hacía. Se me están haciendo líneas de expresión en torno a los ojos, y la línea del entrecejo se me está profundizando. Mi cutis parece estar haciéndose más fino, mientras que la piel en los codos y las rodillas se está haciendo más gruesa. No hay crema antiedad ni vitaminas que puedan detener este proceso corporal. Pero, en estos instantes, soy lo más joven que podré volver a ser, y también lo más vieja que nunca haya sido. Soy un ser humano. Nací. Envejeceré.

No envejecer significaría que me he muerto. De modo que, por ahora, prefiero tomar glucosamina para las articulaciones y utilizar una crema de contorno de ojos para mantener mi piel flexible.

Día sí y día también, confiamos a nuestro cuerpo la realización de miles de millones de tareas sin que tengamos que participar demasiado en ello, si es que llegamos a hacerlo. ¿Eres consciente de cuántas veces has respirado o de cuántas veces ha latido tu corazón mientras lees estos párrafos? (En torno a 360 latidos y entre 60 y 100 respiraciones, dependiendo de lo rápido que leas). ¿O se te ha ocurrido pensar cuánta información sensorial adicional estás recibiendo en este momento simplemente para regular tu temperatura? Si nos hacemos un corte con una hoja de papel, confiamos en que tan minúscula, aunque dolorosa, herida sanará por sí sola. Nuestro cuerpo suda, hace alquimia con los minerales, procesa los alimentos, genera desperdicios, parpadea, libera aceite, crea glóbulos rojos…, ya me entiendes. Funciona sin que siquiera tengamos que darle las gracias por todas las funciones que realiza para mantenernos con vida. Y confiamos inherentemente en nuestro cuerpo.

Confiamos en que nuestro cuerpo se activará cuando nos excitemos sexualmente y se desactivará cuando nos vayamos a dormir. Millones de neuronas se encienden cuando tenemos un fugaz pensamiento, y confiamos en nuestros miles de papilas gustativas para diferenciar entre lo dulce y lo amargo. El cuerpo nos alerta ante cualquier cosa que requiera nuestra atención mediante el dolor, y envía glóbulos blancos a los tejidos en busca de bacterias y virus invasivos, con el fin de matarlos antes de que nos maten. Sin siquiera ser conscientes de ello, el cuerpo nos alerta de que hay un peligro cerca erizándonos el bello de la nuca. Y cuando tienen lugar emociones intensas (o una percepción extrasensorial), el cuerpo contrae los músculos de los folículos capilares y se nos levanta la piel. Eso que llamamos carne de gallina. (Yo prefiero llamarlo *caldo de gallina*, porque, cuando esto ocurre, es porque está sucediendo algo bastante «jugoso»).

El cuerpo es nuestro más fiable compañero. Cuidamos de nuestro cuerpo de múltiples formas, normalmente de manera superficial. Nos cubrimos el cuerpo con ropa, nos cortamos el cabello, bebemos agua, comemos, nos duchamos y nos untamos con crema hidratante. (Si no lo haces, por favor, comienza a hacerlo. No seas tacaño cuando la vida dura tan poco). Y, por último, descansamos cuando estamos cansados. La ciencia y la medicina no pueden arreglarlo todo. En tanto los antienvejecimiento y los criogenistas no encuentren una solución, el cuerpo siempre saldrá victorioso.

Pregúntame cómo lo sé.

Durante nueve largas semanas, con treinta y tantos años, estuve entrenando para ser una competitiva corredora de media distancia: 800 metros, 1.500 metros y la milla. Un día, mientras estaba haciendo estiramientos a mitad de una carrera por diversión, me encontré con un hombre en un parque que me hizo un cumplido respecto a mí físico y mi forma. Al principio pensé que estaba intentando ligar conmigo, pero me di cuenta de que utilizaba los nombres científicos de los músculos, de modo que no me precipité. Creía que yo prometía como corredora de media distancia y, como de todos modos me gustaba correr, decidí intentarlo. Me propuso entrenarme gratis para recuperar parte de su antigua gloria como entrenador de atletismo, de modo que yo sería el Rocky y él, mi Mickey. Accedí a encontrarme con él todos los martes para correr diez millas, los jueves para levantar pesas y los sábados para practicar el esprint en la pista donde entrenaban sus antiguos colegas del atletismo y donde él me exhibiría.

Durante las semanas en las que estuvimos entrenando, yo tenía un hambre voraz. Dormía casi diez horas cada noche. Mi cuerpo se hizo fibroso y robusto. Mi cerebro estaba más claro, al igual que mi piel. Era capaz de cazar al vuelo un frasco cayendo de la encimera de la cocina antes de que tocara el suelo. Me sentía como una máquina, y mi trasero estaba cada vez más redondo y elevado. Estaba mejor en todo, pero sobre todo en la parte trasera.

Corrí durante nueve semanas. Cada semana añadía millas a mis pies y mis rodillas y corría en ráfagas cortas y largas con la esperanza de acortar mis tiempos de carrera. En dos carreras de cinco kilómetros terminé en primera posición de mi grupo de edad. Los martes me ardían los pulmones, pero podía cubrir la distancia. Los jueves me ardían los músculos, pero podía levantar las pesas. Y los sábados me sentía fracasada cuando, durante cada esprint de entrenamiento de 400 metros, mi organismo se venía abajo de forma notable al cabo de 250 metros. Me hablaba con dulzura, a veces, y me gritaba a mí misma, otras veces, instándome a seguir adelante: «*¡Sigue, SIGUE CORRIENDO, VENGA, VENGA, VAMOS,* ALUA!». Incluso imaginaba que me perseguía alguien para obligarme a ponerme unos Crocs de tacón alto..., pero era en vano. En una pista en la que había corredoras *amateurs* de élite e incluso algunas profesionales, me quedaba sin combustible y me quedaba sentada en mitad de la calle. Y mi entrenador se decepcionaba. A pesar de mis sueños de Flo-Jo[2] y de Rocky, de mis capacidades atléticas naturales y de mi voluntad de hierro, no podía hacer al esprint aquellos 400 metros.

Cambiamos mi programa de levantamiento de pesas. Añadí más carbohidratos a mi dieta. Dejé de correr distancia a pesar de que era lo que más me gustaba. Lo intenté con esprints más cortos, pero no disfrutaba con aquello. Yo le decía a mi cuerpo que era capaz de hacer cualquier cosa, pero no podía hacer esprints de más de 250 metros. Corriendo al máximo de capacidad, mi cuerpo se desconectaba por completo en torno a los 300 metros. Eso de «la mente se impone a la materia» no siempre da los resultados deseados. Al final, sin duda, ganó mi cuerpo.

La mente es poderosa. Pero la mente no puede hacerlo todo. La mente no puede impedir que la gente se muera cuando el cuerpo al cual está arraigada está listo para morir. He conocido a muchas personas que realmente *querían* vivir y, sin embargo, se morían porque su cuerpo decía que se había terminado. En determinado punto, lo mejor que podemos hacer es escuchar al cuerpo y tomar conciencia de que el caballo está agotado y está listo para morir.

Los privilegiados podemos aplazar lo inevitable durante más tiempo: pagar por un tratamiento más caro o ir a ver a ese médico especialista que trabaja fuera de los circuitos habituales. Del mismo modo, quizás con una nutrición bien enfocada, con cámaras hiperbáricas y una disección de la marcha, podría haber ido más lejos con el atletismo. Pero, en última instancia, no puedes dejar atrás al cuerpo en el que

---

2. La autora se refiere a la atleta estadounidense Florence Griffith Joyner. (*N. del T.*)

te encuentras, ni puedes comprar la salida de un cuerpo enfermo y moribundo.

Pero no hablemos de nuestro cuerpo como de una prisión, pues él nos proporciona el privilegio de experimentar el mágico patio de juegos que es la Tierra. Gracias a nuestro cuerpo podemos comer dónuts, saltar en los charcos, olfatear especias raras, escuchar la risa de los niños, hacer globos con el chicle, hacer arte, hacer un flan y hacer el amor. Y porque vivimos, morimos. La muerte no es algo que nos ocurra *a* nosotros. Es algo que hacemos. *Morir* es un verbo de acción.

Quiero sentir tanta plenitud en mi cuerpo como la vida que llevo, y quiero sentirme en casa en este cuerpo durante tanto tiempo como pueda habitar este globo azul giratorio. Y reconozco ahora que mi antigua depresión era la invitación de un cuerpo vacío que pedía que lo llenara. Me pasaba la vida buscando y nunca me saciaba. Yo era un fantasma hambriento de vida. El hambre insaciable de alimentos que ha caracterizado mi vida (yo no era regordeta por casualidad) es también mi hambre de conexión, de alegría, de sentido y de amor. Hoy en día, no puedo reducir el volumen de mi cuerpo aunque quiera. Puedo hacerlo más silencioso, pero he decidido vivir ruidosamente. He decidido permanecer tan cerca de la muerte como me sea posible, acompañando a otras personas en su fase final. Y en cada ocasión de este proceso profundo, se me recuerda que debo celebrar la vida y la enormidad de nuestra milagrosa existencia. Y todo gracias a estos asombrosos cuerpos en los que habitamos.

¿Qué hay que hacer para que nos enamoremos de nuestro cuerpo, para que confiemos en él, lo honremos y lo liberemos cuando llega la muerte? Porque, para cuando llegamos al término de nuestra vida, el cuerpo nos invita a rendirnos, habiendo disfrutado ya de las ricas experiencias de este mundo. Al final, toda vida necesita encontrar alivio de las complejidades del vivir. La naturaleza hace lo que hace la naturaleza. Lo viene haciendo desde tiempos inmemoriales. Nadie sale vivo de aquí.

Capítulo 3

Con la muerte en los talones

El recuerdo más antiguo que tengo de mi vida es el de escapar de la muerte. Es el 31 de diciembre de 1981. Tengo tres años. Mi hermana mayor, Bozoma, tiene cuatro, y mi hermana pequeña, Ahoba, tiene uno. Me sujeto a la enorme mano de mi padre, mientras me pide que me apresure por la escalera trasera del edificio de funcionarios del Gobierno en el que vivimos en Acra. Normalmente fría, aterciopelada, firme y seca, la mano de mi padre está ahora caliente y húmeda, y me agarra con fuerza, como si temiera que me soltara. Mis piernecitas de bebé no me pueden hacer descender los siete pisos del edificio con la suficiente rapidez, por lo que, finalmente, mi padre me toma en brazos. Por encima de su hombro puedo ver el patio a través de las ventanas.

Un golpe militar está derrocando al Gobierno de Ghana. Cuando un complot para derrocar un Gobierno fracasa, los organizadores del golpe son ejecutados por traición. Pero si el golpe tiene éxito, los que son ejecutados son los cargos del Gobierno y todo aquel que se interponga en el camino de la oposición. En ambos casos, cientos de personas pierden la vida sin ningún sentido en medio de los disturbios, el caos y la anarquía. Yo soy muy pequeña para comprenderlo, pero el miedo a la muerte cubre Acra esta mañana.

Ahora, cuando cierro los ojos, sigo viendo las imágenes de aquella fatídica mañana: las puertas de los automóviles abiertas, mientras se amontonan precipitadamente las pertenencias en su interior. Suenan impacientes las bocinas de los automóviles. La gente se precipita por todas partes, sumida en el pánico. Las imágenes mentales se me antojan vívidas y extrañas, como las instantáneas del álbum de fotos familiares de otra persona. Pasarían años hasta que yo tomara conciencia de dónde procedían aquellas imágenes.

Todo cuanto sé de aquel día, aparte de estos destellos mentales inconexos, lo supe de segunda mano a través de mi padre y mi madre en las conversaciones en las que describían aquellos terroríficos momentos de su vida. Para entonces, ya era adulta. Me resultaba extraño escuchar todo aquello de la huida y, al mismo tiempo, intentar situarme a mí misma en ella. Yo estaba allí, pero nunca sabré con exactitud lo que sentía. Quizás era demasiado pequeña para comprender lo que estaba sucediendo a mi alrededor, o quizás sea que ese espacio en blanco es el capullo protector de un trauma de mi primera infancia. Nunca lo sabré. Más que nada, recuerdo la calidez de la mano de mi padre. En medio del caos provocado por el miedo a la muerte, sé que yo me sentía en calma y a salvo mientras él me sujetaba.

Sean cuales sean los efectos que aquellos acontecimientos tuvieron en mí, el golpe de Estado es algo que sólo les pertenece a mi madre y mi padre. Sus cuerpos fueron los que llevaron la carga de aquella experiencia de primera mano. Lo que viene a continuación es su relato o, al menos, la parte del relato que ellos decidieron compartir conmigo, filtrado a través del tiempo, la distancia y su propio dolor.

Mi padre, el doctor Appianda Arthur, era un destacado cargo del Gobierno bajo la presidencia del doctor Hilla Limann, que de repente dejó de ser presidente. Si nos hubiéramos quedado en nuestro apartamento, mi padre habría muerto. Y, con toda probabilidad, nosotras también.

De modo que nos precipitamos escaleras abajo buscando seguridad, porque el ascensor estaba lleno con otros cargos del Gobierno y sus familias, desesperados también por huir. A los 36 años de edad, mi padre era una estrella en ascenso en el paisaje político de Ghana. Tenía un doctorado en etnomusicología y antropología por la Wesleyan University de los Estados Unidos (a la que yo también terminaría yendo) y disfrutaba de una carrera ilustre como profesor en la Universidad de Ghana (a la que yo también terminaría asistiendo; decididamente, una niña de papá).

Además, mi padre representaba a Nzema Oriental, en la región occidental de Ghana, como miembro del Parlamento; estaba en el comité que supervisaba las funciones del presidente y, en ocasiones, se iba de viaje como miembro de la comitiva del presidente Hilla Limann. La Administración Limman sólo había estado en el poder algo más de dos años, y ahora el Gobierno estaba siendo derrocado por J. J. Rawlings, una figura notablemente violenta de la historia política de Ghana. Fue una época peligrosa para nuestra familia.

Mi madre, una mujer del grupo étnico fante llamada Aba Enim, que había trabajado como modelo de alta costura en Londres antes de casarse con mi padre, no se había apuntado a nada de todo esto. Hay una foto suya escondida entre sus cosas que sólo he visto en una ocasión. Es una foto de antes de que fuera madre: pelo afro corto, pantalones cortos vaqueros, top de bikini de ganchillo y zapatos de plataforma: una mujer tan sexi y atrevida como las de los años setenta. Un cigarrillo cuelga de una de sus manos y sostiene un vaso en la otra mano con una bebida oscura; detrás de ella hay un tocadiscos. Pero, entonces, su vida era diferente. Había estado cosiendo cojines para una empresa de muebles porque necesitábamos dinero extra. La carrera política no es especialmente lucrativa en Ghana.

El matrimonio fue una hábil jugada de mi padre. Apenas había comenzado a despuntar mi madre en su carrera como modelo y diseñadora de moda, mi padre se la había llevado a Estados Unidos, donde él finalizó sus doctorados. Ella nunca se hubiera planteado ser una madre trabajadora con tres niñas de menos de cinco años. Y mucho menos hubiera querido verse en la situación de tener que agarrarnos frenéticamente a todas y echar a correr por su vida en camisón, huyendo de una banda de insurrectos armados.

Pasadas las 7 de la mañana llegó un anuncio oficial a través de la radio de que el Gobierno había sido derrocado y que todos aquellos que trabajaban para éste deberían rendirse de inmediato o serían arrestados y ejecutados, de modo que mi padre y mi madre nos llevaron precipitadamente a casa de mi tío Paa Kwesi. Pero mi madre se olvidó de las gachas del desayuno de mi hermana pequeña, y lo que en principio había sido un pequeño descuido se convirtió en una escena de terror indescriptible cuando intentó regresar a por ellas. Años después, al contarme este angustioso suceso, los detalles de lo vivido le resultaban tan intensos que ni siquiera una mujer tan férrea como ella podía dar cuenta de todos los detalles. Sólo podía contar la historia a retazos. Se me rompe el corazón de sólo pensar por lo que pasó. La gracia con la que lleva este dolor callado se me antoja como el epítome de la fortaleza.

Pocos días después del golpe de Estado, mi padre decidió entregarse antes que correr el riesgo de ser capturado. Con gesto sobrio, él y sus amigos del Gobierno se metieron en una furgoneta que les llevó a la prisión de Nsavam, en los alrededores de Acra. Cuando mi padre me contó recientemente, por teléfono, todo lo relativo a este momento, me conmovió escuchar cómo se le quebraba la voz al decir:

—Bozoma me preguntó si volvería para su cumpleaños, que sería tres semanas más tarde. Iba a cumplir cinco años. No pude decirle que no sabía siquiera si volvería a verla. Me eché a llorar.

Mi padre no es una persona que llore con facilidad; y su dificultad para relatarme aquellos momentos, incluso 40 años más tarde, me llevó a hacerme una idea de la profundidad de sus heridas.

Según me contó, una caterva de arrogantes soldados de la oposición los recibió con patadas, burlas, bofetadas y culatazos, y durante cinco meses estuvo en una esquina de la prisión que estaba reservada para aquellos presos cuyo destino aún no se había decidido. Durante aquel tiempo, se encontró con una Biblia de Gedeón[3] y decidió que dedicaría su vida al servicio de Dios. Aquello llenó su corazón y se entregó a este propósito singular. Fuera lo que fuera que pudo suceder en su corazón en aquella celda –miedo, ira, ansiedad, aburrimiento, confusión–, sé que su conversión fue total y sincera.

Cuando finalmente se enfrentó a un juicio por sus «delitos» ante un tribunal militar, mi padre les habló a los jueces de su reciente compromiso con Dios y prometió que se dedicaría a difundir el amor de Dios si le liberaban. Los miembros del tribunal se echaron a reír, habiendo

---

3. La autora se refiere aquí a Gedeones Internacionales, una organización cristiana evangélica compuesta por hombres de negocios y profesionales que se dedican a distribuir ejemplares de la Biblia en multitud de idiomas y países del mundo. *(N. del T.)*

sentenciado ya a sus amigos del Gobierno a 30 o 40 años por «corrupción».

Mientras mi padre estuvo en prisión, mi madre encontró también a Jesús. Su conversión tuvo lugar en una celebración en Acra. En cualquier caso, la conversión de mi madre era aún más improbable que la de mi padre, pues la fe de mi madre se reducía a asistir a la iglesia un par de veces al año, en bodas o funerales. Pero me doy cuenta de que el hecho de ser una madre, sola, con tres hijas y con el marido en la cárcel puede llevar a cualquiera a buscar consuelo en un poder superior. La desesperación suele ser un suelo fértil para la fe.

Lo que nos salvó durante esta época fue que mis progenitores, tras su estancia en Estados Unidos, habían estrechado lazos con los estadounidenses de la embajada en Ghana. Mi madre recurrió a tales vínculos, implorando a sus amistades en la embajada que no perdieran de vista a mi padre, en la medida en que Estados Unidos estaba vigilando la agitación política reinante en Ghana. Durante muchas semanas, mi madre se estuvo afanando con este asunto, sin saber si volvería a reunirse con su marido de nuevo.

Pero, sorprendentemente, al cabo de seis meses, los funcionarios de la prisión se tomaron finalmente en serio a mi padre y decidieron liberarle. Fue a principios de mayo, justo a tiempo para mi cuarto cumpleaños. La fe cristiana y la oración de mis padres se habían puesto de manifiesto, y su reencuentro fue tan exultante que mi madre se quedó embarazada de nuevo. Mis hermanas y yo deseábamos en secreto que fuera un niño.

Tras la liberación, un antiguo compañero de estudios de mi padre, Chris Weaver, trabajó con la embajada de Estados Unidos para conseguir nuestra expatriación a Estados Unidos. Mi padre no pudo venir con nosotras en un principio porque tenía el pasaporte retenido. De modo que, mientras mi padre resolvía su huida de Ghana, mi madre, mis hermanas y yo nos fuimos a Bethesda, Maryland, a casa del «tío Chris». Embarazada y con tres niñas pequeñas, mi madre se subió al avión con nosotras y se acomodó para tan largo vuelo. Yo estaba ajena a la gravedad de la situación, evidentemente, y siempre he sido incapaz de estar sentada en ninguna parte durante mucho tiempo. Recuerdo ir arriba y abajo por los pasillos de los aviones, entablando amistad con el resto del pasaje.

A nuestra llegada, mi madre se encontró sola en un país en el cual sólo había vivido unos pocos años. Desmoronarse habría sido una opción fácil para ella, pero eso no está en su ADN. Por lo que hemos oído decir, ella llevaba el peso sin esfuerzo: una mujer expatriada y con hijas, embarazada, sin su marido, una guerrera del amor. Para cuando mi madre llegó a Bethesda, era ya una fiel cristiana, bien versada en las escrituras, por lo que se puso a buscar activamente una congregación, mientras esperaba pacientemente la llegada de mi padre. La encontró en las páginas amarillas: la Primera Iglesia Baptista de Bethesda. Un domingo nos matriculó en la clase de preescolar de la iglesia y consiguió también un empleo allí. Sólo después de insistirle mucho, me reveló que solía esconderse en el baño para llorar, mientras alguna de mis hermanas o yo misma aporreaba la puerta.

Tras una increíble casualidad y un largo viaje por Ghana, guiado de día por campesinos y de noche por pescadores, mi padre consiguió por fin abandonar el país y pasar a Costa de Marfil, para luego entrar en Liberia. Allí, se le declaró refugiado político y obtuvo un pasaporte internacional, que le permitió llegar hasta nosotras en Maryland. Seis meses después de nuestra partida, estaba por fin a salvo y con nosotras, pero el futuro seguía siendo incierto.

En Maryland, nos instalamos en nuestro primer hogar a tiempo completo en Estados Unidos. No tengo muchos recuerdos de nuestros años en Maryland, pero los pocos que tengo son recuerdos familiares, recuerdos de estar a salvo. Me acuerdo de una niñera, a la que se le ocurrió ponerme rímel; pero, como a mí se me antojó que las pestañas eran demasiado largas, decidí cortármelas, para horror de mi niñera, que tuvo que explicar por qué una niña pequeña se había puesto unas tijeras tan cerca de los ojos estando bajo su custodia. Me acuerdo de cuando cumplí cinco años, y del delicioso pastel de chocolate que tuve que compartir, no sin reluctancia, con Ahoba, que había cumplido tres años a principios de *mi* mes de cumpleaños. Para la ocasión, mi madre nos había hecho unos conjuntos a juego con tela de Ghana. Durante nuestra infancia llevábamos muchas prendas caseras de conjunto. A mí me parecían una pasada, aunque mis compañeras de clase no solían estar de acuerdo. Pero yo me encogía de hombros con la suprema confianza en sí misma de una niña de cinco años. (La adolescencia ya sería otra historia). En cualquier caso, éramos forasteros. Y mis padres volvieron a casa un día del hospital con otra chica más, una hermanita, Aba. Mis otras hermanas y yo quedamos muy decepcionadas. Recuerdo que le dije a mi madre que la devolviera, pero, hoy día, no podría imaginarme a otra hermana pequeña más que a ella. Ella me hace conectar con la tierra. Aba completó nuestra familia.

Durante años, fuimos misioneros y refugiados políticos, yendo de aquí para allá por todo el planeta, mientras mi padre aceptaba empleos como predicador, difundiendo el evangelio de Jesús. Allá donde íbamos, subíamos al escenario los seis miembros de la familia. Mi padre en el papel de pastor visitante, con su hermosa esposa y sus cuatro hijas con atuendos adecuadamente conjuntados. Sonreíamos y saludábamos para las fotos, y partíamos hacia la siguiente iglesia para hacer otra presentación al domingo siguiente. Para estancias más largas, pasamos algún tiempo en Pasadena, California, mientras mi padre impartía un Seminario Teológico Fuller. Vivimos también en Nairobi. Incluso regresamos a Ghana durante unos años, cuando mi padre recibió el encargo de dirigir la oficina regional africana de la Confraternidad Carcelaria Internacional, compartiendo su historia de redención en prisiones de todo el continente. Después de que mi padre cumpliera su condena inicial, sus delitos fueron amnistiados, por lo que se nos permitía entrar en el país sin correr riesgos. Mi padre tenía que viajar con frecuencia al extranjero debido a su trabajo, lo cual le proporcionó a mi madre la oportunidad de ver otras partes del mundo y de pasar tiempo a solas con él cuando mis hermanas y yo nos quedábamos en casa. Otros misioneros y amigos de la familia velaban, en ausencia de mis padres, por la revoltosa pandilla de hermanas que éramos; y, cuando ellos regresaban, volvían cargados de regalos.

De Manila trajeron un montón de sandalias de goma multicolores, de modo que, hasta el día de hoy, Filipinas es para mí el país de las llamativas sandalias de goma. Cuando mi padre regresó de Australia, trajo un baúl de metal lleno de cosas, incluido un bumerang. Le recuerdo lanzando el bumerang dentro de la casa, y a mi madre gritándole, porque sabía que yo iba a salir corriendo tras él dentro de la casa. Y vaya si lo hacía, hasta que me hice un corte en la pantorrilla derecha con una esquina del baúl de metal. Hoy, la cicatriz que me quedó, de 12 centímetros de largo, me recuerda todo lo que era posible en mi familia, incluso en medio del caos.

Estuve enfadada durante mucho tiempo, pues, durante la mayor parte de la adolescencia y de mis años de juventud, mantuve la creencia de que J. J. Rawlings y sus soldados me habían robado Ghana en aquella víspera de Año Nuevo. Si él y sus fuerzas no hubieran derrocado al Gobierno, yo podría haber crecido en un país cuya gente tenía un aspecto similar al mío, que comía lo mismo que yo, que hablaba el mismo idioma. Podría haber tenido citas con personas con las que no hubiera tenido que sortear las diferencias culturales. Podría haber ido todos los años al Kundum, una festividad de la región de mi padre, o podría haber aprendido a regatear en los mercados de Acra. Podría haber crecido comiendo mi tentempié favorito: plátano maduro frito con pimienta, jengibre y sal, también conocido como *kelewele*.

El golpe de Estado me convirtió en forastera en todas partes. Ni era del todo ghanesa por el hecho de no haber crecido allí, ni suficientemente estadounidense debido a mi herencia ghanesa. De hecho, nunca sé cómo responder a la pregunta de «¿De dónde eres?». ¿Acaso la respuesta estriba en dónde naciste? ¿De dónde son mis progenitores? ¿Dónde crecí? ¿O dónde vivo? ¿O dónde reclino mi cabeza? El concepto de «hogar» siempre ha sido un concepto efímero para mí, y he tenido que aprender a cultivarlo en mi propio cuerpo.

En ocasiones, me pregunto si el golpe de Estado, y todas las consecuencias que trajo consigo, me moldearon de maneras que nunca llegaré a comprender del todo. Mi recuerdo más antiguo es el de aquella tensa huida entre la vida y la muerte. ¿Podría explicar esto la inquietud perpetua en la que vive mi espíritu, mi incansable anhelo de aventuras? Quizás aquella dramática huida por las escaleras traseras del edificio en Ghana programó mi pequeño cerebro de tal modo que me he pasado la vida buscando experiencias intensas.

Sin duda, sería una pista. Me he pasado toda la vida forcejeando con un temor al aburrimiento casi patológico. No creo que sea una buscadora de emociones fuertes, pero sin duda soy una adicta a las experiencias. Enamoramientos. Festivales de música. Psicodélicos. Decepciones amorosas. Aventuras, dopamina, oxitocina… Inundad mi cuerpo con sustancias químicas que me hagan sentir viva, por favor.

Siendo niña, me quejaba constantemente de estar aburrida. «Ve y lee un libro», me decían mi padre o mi madre, exasperados, ante lo cual yo contestaba, «Me los he leído todos». (Y era cierto). Lo desmontaba todo, deshilaché mantas desarmé mandos a distancia. Tenía la insaciable necesidad de averiguar *por qué* las cosas eran como eran. La escuela era para mí una tortura, al igual que los sonsonetes memorísticos de las clases y la absoluta ausencia de ocasiones para preguntar, de modo que no tardé mucho en experimentar la misma frustración ante la ausencia de cuestionamiento en el cristianismo. Permanecer sentada era un castigo que yo contrarrestaba hablando constantemente con quien tuviera a mi lado, moviéndome constantemente. El aburrimiento era una fuerza que me oprimía; no estaba dispuesta a dejarme vencer por él.

Siempre he temido la monotonía, incluso más que a los más temibles de los sentimientos, como el trauma, la pérdida, el terror o la pena. Quizás la huida que tuvo que emprender mi familia por todo el planeta haya tenido algo que ver con eso. O quizás yo estuviera destinada a ser una niña entrometida, brillante, curiosa, torpe, inquieta y sensible, con independencia de dónde hubiera nacido.

Sea como sea, el golpe de Estado llegó a nuestras vidas de forma inesperada. Pero, cuando lo inesperado llega y nos roba algo que valoramos mucho, también puede traer una oportunidad increíble. Al igual que hace la muerte.

Lo cierto es que el golpe de Estado, y toda la muerte que trajo consigo, se convirtió en una oportunidad para mi familia. Estamos sumamente unidas. Con independencia de dónde estemos o dónde hayamos estado, mis hermanas siguen siendo mis mejores amigas, pero eso no quiere decir que no hayamos tenido enfrentamientos. Crecimos como las sardinas en lata –cuatro niñas en seis años–, de modo que de vez en cuando nos queríamos matar unas a otras, pero hubiéramos estado dispuestas a matar también a cualquiera que hubiera mirado mal a cualquiera de nosotras. Mi sitio está con ellas. Y ahora, siendo ya adultas, el profundo vínculo que sentimos entre nosotras me alimenta de un modo que no hubiera sido posible sin el telón de fondo cambiante y constante de nuestra infancia. Y dado que todas somos altas, tenemos los pies grandes y diversos gustos y estilos, dispongo de tres armarios y tres zapateros adicionales donde elegir. Si nos hubiéramos quedado en Ghana, nunca nos habríamos convertido en las mujeres que somos ahora. ¿Quién más, salvo mis hermanas, podría comprender las implicaciones de nuestra infancia, las celebraciones cristianas de noches enteras, los viajes constantes, las comidas escolares de Ghana, y nuestra rebelión secreta adolescente contra el cristianismo?

De modo que sí, la muerte puede ser una ladrona, pero la muerte es también la que trae la vida. Las hojas muertas caen de los árboles y nutren el suelo. La gente muere y deja espacio para que otros seres humanos pueblen la Tierra. Nuestras células envejecen y mueren constantemente para que nuevas células puedan prosperar. Cuando echo la vista atrás y contemplo la vida que he vivido, puedo apreciar la sincronicidad de todo ello.

En aquellos alborotados tiempos, mis hermanas y yo nunca nos enteramos de los problemas que tuvieron que afrontar nuestros progenitores para sustentarnos al tiempo que realizaban su trabajo misionero. Pero, a pesar de las contrariedades con las que se encontraban, mis padres decidieron que aquellas niñas en camino de convertirse en mujeres necesitaban cierta estabilidad. De modo que, en 1989, nos mudamos por última vez como familia para establecernos en Colorado Springs, que es el centro mundial del movimiento evangélico cristiano —blanco, militar y muy conservador—. Con el tiempo, en 2006, mis padres se divorciaron y vendieron la casa, en la que habían reformado el sótano para disfrute de las cuatro hermanas y nuestras amistades, de modo que nos dispersamos a los cuatro vientos, aunque de algún modo seguimos siendo una unidad, debido a los lazos forjados por la sangre, la muerte y la experiencia.

Vives una pequeña muerte cada vez que te despides de una casa (cuyas direcciones siempre recordaré), de unos amigos (cuyos nombres he terminado olvidando en gran medida), de costumbres, rituales y familiaridad. Cada experiencia nos resultaba transformadora, pero descubríamos con rapidez nuevos lugares, nuevas personas, nuevos alimentos, nuevos caminos. Hoy en día somos un mosaico de cada lugar en el que hemos vivido, un reflejo de todas aquellas personas que alguna vez conocimos y un tapiz de todas las que nos tocaron el corazón.

Somos un grupo muy unido: mis padres, reflexivos, tenaces, mundanos y carismáticos, y cuatro hijas brillantes y atrevidas —el mismo fulgor, distinta chispa—. Sobrevivimos juntos. Recorrimos el mundo como una unidad, un círculo, en el que nada —*nada*— pudo infiltrarse. Es decir, hasta que Bozoma conoció a Peter, y él pasó a convertirse también en miembro de nuestra familia.

Capítulo 4

Peter

Me hubiera gustado entender que, cuando él dijo que estaba cansado, lo que quería decir es que estaba cansado *de la vida*. Estaba cansado en un cuerpo enfermo. Estaba cansado y listo para morir. Pero, en aquel momento, no lo comprendí. Peter murmuró algo que no alcancé a escuchar, de modo que me incliné para acercar el oído. Su voz era débil, debido a los tumores que, durante meses, habían estado medrando en su garganta y sus cuerdas vocales.

—¿Qué has dicho?

—Que estoy cansado –gruñó.

Con el ojo derecho buscó mi mirada. Tenía el otro ojo cubierto con un parche porque había empezado a extraviársele por la cabeza a medida que el cáncer progresaba y atacaba a los músculos que controlan el globo ocular.

—Pues descansa, ¿vale? Descansa –le dije con una sonrisa, mientras le daba una palmadita suave en la pierna.

Las comisuras de su boca rara vez se volvían hacia arriba bajo el peso de su agotamiento. Era incapaz de simular una sonrisa. Tras un beso fugaz en su grasienta frente, recogí mis cosas y di las buenas noches a mi hermana Bozoma, mi madre y a los padres de Peter, mientras mi sobrina Lael, de cuatro años, se despedía también de todos. Sin echar la vista atrás por segunda vez, salí de la habitación del hospital. Aquéllas fueron las últimas palabras que escucharía de mi cuñado Peter. Fue él quien me enseñó cómo tiene que ser una doula de la muerte. También me enseñó que el dolor de la pérdida nunca se cura del todo. Simplemente, aprendes a vivir con él.

En 2001, mi hermana mayor, Bozoma, empezó a hablar de un tipo que había conocido en la cafetería del trabajo. Ella trabajaba en Spike DDB, una subdivisión de la agencia de publicidad DDB liderada por Spike Lee, como ejecutivo de ventas en prácticas, y Peter trabajaba para DDB en la sección creativa. Bozoma me dijo por teléfono que aquel hombre la había agasajado, la había invitado a cenar y la había cubierto de flores. Con el paso de las semanas y los meses, quedó claro que Peter Saint John se iba a quedar con nosotras.

Peter era gregario, ambicioso, divertido y tonto. Con 1,93 de estatura, socialmente conservador, un irlandés-italiano de Boston, no se parecía a nadie con quien yo me relacionara en mis círculos sociales. Carecía por completo de sentido para el estilo, salvo por su gusto en las cazadoras de piel. ¡Llevaba calcetines blancos con mocasines, por el amor de Dios! Nos peleábamos por todo: por la pena de muerte, por la toma de decisiones profesionales desde la pasión, por el vegetarianismo… Y Bozoma hacía de árbitra. La guerrera de la justicia social que hay en mí le convirtió en un proyecto… en el que fracasé, pero no me rendí. No se pueden hacer proyectos a partir de personas —otra lección que Peter me enseñó—. Él era el pequeño de siete hermanos, por lo que nunca había tenido una hermana o hermano sobre el cual ejercer su dominio, de modo que me convirtió en su hermana pequeña. Se burlaba de mí inmisericordemente y me azuzaba sin descanso. Le presentaba a los chicos con los que salía y Peter siempre tenía algo que decir. Apenas podía esperar a que salieran por la puerta cuando ya estaba diciendo «Es un payaso», «Podrías hacerlo mejor» o, su favorito, «¡Por el amor de Dios, Alua, no es ni de lejos tan inteligente como tú!»; tras lo cual gruñía, ponía los ojos en blanco y me miraba como si me hubiera vuelto loca. Y luego me recordaba que no debería conformarme nunca. Tengo bastante claro lo que habría dicho sobre algunas de las recientes elecciones que he hecho en materia de hombres. Es de esta manera como nuestros muertos permanecen en nuestra vida.

Al cabo de un año, Bozoma y Peter se comprometieron en matrimonio. Aquello me alegró muchísimo. Iba a quedarme con él como hermano mayor *e* iba a ser dama de honor en su boda. Noviazilla Bosoma insistía en que no fuera a la peluquería antes de su boda porque quería que yo llevara determinado peinado. Pero yo lo hice de todos modos. Se enfadó mucho. Su elección, de figurita de porcelana, no era de mi agrado y, sin pensármelo demasiado, se lo dije una noche por teléfono cuando me pidió mi opinión. Me quejé de ella con Peter, que se echó a reír y me recordó que era mejor no interponerse en el camino de Bozoma. Él la conocía bien y le encantaba cómo era. No podría haber pedido más de un cuñado. Por un miembro más de la familia que no había podido elegir, me había tocado la lotería.

Cuando les nació su primera hija, Eve, a las 23 semanas, en 2008, sin haber llegado siquiera a respirar, pillé el primer vuelo que pude de Los Ángeles a Nueva York para estar con ellos. El pesar que sentían era denso, y saturaba el pequeño apartamento que tenían en el Upper East Side. Peter y yo nos íbamos a dar largos paseos para que Bozoma pudiera liberarse momentáneamente de la mirada preocupada y precavida de su marido. Fuera bienvenida o no, los visité con frecuencia aquel año. Quería estar pendiente de mi hermana mientras ella estaba transitando por tan inconcebible dolor.

Aunque yo dormía normalmente en el sofá o en una colchoneta inflable durante mis visitas, Peter me dejaba a veces que durmiera con Bozoma en su cama, y trasnochábamos y hablábamos, o no hablábamos en absoluto. Me martirizaba el no ser capaz de aliviar su dolor, y Peter y yo nos compadecíamos por ello, al tiempo que yo le dejaba espacio a él también para su pesar, pues él a menudo dejaba de lado sus propios sentimientos en favor de ella. Peter era muy cuidadoso con las experiencias de los demás.

La segunda hija que tuvieron, Lael, nació con nueve semanas de adelanto, en 2009, el día de mi cumpleaños. Llegué al hospital en Nueva York antes del amanecer, en un vuelo nocturno, y me encontré a Peter dando vueltas por el vestíbulo, esperándome. Un poco más y aquel día exploto; Peter era como un cachorro de labrador tuneado. Estaba fuera de sí.

—Ya ha llegado. Es perfecta. ¡Ya ha llegado! –repetía en el ascensor que llevaba al piso de neonatos.

Era incapaz de estarse quieto, aunque había estado en pie toda la noche y eran las 6 de la mañana. De todos los días en que se podía haber adelantado el parto, Lael decidió hacerlo en el mismo día en que yo había nacido. Cuando llegamos a la habitación, él se fue a comer algo, aunque también para darnos a Bozoma y a mí un poco de tiempo junto a mi madre. Conforme estábamos entrando, Bozoma dijo:

—¿Te gusta tu regalo de cumpleaños?

Lael estaba en la unidad de cuidados intensivos neonatales, donde permanecería por algún tiempo. Yo estaba impaciente por verla.

Me acomodé con mi madre en el brazo del sillón que había a los pies de la cama de partos, mientras las enfermeras atendían a mi hermana y le ponían una inyección. De inmediato, mi madre me preguntó si necesitaba dormir y qué quería comer. Y al instante sentí que había vuelto a los 13 años. No quería que se preocupara por mí. Pero me ablandé con ella al tomar conciencia de que, exactamente 31 años antes, mi madre estaba en la sala de partos dándome a luz.

Cuando Peter volvió de su paseo, venía con dos pastelitos con los números 0, para Lael, y 31, para mí. Posamos para hacernos una foto. Bozoma sostenía el pastelito de Lael y yo el mío. Pero Peter me aplastó mi pastel en la cara justo cuando se disparó el obturador. Me encontré con esa foto mientras recorría sus fotos digitales buscando una imagen para su funeral. Se me cayeron las lágrimas delante de su ordenador.

El camino que llevó a Peter a la muerte fue lento en un principio, pero luego se precipitó todo súbitamente y, además, en medio de otras crisis familiares. A mi madre, que se había mudado al norte de Nueva Jersey para ayudar a Bozoma y a Peter, le habían diagnosticado un cáncer de útero en estadio II pocos meses después de mi regreso de Cuba. Pero espero a decírmelo hasta que estaba de viaje en Sudáfrica, porque sabía que yo cancelaría mi viaje para estar con ella, y mi madre quería que me fuera y me lo pasara bien. Me enfadé mucho con ella por no habérmelo dicho antes, y reprogramé mi viaje de vuelta para ir a Nueva Jersey y estar con ella en sus tratamientos de quimio. Después de seis semanas dando vueltas por Sudáfrica y descubriendo sus paisajes, y después de enamorarme de un viajero alemán llamado Patrick –un percusionista con el cabello y los ojos tan castaños como piscinas de chocolate—, llegué a Nueva Jersey.

Mi madre y yo nos pasamos la mañana de mi trigésimo quinto cumpleaños juntas, en el «bar de las infusiones» (¡qué nombre más sexi para un centro de tratamiento de medicinas tóxicas!). Aquél era su segundo baile con el cáncer. Pocos años antes, le habían diagnosticado un cáncer de mama, que le trataron con una lumpectomía y quimio. Mi madre tiende a ser problemática con las enfermedades, pero conocía el proceso: catéteres-puertos, náuseas y zumo de granada, porque el zumo de granada *podría* ralentizar la producción de células cancerígenas. Las sugerencias de sus amistades eran interminables, y frustrantes, como tomar zumo de aloe vera puertorriqueño, en vez de hacer la quimio, y yacer sobre la espalda con las piernas abiertas… para que salga el aire del cáncer. Era una burrada. Mi madre es conocida por su gran fortaleza, de modo que me alarmé al verla tan débil debido a los tratamientos. Por mucho tiempo que haya dedicado a pensar en la muerte, pensar en la mortalidad de mi madre todavía me enerva. Para mí fue uno de los honores más grandes que he tenido el poder cuidar de ella de forma parecida a como ella cuidó de mí, hasta el punto de preocuparme por lo que comía y preguntarle por sus horas de sueño y sus deposiciones.

Y, por el hecho de estar con mi madre, no pude estar en la fiesta de cumpleaños de Lael. Era la primera vez que me la perdía. Amablemente, Bozoma y Peter me habían estado incluyendo en todas las celebraciones de cumpleaños de Lael. En los años anteriores, habíamos tenidos tutús, accesorios y combinaciones de colores a juego, como si fuéramos gemelas de cumpleaños. Pero aquel año, el cuarto aniversario de Lael y el trigésimo quinto mío, lo celebraron con una fiesta en el parque, con peleas de pistolas de agua y globos. Y mi hermana y Peter prometieron que traerían a Lael a casa de mi madre, tras la fiesta, para que al menos pudiéramos pasar juntas una parte de aquel día tan especial.

Bozoma llegó con Lael a casa de mi madre, pero sin Peter. Nos dijo que se había desmayado en mitad de la fiesta y que se había ido a casa a descansar. Nada grave, dijo. Probablemente estaba deshidratado y se vino abajo por cualquier cosa, porque le dolía la garganta desde hacía semanas.

Pero aquel «cualquier cosa» resultó ser un linfoma de Burkitt en estado de fase 4.

De repente, fue como si un meteorito viniera directo hacia nosotras, destrozando todo vestigio que pudiera indicar que el mundo es un lugar justo en el que cuñados, padres, maridos, hijos, amigos y demás personas viven sólo porque los queremos y no podemos imaginar la vida sin ellos.

Los cuatro meses siguientes pasaron en un abrir y cerrar de ojos, mientras yo estaba bien en Los Ángeles con mi trabajo o haciendo rápidamente las maletas, bien con Patrick viajando por Europa, bien leyendo vorazmente libros sobre la muerte, o bien visitando a mi madre y a Peter en Nueva Jersey y Nueva York durante su enfermedad. El cuerpo de mi madre estaba respondiendo al tratamiento, pero a Peter no le estaba yendo demasiado bien.

Lo llevé a una cita con el médico una tarde para hacer una comprobación del puerto del depósito de Ommaya que le habían implantado en la cabeza, a través del cual le introducían la quimio directamente en el fluido cerebroespinal. Aquello le estaba provocando unos intensos dolores de cabeza.

—Me siento como si fuera un cíborg –dijo mientras esperábamos al médico.

Llevaba la cabeza afeitada, de modo que era perfectamente visible la huella redonda de aquel dispositivo en su cráneo, junto con los puntos de sutura en el lugar donde le habían abierto el cuero cabelludo para insertarlo. Parecía la marca de un mordisco. Las venas, azules, trazaban un mapa bajo su fino y blanco cuero cabelludo, que nunca había visto el Sol.

—Sí, tienes cierto parecido –respondí en voz baja.

Luego, me puse bizca, me encorvé de hombros e hice como si sorbiera babas, como un zombi de una película de serie B. Él dejó escapar una risita mientras se agarraba la cabeza y resoplaba. Aquello me hizo reír, e iniciamos una cadena de bromas para hacernos reír mutuamente, hasta que terminamos partiéndonos de risa. El médico entró en la sala y se encontró con nuestras risotadas. Me reí tanto que acabé llorando aquella tarde. No sabría decir si me reía de alegría o de desesperación por la alegría. Pero las cosas no pintaban bien para Peter. El cáncer se estaba difundiendo mucho más rápido de lo que los médicos podían contenerlo.

En octubre de aquel año, Patrick vino a verme en su primer viaje a Estados Unidos. Nos fuimos con el coche a México y nos hicimos una decadente cena de langosta en Rosarito, acompañada con demasiadas margaritas como para volver conduciendo a Los Ángeles aquella noche. Continuando nuestro recorrido hacia el norte en mi Jeep, por la autopista de la costa del Pacífico, nos deteníamos en pueblecitos como Cambria, para comprar palomitas de maíz endulzado en el mercado de agricultores, o Pismo Beach, para hacernos fotos con el letrero. Soy una fan de la película *Clueless*,[4] en la cual el personaje principal, Cher, se convierte en la jefa del Fondo de Ayuda para Catástrofes de Pismo Beach, de manera que pararnos para hacernos una foto con el letrero era imperativo. El recorrido que íbamos a seguir, subiendo y bajando por la costa, nos iba a llevar tres semanas, con algunos días en el Área de la Bahía. Mi tiempo con Patrick era escaso, porque vivíamos en continentes diferentes, y queríamos aprovecharlo al máximo.

A los pocos días de iniciar nuestro viaje, nos detuvimos en un restaurante en el Big Sur llamado Nepthene. Está enclavado entre árboles, frente a la costa, y es famoso por sus increíbles vistas del litoral. Recibe su nombre de una medicina ficticia para ahuyentar la tristeza que aparece en la *Odisea,* de Homero. Pues, bien, el nombre del restaurante resultó ser una broma cruel. Yo pedí una copa de vino rosado y unas patatas fritas, y Patrick se pidió una cerveza –lo que cabía esperar en un alemán–. Él se fue al baño y yo saqué mi teléfono para ver si había cobertura. No la había, de modo que disfrutamos de nuestras bebidas y del paisaje, y luego nos dimos un paseo por los alrededores durante una hora.

Pero cuando entramos en la tienda de regalos, mi teléfono se puso a vibrar en mi bolsillo y, cuando lo miré, una ristra de notificaciones comenzó a desfilar por la pantalla como los créditos de una película.

---

4. Conocida en España como *Fuera de onda,* y en Hispanoamérica como *Ni idea* o *Despistados. (N. del T.)*

Bozoma había llamado tres veces. Mi padre había llamado dos veces y había enviado un mensaje de texto pidiéndome que le llamara en cuanto pudiera. La voz de mi madre en el buzón de voz sonaba a desesperación. Mi madre aún utilizaba el buzón de voz como se hacía antaño con el contestador automático, como si yo pudiera oírla, pidiéndome que descolgara el teléfono.

«De acuerdo, Alua. ¿No estás ahí? Llámame en cuanto puedas, ¿vale?».

Aba había llamado también, así como Ahoba. Pero Peter había llamado primero. No era extraño que nos llamáramos todos cuando había noticias importantes, pero esto era excesivo, incluso para nuestra parlanchina familia.

Desconcertada y angustiada, me fui corriendo al coche mientras Patrick pagaba su *souvenir*. Mi madre era la única que había dejado un mensaje de voz en el buzón, de modo que la llamé a ella. Además, ella sería la que más tacto tendría para dar la noticia si era mala.

Su voz era dulce, a diferencia de la desesperación que había transmitido en el buzón de voz.

—¿Qué tal el viaje, Alua?

—Hola, mamá. ¿Qué pasa?

Yo estaba impaciente, por lo que lamenté de inmediato su tacto.

—Oh, ¿por qué lo preguntas? –dijo inocentemente.

—¡Porque entre todos me habéis reventado el teléfono! ¿Es por ti? ¿Es por Peter? ¿Es el papá? ¿Qué está pasando? –pregunté sin poder reprimir mi nerviosismo.

Preocupado, Patrick volvió al coche y abrió la puerta del lado del pasajero para que me sentara. Me puse el cinturón de seguridad con una mano, mientras con la otra sujetaba el teléfono.

—Bueno, ya sabes… Creí que era importante decirte que… bueno, ya sabes que Peter no ha estado muy bien últimamente… yyyy … bueno, pensé que deberías saber que…

Su excesivo tacto me estaba matando. Hubiera preferido que me lo dijeran directamente, sin sal, sin lubricante, sin aderezos.

—¡Mamá! ¡¡¿¿Qué pasa??!! –dije entrando en pánico.

—… los médicos están diciendo que no pueden hacer nada más con el cáncer.

El viento en los árboles, el tráfico en la calle y el aire a mi alrededor se detuvieron inquietantemente, salvo por una mota de polvo flotando ante mis ojos en un rayo de luz dentro del coche. La vi caer lentamente hasta que la luz dejó de iluminarla. Sólo entonces me di cuenta de que mi pulso y mi respiración se habían acelerado. Pronto, Peter no tendría ni pulso ni respiración. Aprovechando mi silencio a modo de permiso, mi madre continuó:

—No saben cuánto tiempo le queda, pero dicen que no va a ser mucho. Sé que estás de viaje, de modo que tómate el tiempo que necesites y ven cuando puedas.

—No, voy inmediatamente.

Colgué precipitadamente, ansiando ponerme en camino para solventar problemas logísticos. Pero al levantar la vista me di cuenta de que no nos movíamos y que Patrick ni siquiera estaba en el coche. Forcejeando con el cinturón de seguridad para liberarme e ir en su busca, mi frustración se desbocó. Pero el cinturón se dobló y me apretó el cuello. Tiré de él y grité, descargando mi miedo y mi tristeza contra aquel objeto inanimado, justo cuando Patrick apareció y se sentó en el asiento del conductor.

—Tenemos que irnos. ¡Ya!

—¿Qué ha ocurrido, cariño? ¿Estás bien? Me pareció grave, por eso te dejé sola.

—¿Me dejaste sola porque pensaste que era grave? ¿No se te ocurrió pensar que, si era grave, podría necesitarte conmigo? ¿¿DÓNDE ESTABAS??

Inusitadamente, le grité. Mi ira suele manifestarse primero como tristeza, pero en este caso, la ira tomó la delantera. Metí la pata.

Estaba furiosa con Dios, y me preguntaba si realmente habría algún dios por ahí. Estaba furiosa con el linfoma de Burkitt. Estaba furiosa con Peter por estar enfermo. Estaba furiosa con el cinturón de seguridad. Estaba furiosa con los médicos. Estaba furiosa con mi madre por darme la noticia. Simplemente, estaba furiosa.

Patrick se quedó boquiabierto, mirándome fijamente mientras intentaba asimilar lo que pasaba. Nunca me había visto gritar y, en vez de reaccionar del mismo modo, esperó pacientemente a que me calmara, con la sensación de que fuera lo que fuera que estuviera ocurriendo debía ser más grande que él.

—Peter… –susurré.

Y me detuve, sin saber cómo decirlo, pues, en cuanto saliera de mi boca, se convertiría en realidad. Me sentía más segura guardándome las palabras. Todo el mundo está más seguro guardándose las palabras. Quizás por esto a los equipos médicos les cuesta tanto decir que alguien está muriéndose, porque, una vez dichas, las palabras no tienen marcha atrás. Patrick me tomó la mano para darme fuerzas, mientras yo encontraba el coraje.

—Se está muriendo.

Estuve llorando en silencio hasta que llegamos a San Francisco, mirando al cielo a través de la ventanilla, por ver si podía ver el meteorito cayendo sobre mi familia.

Tras una noche sin poder pegar ojo, Patrick y yo estuvimos dando vueltas por la ciudad, planeando nuestros viajes desde California: yo hacia Nueva York, para ver a Peter, y Patrick de vuelta a Alemania. A pesar de haber sido educada como cristiana evangélica, yo no soy de rezos. Mi padre y mi madre siguen creyendo en mí, y creo que lo harán siempre; siempre han tenido esperanzas conmigo. Me molestaba cuando me preguntaban si había ido a la iglesia el domingo, pero también comprendía el dolor que debían sentir al ver que su hija podría ir al infierno por no aceptar a Jesucristo como su Señor y Salvador. Si yo tuviera una hija, yo también intentaría salvarla de ese destino, creo. Con todo el descaro del mundo empecé a decir que sí cada vez que ellos me preguntaban si había ido a la iglesia porque, en lo que a mí respecta, lo había hecho. Yo vivo la iglesia cuando hago una caminata. Encuentro lo divino en las abejas y en los árboles. Hago mi culto durante la comida con los amigos, o en la cama. La risa es una forma de oración, y lo mismo se puede decir del sexo.

No obstante, aquel día pronuncié una oración desesperada por Peter, por mi hermana y por Lael en la basílica de la Misión de Dolores. Es gracioso ver cómo nos volvemos en busca de un poder superior cada vez que la vida parece que se nos va de las manos y perdemos el control.

Patrick y yo volvimos a Los Ángeles en un tiempo récord al día siguiente. Me preparé una maleta pequeña de mano, pensando que estaría en Nueva York muy poco tiempo y, en la puerta de embarque, aquella noche, tuvimos una tímida y lacrimógena despedida, sin saber cuándo nos volveríamos a abrazar. Nuestras despedidas eran normalmente tristes debido a la distancia que nos separaba, pero aquella despedida fue densa y única. Jugueteé con el ojal de su rebeca gris ante la puerta de embarque, evitando el lacrimoso contacto visual, mientras anunciaban que mi vuelo estaba embarcando ya. Sabíamos exactamente lo que nos esperaba y, aun así, decidí aceptarlo.

Dos meses más tarde, yo estaba aún en Nueva York. Las necesidades de Peter, Bozoma y Lael iban aumentando a medida que Peter iba empeorando. No me podía marchar; es más, no me quería marchar. Al igual que cuando Eve nació muerta y el dolor se cebó en ellos, yo dormía en el sofá por las noches mientras, durante el día, buscaba respuestas a preguntas incómodas, les ofrecía un poco de distracción, una escucha atenta y algún alivio cómico. Sin embargo, me resultaba difícil dormir, por lo que no encontraba vías de escape y alivio. Soñaba con que me quedaba atrapada en aguaceros torrenciales, con que me atacaban bandadas de cuervos o que se abría la tierra y me tragaba. Permanecer dormida me resultaba más difícil que mantenerme despierta y, con todo, cada día nos recibía con nuevas y desastrosas noticias. Los niveles de potasio de Peter se vinieron abajo de pronto un día. Otro día le fallaban los riñones. El ojo izquierdo comenzó a desviarse de su órbita por causa de la debilidad de los músculos oculares. Y los medicamentos, que se suponía debían dar determinados resultados, provocaban una serie de efectos secundarios que llevaban a la inclusión de más medicamentos. Peter se pasaba los días ingresando y saliendo del hospital, pero mantenía el ánimo en pie. Yendo a la farmacia a comprar una loción más densa para su piel reseca, me advirtió que no comprara envases que fueran demasiado grandes.

—No voy a necesitar tanto –me dijo con una risita.

Su sugerencia me resultó insufrible en su cruda realidad.

Encontramos maneras de inyectar humor y alegría en una época por lo demás sombría. Un palillero de cerámica de su cocina, que a mí se me antojaba un camarero, lo convertimos en un pastillero, en el que yo cargaba las medicinas de Peter –siguiendo cuidadosamente el horario codificado por colores que habíamos puesto en la puerta de la nevera–

y se las entregaba con un poco de zumo mientras hacía una profunda reverencia.

—Sus drogas, milord.

Y él agarraba el cubilete y hacía gestos con la mano para que me fuera, levantando la nariz como un marqués.

Un día en el que se empeñó en acompañarme al Home Depot, vino con la silla de ruedas portátil porque estaba demasiado débil para estar de pie, pero quería tener cierta sensación de normalidad. Yo me monté en la parte de atrás, simulando que éramos exploradores en una tierra distante y exótica, mientras buscábamos cajas para empaquetar cosas en el apartamento.

—¡ADELANTE! –gritaba yo.

Y él soltaba una risita y respondía con acento pirata:

—¡Sí, compañero!

Aquellas cajas permanecieron embaladas durante meses después de su muerte.

Los ancianos padres de Peter vinieron a la ciudad desde Florida y se quedaron. Afortunadamente, Bozoma y Peter se habían mudado a un apartamento más grande en Central Park West, en Harlem. Y sus hermanos mayores, que vivían en Florida y en Massachusetts, también venían a visitarle durante aquellos meses. El hermano de Peter, Neil, me enseñó a hacer pastel de nueces, el favorito de Peter, para el Día de Acción de Gracias, que celebramos en el hospital junto con su otro hermano, Stephen, sus padres y mi madre. Su hermana Debbie y yo estuvimos bebiendo vino blanco en la mesa de la cocina al caer la noche y estuvimos conversando largo y tendido sobre nuestro hermano común. Ahoba y Aba vinieron a la ciudad cuando pudieron para ayudarnos a llevar la carga. Ahoba estaba también superocupada criando a mi sobrino, Jahcir, mientras trabajaba a tiempo completo, y las visitas de mi padre llegaban siempre con un montón de oraciones, pero yo nunca sabía por qué rezar.

Fue una época agotadora, tanto emocional como físicamente. Pero, para mi sorpresa, estaba más alerta, concentrada y activa que nunca. Se suponía que yo tenía que ser la bala perdida, con tendencia a confesar constantemente nuevas pasiones, aunque de corto recorrido. Costura, fotografía de viajes, joyería, uñas de gel con secado ultravioleta, enseñanza de Tae Bo, correr maratones… Me iba de viaje a algún sitio y me quedaba a vivir allí para, poco después, irme al país vecino siguiendo el consejo de un compañero de viaje. Mi familia se tomaba a risa mi pasión por los viajes. Años más tarde, tuve una amiga que, por estas fechas, era una simple conocida. Cuando le pregunté su opinión, siendo ya amiga mía, me dijo que ella pensaba que yo era una «trotamundos» antes de que yo me sumergiera en el tema de la muerte. Y no debería extrañar a nadie, pues la muerte inyecta propósito en la vida si se lo permitimos. Y yo se lo permití. Y la muerte me hizo tocar tierra, dándole un «porqué» a cada día.

Peter fue la primera persona con la que hice de doula de la muerte antes de saber qué era eso o qué se suponía que estaba haciendo yo. Instintivamente, había encontrado un camino hacia una ocupación que terminaría asumiendo una y otra vez. Servir como doula de la muerte es ofrecer un anillo en el círculo de apoyo, que se irradia hacia afuera como los anillos en el tronco de un árbol. En el centro, Peter viajaba hacia su muerte, apoyado por mi hermana y sus padres. Yo ocupaba el siguiente anillo, atendiendo a las necesidades de todos para que pudieran concentrarse en lo que estaba ocurriendo.

Lo admito, yo también estaba perdiendo a mi hermano, y equilibrar el dolor con esa responsabilidad no es nada fácil, pero yo tenía mis propias amistades y a Patrick, que formaban otro anillo en el círculo de apoyos, pues me ayudaban cuando yo estaba exhausta. Las ondas de choque del dolor viajan a gran distancia, y las constelaciones de cuidados son amplias.

Hice *muchos* viajes cortos durante esta época, llevando y trayendo gente al aeropuerto, al hospital, a casa, a la escuela, a restaurantes, etc. Cuando los médicos salían de la habitación de Peter en el hospital, yo le preguntaba a él y a Bozoma si habían comprendido lo que los médicos habían dicho y tomaba nota de posibles preguntas que podríamos hacer posteriormente. Y cuando mi hermana se quedó finalmente en el hospital, después de que ingresaran a Peter definitivamente, le preparé una maleta y le llevé pijamas de los que pudiera desprenderse cuando todo terminara. Evidentemente, no querría volver a verlos jamás. También llevaba a escondidas a la chispeante Shiraz al hospital, y me sentaba a hablar con ella en la habitación familiar la mayoría de las noches.

Aquellos momentos en la distancia generaron el espacio que ella necesitaba para hablar de las cosas que no podía tratar delante de Peter: su agotamiento personal, su miedo, sus preguntas. Compramos tarjetas de notas para que Peter le escribiera cartas a Lael, para que la niña las abriera cuando fuera más mayor. Pero no se llegó a dar la oportunidad, pues Peter se debilitó con rapidez y ni siquiera podía aguantar el bolígrafo. Con Bozoma a su lado en el hospital, la mayor parte del cuidado de Lael recayó sobre mí, sobre su tía Mommy.

Fue una época muy ajetreada. Llevaba a Lael a la escuela por la mañana y, cuando terminaba su jornada escolar, la recogía en Harlem y la llevaba al hospital, en el centro de la ciudad, para que pasara unas horas con sus padres y para que hiciera sus tareas escolares, las de una niña de cuatro años. Después, cuando se impacientaba en la pequeña habitación de hospital con todas aquellas máquinas, botones, pitidos y luces, nos despedíamos y la llevaba a casa para darle la cena y acostarla. Algunas noches hacíamos manualidades para papá y mamá. Y, una vez que se quedaba dormida, una amiga de Bozoma venía a pasar la noche con ella para que yo pudiera volver al hospital para ver cómo estaban todos.

Cuando estaba agotada o cuando el estado de Peter parecía especialmente precario, pasaba a veces la noche en un sillón de la habitación del hospital. Por las mañanas, me despertaba antes de que lo hiciera Lael, me iba con el coche a casa y la preparaba para la escuela. Aquellas últimas semanas de vida de Peter fueron como una larga y traicionera jornada de siestas energéticas, de búsqueda de aparcamiento en Nueva York, de tentempiés en lugar de comidas, de médicos, desinformación, bancos de ascensores de hospital y la sensación inminente de tragedia.

Lael y yo, que ya estábamos muy unidas anteriormente, pasamos mucho tiempo juntas en esos meses. Los niños pequeños son especialmente inquisitivos respecto a la muerte. No sólo es que están en la fase de crecimiento en la que siempre preguntan «por qué», sino que, según el psicólogo evolutivo suizo Jean Piaget, es a los cuatro años cuando comienzan a captar la idea de la impermanencia de todo en la vida. ¿Pueden las cosas o las personas desaparecer para siempre? Las preguntas de Lael, soñolienta, los sábados por la mañana, antes de ponernos a hacer tortitas y de que la sentara delante de los dibujos animados, nunca me decepcionaron.

—¿Adónde vamos cuando nos morimos?

Tras preguntarle qué pensaba ella al respecto, le preguntaba qué le había dicho su madre. Era importante mantener un mensaje coherente, y yo sabía que era mejor no interferir en conversaciones importantes entre un progenitor y una hija que no era la mía. A medida que Lael ha ido creciendo, cada vez que me hacía una pregunta difícil –como por qué la gente se depila el vello púbico–, yo le pasaba el problema a su madre. Siempre ha sido muy curiosa, y ese rasgo lo ha heredado de mí, su comadre Géminis.

Lael me preguntó una vez si a Peter le crecerían mucho las orejas. Alguien le había dicho que su papá podría escucharla desde el cielo cuando muriera y, dado que ella no iba a poder ir de visita al cielo, se le ocurrió pensar eso. Preguntó también si Peter volvería adonde estaba antes de nacer, a aquel lugar del cual ella había venido pocos años antes. Los niños saben más de la muerte de lo que nos creemos. Las preguntas de Lael eran difíciles, y me daba pena decirle que yo no podía saber las respuestas, mientras intentaba consolarla y que se sintiera segura al mismo tiempo. Me preguntó si yo también iba a morir. Le dije que tenía planeado estar por aquí todavía mucho tiempo. Si evitamos las preguntas de los niños acerca de la muerte, les transmitimos sin darnos cuenta que es mejor que repriman esos pensamientos de miedo. Sin embargo, esto refuerza en última instancia una cultura de fobia a la muerte. Hablar con los niños acerca de la muerte supone mantener un equilibrio delicado, pero creo que debemos contarles la verdad de nuestro «No lo sé, pero lo que sí sé es que…». Me hubiera gustado disponer de más respuestas por el bien de Lael, y también por mi propio bien, sobre todo a medida que se acercaba el fatal desenlace de Peter. Lamentablemente, no estábamos preparadas para eso.

En términos generales, recuerdo lo mucho que deseaba haber podido disponer de mucha más información. Habría sido increíble poder preguntar a alguien cómo hablar con los niños acerca de la muerte; o disponer de información antes de tomar decisiones como la del entierro o la cremación de Peter; o qué señales anuncian el momento de la muerte; o simplemente tener alguien al lado que te diga, «Esto es normal, chicos, lo estáis haciendo bien. Sé que todo es una mierda. Os comprendo», habría valido su peso en oro. Cosas como éstas figuran ahora en mi maletín de doula, y las reparto como los caramelos en Halloween cuando trabajo con las familias, dependiendo, claro está, de en qué medida se puedan ofender con mi lenguaje de carretero. Yo habría pagado mi peso en oro por haber podido tener a alguien al lado que nos recordara que pusiéramos toda nuestra intención en nuestros actos durante los últimos días de vida de Peter y que le ofreciéramos vías para despedirnos con gracia.

También hubiera deseado que alguien nos hubiera explicado lo de la mejoría súbita previa a la muerte. A veces la denominan «lucidez terminal», y es el período en el cual el moribundo parece estar más alerta, estable y lleno de energía. Los moribundos, en este momento, se ponen a hacer planes, a gastar bromas y a compartir recuerdos con la familia.

Después de varios días de rechazar los alimentos, quizás pidan comer. Puede parecer un cambio de dirección hacia la salud en la persona querida que está falleciendo, pero es todo lo contrario. La gente que ve esto por vez primera piensa que está presenciando el milagro que estaba esperando, cuando lo que está presenciando en realidad es una señal normal, estándar, de que la muerte es inminente. Las flores ofrecen su mejor aroma justo antes de marchitarse; lo mismo ocurre con esa bengala final que constituye la mejoría súbita previa a la muerte, con esa última chispa de fuego vital antes de desvanecerse.

&

El domingo, 8 de diciembre de 2013, Peter tuvo esa mejoría súbita. Los New England Patriots jugaban contra los Cleveland Browns, y Peter era un gran seguidor de los Patriots, aunque en este punto era también una cáscara de sí mismo: demacrado, deprimido, letárgico… Apenas había hablado durante días. Ése es el motivo por el cual me sorprendió y me encantó escuchar su voz en el otro extremo de mi móvil, pidiéndome que llevara a Lael al hospital con su minúsculo jersey de los Patriots.

Yo hubiera querido gritarle «¡Buuuuu!» a través del teléfono, dado que mis hermanas y yo éramos seguidoras de los Broncos, y Peter lo sabía. Decirle mierdas de los Patriots era uno de mis pasatiempos favoritos. Pero se estaba muriendo. Lo menos que podía hacer era dejarle animar en paz a su equipo, ¿no? ¡Y vaya si lo sabía! Se aprovechó al máximo. Los jodidos Patriots. Me llegué a preguntar si pasar por un sacrificio como ése no me haría acreedora a una nominación al Premio Nobel de la Paz. Por un segundo, pensé también en ponerle a Lael, a hurtadillas, el jersey de los Broncos debajo del de los Patriots, aunque, tras pensarlo detenidamente, me di cuenta de que la niña iba a pasar demasiado calor. (Pero sí, soy así de mezquina.)

Cuando Lael y yo llegamos al hospital, Peter estaba sentado en la cama. Sí, seguía teniendo el aspecto de un moribundo, pero lo hacía con una actitud festiva, contando chistes y dando órdenes a amistades y familiares, entre ellos Bozoma, mi madre y sus padres, que aún estaban en la ciudad. ¿Adónde se había ido el hombre de las últimas semanas? Peter parecía de nuevo el viejo Peter, aunque estaba increíblemente delgado, inmóvil, totalmente calvo y con grandes dificultades para hablar debido al crecimiento de los tumores en las cuerdas vocales. Me resultó difícil hacerme a la idea de que esta versión enferma de Peter también era Peter. Le pidió a su mejor amigo, Mecca, que consiguiera poder poner un letrerito conmemorativo con su nombre en un banco de Central Park después de su muerte, e hizo otras peticiones entre susurros a otras personas de las presentes en la habitación. Yo tomaba notas. La doula de la muerte que estaba emergiendo en mí se entregó a fondo para asegurarse de que sus deseos quedaran registrados. En un momento determinado, escuché a Peter pedir un *whisky*, como si estuviéramos viendo el partido en un bar, y no junto a la cama de un hombre frágil, enfermo y débil. Incrédula, miré a Bozoma, y ella se encogió de hombros.

«¿Qué demonios está pasando?».

Antes de que terminara el partido, la mejoría súbita de Peter se quedó sin baterías, y Peter pidió un poco de tranquilidad. De uno en uno, sus amigos y amigas dijeron algo así como «Hasta luego, hermano» y se fueron desfilando. Y también llegó el momento de llevar a Lael a casa para meterla en la cama y que fuera a la escuela al día siguiente. Dado que Peter parecía estar relativamente bien, aquella noche me quedé en casa, para darle a Peter, Bozoma y a sus padres un poco de espacio. Los sillones de la habitación del hospital eran bienes inapreciables, y una persona menos en la habitación significaba que alguien podría poner los pies en alto sobre mi sillón para dormir.

Sin ser consciente de que sería la última vez que hablaría con Peter, no hice demasiado caso cuando me dijo que estaba cansado. Había tenido un día vibrante, muy similar al de su viejo yo, y muy diferente al de alguien que estuviera próximo a la muerte, a pesar de todas las señales. Yo tenía la esperanza de que éste fuera nuestro milagro, pero mis instintos no lo terminaban de ver claro. Después de despedirnos, me fui a casa con Lael, la metí en la cama y me puse una copa de vino. Patrick fue la primera persona a la que llamé, y le pedí que me contara cómo le había ido el día para ver si así recuperaba algo de normalidad en nuestra relación.

Después llamé a mi padre, a Ahoba y a Aba para darles las últimas noticias. Todos ellos habían venido a visitar a Peter a lo largo de su enfermedad, pero no habían podido dejar sus trabajos y responsabilidades cotidianas durante tanto tiempo, como había podido hacer yo. Al final resultó que ser la trotamundos de la familia tenía también sus ventajas. Completamente exhausta después de las llamadas telefónicas, me quedé dormida en el sofá con media copa de vino en la mano (el resto me lo derramé en los pantalones), y me desperté con el cuello agarrotado justo a tiempo de darle la bienvenida al Sol.

Dejé a Lael en la escuela y me fui a imprimir unas fotos familiares para uno de los proyectos de su clase, y cuando llegué a la habitación del hospital aquella mañana, después de recoger unas gotas para los ojos que me había pedido el padre de Peter, me encontré con los ánimos sombríos.

Mi madre estaba sentada en el hueco que quedaba entre la habitación de Peter y la habitación contigua, junto al teléfono. Con los ojos hinchados y el pelo revuelto, Bozoma estaba sentada a la derecha de Peter, aferrada a su brazo. Su madre estaba a la izquierda, con la mirada perdida en la mano de su hijo. Su padre miraba por la ventana a nada en particular. Aunque eran más de las diez de la mañana, Peter aún no se había despertado. No volvería a despertarse.

Durante tres días y tres noches estuvimos junto a su cama, mientras Peter se iba de este mundo. La Navidad, a dos semanas vista, era la festividad favorita de su familia. Estuvimos cantando villancicos de

Navidad y poniéndonos gorros de Santa Claus. Una enfermera con un buen surtido de flautas vino a cantar villancicos de Navidad para él, mientras los médicos de cuidados paliativos cruzaban la habitación como flotando para comprobar el estado de Peter. Con sus movimientos y sus voces parecían estar pidiendo disculpas, aunque en ningún momento lo hicieran. Era evidente lo que estaba ocurriendo, aunque nadie se atreviera a ponerle palabras, a darle nombre a aquel estado de confusión liminal. Peter se estaba muriendo.

En algún momento en torno a las 3 de la madrugada del miércoles, 11 de diciembre de 2013, sentí cierta agitación en la habitación del hospital.

Cuando abrí los ojos vi a la madre de Peter dándole un codazo a su marido. Bozoma ya estaba despierta, con la mirada fija en el pecho de Peter, observando el ritmo irregular de su respiración, con respiraciones profundas seguidas por respiraciones superficiales. Nos alegrábamos cada vez que tomaba un nuevo aliento a través de la boca, que la había tenido abierta durante días, aunque no sé de qué nos alegrábamos realmente. Otra respiración significaba que seguía con vida, pero también significaba que seguía sufriendo. Y eso significaba que su proceso de muerte sería más largo. Pero que no hubiera respiraciones significaba que Peter ya se había ido. Hiciera lo que hiciera resultaba devastador, y en nada encontrábamos alivio. Agonía pura y dura en un suspiro.

Bozoma se mantuvo a la derecha de Peter, mientras su madre estaba a la izquierda. El padre de Peter le tocaba la pierna izquierda mientras sujetaba de la mano a su esposa, viendo morir a su hijo pequeño. Mi madre estaba de pie detrás de Bozoma, con las manos sobre sus hombros. Y, como tantas veces antes, yo estaba a los pies de Peter, pies que había estado masajeando regularmente con una loción hidratante para que no se le agrietara la piel. Aquel día, tenía los pies fríos y amarillentos debido a la ictericia. Desde entonces he aprendido que, según algunas tradiciones religiosas, el alma se desconecta del cuerpo empezando por los pies, para abandonarlo a través de la cabeza. Yo le sujetaba los pies, en silencio y entre lágrimas, dándole las gracias por haber estado en la Tierra y por haber estado en mi vida, deseándole lo mejor allá donde fuera.

Poco antes de las cuatro de la madrugada, cuatro días antes de su cuadragésimo cuarto cumpleaños, mi cuñado Peter Saint John exhaló su último aliento.

La habitación se impregnó con un silencio atronador, hasta que Bozoma lo traspasó con un gemido agudo y derrotado. Su marido y padre de sus hijas, Eve y Lael, había muerto. Entre una respiración y la siguiente, la chispa de la vida había abandonado el cuerpo de Peter. Ya no tendría nuevos recuerdos. No diría más palabras. No volvería a tocarnos jamás. Nunca escucharíamos su voz de nuevo. Su corpachón, que había albergado toda una vida humana y la profundidad del amor que sentía por quienes le habíamos rodeado, regresaba ahora a la misma materia de la que estaba hecho. Pronto se desintegraría en el fuego cuando fuera cremado. Cenizas a las cenizas. Peter se iría, pero el regalo de su vida permanecería en todas las vidas a las que había alcanzado y en todas las vidas a las que nosotras pudiéramos alcanzar, pues lo llevaríamos con nosotras.

Cuatro días más tarde, en un domingo de intensa nevada, celebramos su funeral en una catedral católica. Posteriormente, le organizamos una fiesta por su cuadragésimo cuarto cumpleaños. Hubo sombreritos de fiesta, globos, *whisky* y puros. Yo le buscaba en cada rincón del restaurante, sabiendo que no aparecería. Pero no podía evitarlo. Le habría encantado la fiesta. Él debería haber estado allí. Pero no estaba. La irrevocabilidad de su muerte no se había asentado aún en mis huesos, y sigue evadiéndome muchos años después. Todavía no me puedo creer que no esté aquí, que no haya visto a Lael llegar a la adolescencia, que no me haya visto a mí con la misma edad que él cuando murió, que no haya visto lo que creamos a partir de su muerte. Todavía le sigo buscando.

Pero le vi de nuevo, sólo una vez, en un doloroso sueño.

En el sueño me encontraba de pronto con un gran desfile en la calle. Era algo parecido al Mardi Gras, al carnaval de Nueva Orleans, con gentes de todas las razas, formas, tamaños y edades ataviadas con sombreros, vestidos y aderezos de infinidad de colores, bailando por la calle. Había un gran ambiente, y la gente iba con sus mejores galas, aunque las llevaban como quien lleva la ropa de diario. Un suave tambor lejano, como el latido de un corazón en una ecografía, ponía la banda sonora. La purpurina flotaba en el ambiente hasta donde alcanzaba la vista. Yo estaba atónita con aquel lugar encantado, donde la gente lo cubría todo con colores vivos y respiraba purpurina en vez de oxígeno. No obstante, me acerqué al desfile y a la multitud con cautela, pues me sentía como una extraña, mientras que todo el mundo allí parecía pertenecer a ese ambiente y ese mundo.

De pronto, a mi derecha, vi llegar una carroza grande con forma de pez de colores, decorado con lentejuelas azul cobalto y verde lima, pero del tamaño de pelotas de tenis. La brillante aleta dorsal del pez, de un verde intenso y brillante, se movía suavemente de un lado a otro, dando la impresión de que el pez gigante estuviera nadando por la calle en agua de purpurina. Y en lo alto de la aleta amarilla fluorescente del pez, como un capitán de barco, estaba mi querido Peter con un llamativo atavío. Me sentí aliviada al ver alguien familiar, aunque me impactó su atuendo. Llevaba un sombrero de copa brillante morado y turquesa, una corbata de raso turquesa, también brillante, pero iba sin camisa, y llevaba también unos pantalones de látex fucsia con botas de plataforma plateadas. Me daba vergüenza verlo así, sin camisa, pero al mismo tiempo me alegraba verlo tan libre. Sin el disfraz, me hubiera parecido una versión de Peter sin la enfermedad. Alto, vital, robusto, con los dos ojos mirando al frente, y no con uno de ellos extraviado por culpa de un músculo torcido.

Entonces, en el sueño, Peter me vio entre la multitud y, entusiasmado, bajó de la carroza y se abrió paso entre la gente para llegar hasta donde yo me encontraba. Me abracé a él de un salto y me eché a llorar de alegría, mientras le miraba con los ojos del mundo de los sueños. Peter se reía al verme llorar. Creo que la gente allí no llora, salvo de dicha. Peter me preguntó cómo había llegado hasta allí y yo le dije que no lo sabía, que simplemente había llegado. Yo era consciente de no pertenecer a aquel lugar, pero el colorido y el amor arrebatador que se respiraba en el ambiente me impedían irme. Aquello me recordó al festival del Burning Man, al que me hubiera gustado ir con él. Peter me dijo que yo no debía estar allí, pero se echó a reír y dijo que no le sorprendía en absoluto que me hubiera saltado las normas. Nos estábamos riendo juntos de nuevo, y me resultaba alucinante estar con él de nuevo en aquel ambiente. Peter sabía que soy una alborotadora, incluso en el mundo de los sueños, y no se equivocaba.

Entonces, le pregunté que dónde estábamos, pero él no me respondió. Estaba preocupado porque alguien pudiera verme. De hecho, miraba a un lado y a otro con ansiedad. Yo también me giré para mirar a mi alrededor, pero no veía otra cosa que júbilo. Nada que pudiera calificarse de amenazador.

Pero cuanto más tiempo estaba allí conmigo, más ansioso parecía. Al final, me dijo que tenía que volver a subir a la carroza, al lomo de su enorme pez psicodélico, que seguía nadando calle abajo sin él. Yo le pedí que se quedara, aunque, al mismo tiempo, me destrozaba verle tan feliz en la carroza y tan preocupado conmigo. Yo no quería que se preocupara, pero la idea de separarme de él nuevamente se me hacía insoportable. Había sentido el intenso dolor de su muerte en una ocasión, y no quería sentir aquello de nuevo. Ahora que Peter estaba conmigo, *tenía, tenía, tenía* que quedarse. El desfile seguía avanzando por detrás de él y yo me sentía desolada ante la idea de verle partir de nuevo. Le rogué y le supliqué que se quedara, pero me di cuenta de que, aunque a él también le dolía dejarme, no tenía más remedio que hacerlo. De manera que, al final, derrotada, tuve que aceptarlo. Y mientras todo en mi interior le gritaba a mi querido hermano que se quedara conmigo, sólo un poco más, que no me dejara allí, sentí que tenía que dejarle marchar, sabiendo que era lo mejor, sabiendo que aquel era el lugar al cual pertenecía.

Peter se quitó entonces el sombrero de copa y un manojo de rayos de luz de distintos colores emergieron de su cabeza. El puerto del depósito de Ommaya seguía siendo visible, pero su cabello rubio oscuro le había crecido alrededor, comenzando a taparle las orejas. Necesitaba un corte de pelo, y también una maldita camisa. Entonces, Peter me puso el sombrero a mí y yo lo agarré con las dos manos, encajándomelo en la cabeza. Llegué a sentir los trocitos de purpurina que llevaba pegados. Peter me pidió que sintiera la purpurina en los dedos, y yo asentí con la cabeza. Podía sentir la textura rugosa y los bordes afilados. Luego me preguntó si podía ver la purpurina en mis dedos y en el aire.

Yo le dije que sí, que, en mi campo de visión y en mis manos, veía pequeñas motas danzantes de colores brillantes púrpura y turquesa. Luego, Peter me miró muy serio, en agudo contraste con la excitación de la multitud a nuestro alrededor, y me dijo que supuestamente sólo podía ir con él hasta el pórtico, que no podría seguirle más allá de él como la hermanita pequeña que se pega a su hermano mayor, y que tendría que dar media vuelta. Me lo decía con cariño, amablemente, pero con firmeza, como el hermano mayor que había sido para mí en la vida.

Con aquellas palabras y sin decir adiós, Peter se dio la vuelta y echo a correr entre la multitud con sus botas plateadas en busca del aquel pez brillante. No volvió la vista atrás. Y yo comencé a retroceder, por mucho que quisiera quedarme en aquel eufórico lugar, hasta que la escena se llenó de partículas de purpurina. La gente con ropas de colores desapareció. La fiesta desapareció. Su carroza desapareció. Peter desapareció.

Desperté de este sueño en casa de Patrick, en el oscuro y húmedo Berlín, con los ojos hinchados y empapados en lágrimas. Estaba triste por lo real que había sido, y porque ya no podía sentir aquello. Puede que Peter esté viviendo una aventura psicodélica con peces de colores en el mundo de los sueños, pero, en el mundo físico por defecto, Peter sigue muerto. Y tenemos que asumirlo.

Alrededor de una semana después del funeral, me sentía incapaz de centrarme en mis responsabilidades. Y tenía mucho que hacer. Quizás fuera el dolor, o quizás fuera el vacío que sentía, debido a la ausencia absoluta de fronteras en mi vida y de cuidados que me había negado a mí misma. Patrick me había pedido repetidamente que me fuera a Alemania con él. Yo le juraba que todo estaba bien, pero mi dulce novio me pedía que le dejara cuidar de mí por un tiempo. Al cabo de unos cuantos días insistiendo en que me encontraba bien, pero siendo incapaz de recordar cómo se ponen unos pantalones («*¿Una se sienta para eso? ¿Se abrocha primero el botón o se corre la cremallera* antes? ¡Joder, me pondré una falda!*»*), acabé accediendo. Quizás fuera el dolor, quizás fuera agotamiento. El mero hecho de pensar en dejar a Bozoma sola por vez primera en muchos meses me torturaba, pero no iba a poder serle de mucha ayuda cuando ni siquiera podía ser de ayuda para mí misma. Estaba agotada y vacía. El cuidado personal tiene que ser una prioridad cuando acompañamos a otra persona en su viaje hacia la muerte. Pero yo no sabía eso todavía.

Tomando un bloc de notas adhesivas de colores vivos, me senté ante la mesa del comedor una tarde para intentar esbozar rápidamente todo lo que había que hacer para zanjar los asuntos de Peter antes de partir hacia Alemania. Pensaba que me bastaría con dos notas, pero aquella pequeña tarea creció con rapidez hasta convertirse en treinta pequeñas tareas.

Contactar con las empresas de las tarjetas de crédito e informar a las agencias.

Catalogar y cancelar las facturas y las cuentas *online*.

Entrar en la cuenta de correo electrónico de Peter.

Decidir qué hacer con su ropa. ¿Limpiar su armario ahora o dejarlo?

Devolver los equipos médicos.

Revisar su correo.

Ponerse en contacto con la Administración de la Seguridad Social.

Localizar su partida de nacimiento y sus pólizas de seguros.

Determinar si Peter está sujeto a legalización testamentaria [el proceso mediante el cual los tribunales deciden legalmente quién hereda qué, después de que alguien haya fallecido].

Encontrar la documentación de su automóvil.

Recuerdo intensamente esta última nota adhesiva por el laberinto de papeleos que trajo consigo. Peter quería regalarle su auto –un Mitsubishi Eclipse granate– a su sobrino, y yo pensé que todo cuanto tenía que hacer era darle las llaves a su sobrino. Un poco idiota por mi parte pensar que sería tan sencillo, o que las normas establecidas para transferir la propiedad de un automóvil tras la muerte de un ser querido serían amables con los afligidos familiares. Pero no; el proceso de transferencia de propiedad de un vehículo tras la muerte, si no se ha transferido adecuadamente en un documento testamentario, como última voluntad y testamento o como un fideicomiso, *es una pesadilla* de la que ni siquiera desean ocuparse los no afligidos. ¿A quién le apetece sentarse en la sala de espera del Departamento de Vehículos Motorizados un día laboral, y sobre todo en mitad de un duelo?

Hubo muchas muchas situaciones como ésta. Llamé a la empresa de una tarjeta de crédito para decirles que Peter había muerto y me dijeron que querían hablar con él para verificar que yo estaba autorizada para gestionar su cuenta. *«¡Que está MUERTO, pedazo de burro!»*. Y cada vez que tenía que repetir que estaba muerto, me hundía cada vez más en el hoyo de mi dolor. Al mismo tiempo, los trámites de defunción se acumulaban. Si yo, la valiente cuñada doctora en Derecho, no me aclaraba con los miles de asuntos que resolver de mi cuñado, ¿cómo lo iba a hacer mi destrozada hermana? ¿Y cómo puede hacerlo cualquier persona que no tenga un apoyo mínimo? Yo llenaba las notas adhesivas con rapidez. Llevaba ya un bloc entero de notas adhesivas de diez por diez centímetros y ni siquiera había rascado la superficie. Miraba a Bozoma sentada en el sofá, en pijama a las cuatro de la tarde, con el cabello recogido en un pañuelo, mirando a la nada… mientras el televisor, en el mismo canal desde hacía seis horas, atronaba tonterías para ahogar el vacío.

En aquellos momentos, habría sido capaz de ofrecer un riñón en el mercado negro a cambio de alguien que nos echara una mano. ¿Por qué no había una persona atenta, compasiva, entendida y considerada para ayudarle a una? ¿Alguien que nos explicara el orden en que había que cerrar las cuentas de Peter? Aquello solo me llevó, como mínimo, doce notas adhesivas. ¿O alguien que nos diera sugerencias sobre qué hacer con el equipo hospitalario que teníamos en casa? Seis notas adhesivas. ¿Qué se suponía que teníamos que hacer con todos los medicamentos que nos habían sobrado? Cuatro notas. ¿Cómo saber las pólizas de seguros que tenía? Catorce. La mesa del comedor estaba cubierta con notas de color amarillo, verde, naranja y rosa para las cuales no disponía de respuestas. Peter había muerto y no teníamos la información que necesitábamos para dejar zanjados sus asuntos. Aquella información había muerto con él.

A nivel racional, yo entendía que había cientos de miles de personas que se tenían que enfrentar a problemas similares. Según el World Population Clock (Reloj de la Población Mundial) de la revista médica *Medindia,* más de 150.000 personas mueren en todo el mundo cada día. Lo habitual es que todas esas personas tuvieran vidas que sus familiares tendrán que zanjar tras su muerte. Peter no era la primera persona en morir ni la última en hacerlo. Entonces, ¿por qué la experiencia de su fallecimiento resultaba tan aislante? ¿Por qué me sentía tan sola cuando estaba intentando ayudar? ¿Y qué mierda de sociedad es ésta que comprende la universalidad de una experiencia dolorosa pero no hace casi nada al respecto? ¿Por qué nos dejamos solos ante nuestro dolor? Era como estar de nuevo con Jessica en aquel autobús de Cuba, teniendo la certeza de que ella no era la única persona que le estaba dando vueltas a la cabeza al tema de la muerte y, sin embargo, la habían dejado sola con el marrón. Salvo que, en esta ocasión, eso estaba teniendo lugar en mi familia.

Que el cielo sea benévolo con el trabajador social que me dijo que hiciera una búsqueda por Internet para averiguar de qué iba el procedimiento de sucesiones, pues maldije a los hijos de sus hijos, y ellos se quedaron con *toda* mi cólera (léase «dolor»). En el hospital me sugirieron que en la funeraria me ayudarían. En la funeraria me dijeron que llamarían a la Seguridad Social en nuestro nombre, pero que nos apañáramos para resolver el resto de los asuntos de Peter. Y después me sugirieron que recurriera a cuidado paliativos.

Yo creía que cuidados paliativos era el sitio adonde la gente iba a morir, pero estaba equivocada. Cuidados paliativos es una teoría del cuidado, no un lugar, que cambia el enfoque desde el cuidado curativo al cualitativo, con un equipo especializado de personas que apoyan ese cuidado. La gente puede recibir servicios de cuidados paliativos en cualquier lugar. Pero el equipo de cuidados médicos del hospital donde se hallaba Peter abandonó sus intentos por curarle demasiado tarde, de modo que no llegaron a derivarlo a cuidados paliativos antes de morir. Fue como si le hubieran engañado. En cuidados paliativos me dijeron que sus servicios de duelo podrían ser de ayuda en el caso de mi frustración (léase: dolor), pero que no disponían de servicios para ayudar a la gente con temas burocráticos, que eso era algo con lo que tendría que apañarme yo sola. ¿Dónde estaba la gente que se suponía que tenía que echar una mano en momentos como éste? Disponemos de profesionales que nos guían en los asuntos más diversos a cada paso que damos en nuestra vida. Tutores que nos ayudan con las tareas escolares cuando no estamos aprendiendo del modo adecuado. Planificadores de bodas que te ayudan a planificar tu boda. Agentes inmobiliarios que te ayudan a vender tu casa. Orientadores que te ayudan a navegar en las relaciones. Doulas del nacimiento que apoyan a la gente a lo largo del proceso de nacimiento. ¡Demonios, hay incluso abrazadores profesionales! De modo que, ¿por qué no hay gente que ayude cuando llega el final de la vida?

El deseo que siento por curar las enfermedades sociales suele ser el combustible de mis actos. Fue eso lo que me llevó a hacerme vegetariana siendo niña y a incorporarme a la vida laboral profesional como abogada de oficio, ganando 40.000 dólares al año, mientras mis compañeros de la Facultad de Derecho entraban en empresas para ganar cientos de miles de dólares. De modo que mi entrada en el trabajo con la muerte no fue distinta. Para mí, trabajar con la muerte es, en el fondo, activismo, un activismo alimentado por la ira, pero envuelto en amor.

La mayoría de las personas que nos dedicamos a trabajar con la muerte llegamos aquí de formas muy similares. O bien presenciamos una muerte tan hermosa e idílica que deseamos que todo el mundo experimente lo mismo, o bien hemos visto sufrir a un ser querido, y hemos sufrido nosotras mismas con ello, y no queremos que otra persona pase por la misma situación. En ambos casos, lo que intentamos es mejorar la experiencia de los demás. Yo llegué al trabajo con la muerte porque quería ayudar a «resolver» todas las deficiencias que había visto.

Yo hubiera querido arrojar un cóctel molotov al sistema de atención sanitaria/cuidados terminales (o a su carencia de ellos).

Yo no quería que nadie más sufriera lo que mi familia había sufrido.

Me hubiera gustado que alguien nos hubiera dicho claramente que Peter se estaba muriendo.

Yo hubiera querido que alguien me hubiera explicado las señales indicativas del proceso de la muerte.

Me hubiera gustado que el equipo de cuidados paliativos hubiera esbozado una disculpa, en lugar de cargarlo todo sobre sus hombros.

Hubiera querido que alguien hubiera estado allí para ayudarnos a poner orden en el laberinto burocrático.

Yo hubiera querido hacer de la muerte de Peter una muerte ideal, en la medida de lo posible, dadas las jodidas circunstancias en las que nos encontrábamos, que podrían resumirse en «mi hermano mayor se está muriendo de un cáncer agresivo y yo no puedo ayudarle». La muerte de un ser querido es un palo muy duro para todo el mundo, pero ¿qué puedo hacer yo para hacerlo más amable? Al igual que un niño llama la atención cuando se hace daño, nosotros también queremos tener la certeza de que alguien se preocupa realmente por nosotros.

Debo decir que la proyección de mi enojo hacia las notas adhesivas perdura hasta el día de hoy. Pero la cólera que sentí y sigo sintiendo por mi hermana y por los miles de personas atrapadas en el ciclón burocrático que se desata tras un fallecimiento se ha convertido en un combustible. Si no hubo nadie a quien yo pudiera recurrir para que me ayudara, por mis ovarios que yo iba a ser esa persona a la que los demás pudieran acudir cuando sus seres queridos más necesidad tuvieran de ellos. Yo sería quien les diría que lo estaban haciendo bien. Yo me sentaría en la sala de espera del Registro de Vehículos Motorizados por ellos. Yo me enteraría de todo lo relativo a la muerte y se lo explicaría a ellos. Yo averiguaría cómo explicarles la muerte a los niños. Yo los empoderaría para que cuidaran de sus seres queridos. Yo estaría *con* ellos en las trincheras. Yo les sostendría la mano. Yo sostendría su corazón. Y, aunque no podría quitarles el dolor, al menos les haría saber que existe alguien a quien su dolor le importa. Yo sería su testigo. Y es que quería serlo.

Capítulo 5

Preséntate y cállate

Cuando tenía 12 años, mi padre me despertó un día agitándome por el hombro a las cuatro de la madrugada.

—¡Alu! Aluuuuu. ¿Quieres venir conmigo?

Abrí los ojos. No sabía adónde quería ir, pero yo *siempre* respondía que sí. Mi padre viajaba mucho por su trabajo misionero y, cuando estaba en casa, tenía que distribuir su tiempo entre mis hermanas, mi madre y yo. Pasar tiempo a solas con él era algo raro y, cuando se iba, yo le echaba tanto de menos que de vez en cuando olía su ropa. A mi padre le encantaban las pequeñas aventuras, y mi corazón preadolescente no podía rechazar una… y sigue sin poder hacerlo hoy en día. Nunca he sido madrugadora, pero me ponía en pie de un salto y me vestía de inmediato en cuanto se me presentaba la oportunidad de participar en cualquier misión misteriosa.

Era 1990, y llevábamos viviendo en Colorado Springs un año. Mi padre y yo nos abrigamos para el clima de diciembre y nos subimos a nuestra ranchera Chrysler granate. Me quité uno de los guantes blancos y negros, a juego con mi gorro, para asegurarme de que el cinturón de seguridad quedaba bien sujeto, pero se atascó un poco. Sólo tocar el frío metal del cierre del cinturón de seguridad hacía que se me entumecieran los dedos. Intenté calentarlos con el aliento, volví a meterlos en el cálido guante y me puse las manos bajo los muslos. Con la radio puesta en una emisora de noticias, mi padre se dirigió hacia la autopista. Mi madre llevaba fuera de la cuidad varias semanas y, aunque había dejado suficientes comidas hechas como para que sobreviviéramos esos días, mi padre decidió que quería carne fresca para suplementar las comidas. Mi padre se toma muy en serio la carne. El cielo comenzaba a iluminarse cuando iniciamos nuestra aventura. Yo estaba aturdida.

Una hora y media más tarde, salió de la carretera en algún lugar rural de Denver y estacionó el coche junto a una valla; en la distancia se veía una casa. Los animales deambulaban por allí, separados por especies. Un hombre nos recibió cuando salimos del coche e intercambió cumplidos con mi padre. Vi que había cabras, vacas y muchos utensilios e instrumentos típicos de una granja. Olía a estiércol. Finalmente, llegamos al gallinero, donde los gallos ya estaban cantando kikiriki para saludar al nuevo día.

Respirando dentro de mi bufanda para generar calor y, de paso, disipar un poco el desagradable olor, vi salir el Sol sobre las montañas Rocosas de Colorado. Luego, en la distancia, escuché un balido de pesadilla. Fue un balido tan desesperado que pude sentir el miedo y la tristeza en mi propio cuerpo. La adrenalina corrió a través de mi pecho y me llegó hasta las puntas de los dedos, calentándolas. No podía respirar. Intenté averiguar de dónde venía aquel lamento y si podría ayudar, pero, como en una pesadilla real, no pude. Mientras mi padre inspeccionaba los pollos para elegir unos cuantos, yo me sentía cada vez más angustiada. ¿De dónde venía aquel balido? ¿Por qué estaba tan asustado aquel animal? ¿Qué le estaba ocurriendo?

Sonó una fuerte detonación y el balido se detuvo de golpe. Fue como si me hubieran disparado a mí directamente. Y me eché a llorar de inmediato.

Mi padre vino hasta mí rápidamente.

—¿Qué pasa, Alua? ¿Eh? ¿Por qué estás llorando? ¿Qué pasa, cariño?

Pero yo no encontraba las palabras.

—La cabra, papá –conseguí decir, mientras me ahogaba en lágrimas–. Creo que han matado a una cabra.

Mi padre arrugó los ojos y luego los abrió de golpe. Él nunca llevó bien las lágrimas o la incomodidad de sus hijas. Es el tipo de hombre que se ríe con tanta fuerza que acaba tosiendo, pero, hasta aquella mañana, yo no le había visto llorar. Mi padre esperaba poder protegernos siempre del dolor, y su jovial naturaleza y su sólida dosis de masculinidad africana no dejaban espacio para emociones sensibleras ni grandes alardes sentimentales. Y dado que yo tenía ambas cosas de sobra, estaba hecha un manojo de nervios.

Mis pasiones desbocadas deleitaban, inquietaban o molestaban a mis padres, dependiendo del día. En Colorado Springs, yo quería pintar las paredes de mi dormitorio en el sótano de un color amarillo chillón y, para mi sorpresa, aceptaron. Cuando hicimos el tercer viaje a la tienda de pinturas para que me hicieran el tono *juuuuusto* de color, se sintieron comprensiblemente frustrados, pero me llevaron de todos modos. Una vez, siendo una niña pequeña, les lleve un bicho que había atrapado en la cocina pensando que mis padres se sorprenderían igual que yo ante la iridiscencia de la criaturita.

—¡Saca eso fuera o lo mataré! –vociferó mi madre.

Los animales y los bichos no formaban parte de la casa, y yo había traspasado un límite de nuevo.

Aquella mañana, en la granja, mi padre murmuró un puñado de palabras que no pude descifrar, me dio una palmada en la espalda como para lograr que escupiera algo que se me había atragantado y me llevó rápidamente al coche. Estaba avergonzado, y yo estaba inconsolable. A pesar de todos los peligros y riesgos por los que mi familia había pasado para huir de Ghana, aquella cabra había sido lo más cerca que yo había estado de la muerte de un ser vivo. ¿Cómo podía haber estado llorando en un minuto, respirando en ese minuto y estar muerta en el minuto siguiente? ¿Y por qué a nadie parecía importarle, salvo a mí?

Regresando de la casa de los horrores y los asesinatos de animales, mi padre intentó explicarme que aquélla era la manera en la que los seres humanos conseguían carne. Él había crecido en una región de Ghana donde las propias familias tenían que matar a los animales que se comían, de modo que aquellas cosas no le resultaban extrañas, ni a él ni a la mayoría de las personas en el mundo. ¿Y yo? Yo iba con la mirada perdida a través de la ventanilla del coche. No me lo podía quitar de la cabeza; había escuchado *llorar* a aquel animal. Había sentido su dolor. ¿Cómo iba a poner carne de animal alguno en mi boca de nuevo cuando había sido capaz de sentir las emociones de aquel animal? El animal era presa del pánico cuando murió, y se suponía que, ahora, ¿iba yo a tener que *comerme* esa carne? De ninguna manera.

Aunque ya no podía hacer mucho por aquella cabra, decidí que no iba a hacer daño a ninguna otra cabra.

Para cuando llegamos a casa, tenía claro que no volvería a comer ningún tipo de carne. Mi padre sabía que no era conveniente seguir discutiendo con su hija de cabeza dura y corazón blando, de modo que se ofreció a llevarme a la única tienda de alimentación sana de la ciudad en aquella época con el fin de encontrar sustitutivos de la carne. Y dado que el amor de mi padre también se manifiesta en forma de solidaridad, papá decidió hacerse vegetariano conmigo.

Pero le duró hasta la hora del almuerzo.

Por entonces, los sustitutivos de la carne sabían a cartón. El vegetarianismo estaba aún a veinte años vista de ser algo atractivo. Después de dar unas cuantas arcadas intentando comerse una hamburguesa vegetal, mi padre me preguntó si podía dejar de ser vegetariano. Me eché a reír y le dejé en paz, agradecida de que se preocupara por mí.

La cabra fue una muestra temprana de mi propia empatía desbocada. La empatía puede parecer una virtud, pero, al igual que cualquier otra experiencia emocional, puede convertirse en una especie de adicción. Así ha sido en mi caso. Mi corazón roto me ha servido de estrella polar desde que tengo recuerdos. A los 11 años, me sentí muy mal cuando conocí la historia de un adolescente llamado Ryan White y, para cuando toda la familia nos mudamos de Estados Unidos a Ghana de nuevo, Ryan White ya era un nombre bien conocido en la familia. Era un niño blanco con hemofilia que había enfermado del virus del VIH/sida debido a una transfusión de sangre. En aquella época no se entendía muy bien el VIH/sida, y maestros, progenitores y directivos escolares sentían terror ante la idea de dejar que Ryan estuviera en clase con el resto de los niños. Ryan se defendió legalmente y, con ello, se convirtió en una de las primeras personas en conseguir que se hablara a nivel nacional de la epidemia del sida. Su juventud y su entereza se contraponían a la idea de que el VIH/sida sólo afectaba a gente negra, homosexuales, drogadictos o mala gente; dicho de otro modo, gente que «se lo merecía».

Llegué a preocuparme mucho con el ostracismo que sufría Ryan en la escuela y en la sociedad por causa de su enfermedad. No podía comprender por qué no podía ir a la escuela como lo hacía yo debido a algo que tenía que ver con su cuerpo. Y, mientras descubría nuevas historias sobre el sida, empecé a sentirme fatal por la muerte de tantas personas que, con frecuencia, pasaban por aquel trance en soledad, sin familia que las atendiera. Yo era muy joven para comprender la demonización de la homosexualidad o los persistentes juicios sexuales que suelen esgrimirse cuando se habla de esta enfermedad. Pero era lo suficientemente sensible como para saber que algo estaba jodido, algo que me rompía mi naciente corazón de doula de la muerte. Cuando vi el funeral de Ryan por televisión en 1990, estuve todo el rato pegada al televisor, sollozando.

Al igual que me había ocurrido con la cabra un año antes, aquella desolación fue una chispa que avivó en mí un sentido de la justicia, que con el tiempo se convertiría en activismo. En el año 2000, el año en que me gradué en la Wesleyan University, me pasé el verano en Chiang Mai, Tailandia, trabajando con la Asociación Cristiana de Jóvenes (YMCA) en educación para el VIH/sida. Yo daba clases sobre salud sexual, mientras mis colegas tailandeses me rodeaban y me tocaban el cabello bromeando con que, si una araña se quedaba enredada en mi diminuto pelo afro, no podría soltarse y moriría. Y, aunque había vivido 21 años de mi vida con un patrón de rizo 4C, después de aquel día me lavaba el cabello con mucha más frecuencia por miedo a que se convirtiera en la tumba de una araña.

Aquél fue un viaje muy iluminador, y no sólo por esto, pues descubrí lo importante que es comprender los valores y las costumbres de una cultura antes de ponerse a discutir sobre temas que son tabú, como la muerte. O el sexo. Durante un viaje de fin semana a Myanmar para difundir el programa de educación sexual, mis amigos y yo llegamos a un lugar donde teníamos la intención de impartir charlas en coordinación con otra organización humanitaria, y nos encontramos con un grupo de guardias armados en el exterior que nos prohibían la entrada. Ahí aprendí, de la forma más rápida, que hay que respetar las directrices de una comunidad antes de reafirmarte en ti misma y en tus creencias. Descubrí que, en ocasiones, la ignorancia no es más que falta de acceso al conocimiento y la información.

A pesar de los desafíos culturales, me llegué a sentir más yo misma en Tailandia de lo que nunca me había sentido. Había estado en muchos países con anterioridad, pero ahora era mayor de edad e iba por mi cuenta, sin progenitores que me protegieran y sin hermanas con las cuales conspirar. Estaba haciendo un trabajo que sentía en mi interior que era bueno, viviendo aventuras en las islas de Tailandia con otros viajeros, viendo cómo viven otros seres humanos y comiendo mangos frescos a diario. En resumen, no encontraba el momento de marcharme.

Se suponía que tenía que regresar de Tailandia para iniciar mis estudios de Derecho, pero estuve demorando mi regreso a Estados Unidos hasta que no pude matricularme en casi ninguna de las facultades en las que me había interesado. De modo que mi padre terminó jurando que vendría a buscarme él mismo si volvía a retrasar mi regreso. Obtuve pasaje para el siguiente vuelo y me matriculé en la Facultad de Derecho de la Universidad de Colorado en Boulder, la última facultad que estaba dispuesta a aceptarme aunque llegara tarde. Caminando por las estanterías de la biblioteca de Derecho, con el *jet lag* y cabreada, aún podía oler en mi imaginación el aroma de unos fideos *pad see ew* y oír el sonido de los motocarros tuk-tuk.

Al término de mi primer curso de Derecho, trabajé en los Servicios Legales de la unidad de VIH/sida de Brooklyn Sur, compaginando mi educación formal con mi dolor juvenil por Ryan White. Finalmente, podía *hacer* algo tangible con respecto a las injusticias del mundo que me dolían en el alma.

Una de mis primeras clientes fue Natasha, una mujer negra, delgada, de 26 años, con un girasol tatuado en el cuello. Nativa de Brooklyn, Tash se había formado en una competitiva universidad de élite –una de las «Pequeñas Ivies»–[5] como aquélla a la que había ido yo. Llevaba un corte de pelo como el mío, y le encantaba mezclar palabras gruesas con la jerga del barrio. Nos pasábamos de un tema a otro sin esfuerzo, temas como Mary J. Blige, Mumia Abu-Jamal y el budismo. Tash era tan alta como yo, y también tenía un hueco entre los dientes incisivos su-

---

5. La Liga Ivy (Liga de la Hiedra en castellano) está compuesta por ocho universidades privadas del noreste de los Estados Unidos, que se tienen como universidades de élite y excelencia académica, en tanto que las «Pequeñas Ivies» son un grupo informal de 18 pequeñas universidades igualmente prestigiosas y selectivas que se hallan en la misma zona del país. *(N. del T.)*

periores, aunque un poco más pequeño que el mío. Y debido a que nunca había intentado cerrar aquel hueco, a pesar de las sugerencias de numerosos dentistas, la acepté como miembro de la tripulación de los dientes separados. Muchas de nosotras teníamos que forcejear para conservar nuestros huecos interdentales. Así pues, Tash y yo parecía que teníamos mucho en común. Pero Tash había contraído el VIH de un antiguo novio. Ahora tenía sida, estaba criando a su hijo como madre soltera y estaba recibiendo ayudas del Estado. Todo eso mientras se enfrentaba a un desahucio.

Una vez más, mi empatía se quedó con lo mejor de mí. Me tomé su situación como algo personal. Día sí día no, me ocupaba de las necesidades de Natasha hasta más allá de lo que se requería de mí como estudiante de Derecho atendiendo un caso de discriminación en materia de vivienda. Yo le recogía las recetas médicas y le pedía comidas, y le enseñé a su hijo a atarse los zapatos. Terminaba cansada con el trabajo, y me pasaba las tardes hablando con Tash cuando estaba asustada, sola o necesitaba que le hiciera algún recado.

Nada de todo esto formaba parte de mi trabajo, pero yo me sentía más viva y estaba más convencida del valor de lo que ofrecía cuando le hacía recados a Tash que cuando estaba mecanografiando respuestas para una solicitud de demanda. Estaba descubriendo que, en los servicios legales, había pocas oportunidades de sentirse como me sentía yo, verdaderamente útil. Pero, por mucho que trabajara, no dejaba de sentirme como si estuviera barriendo la arena de una playa. Un sistema opresivo seguía echándonos arena a raudales. El trabajo tenía pocas gratificaciones inmediatas.

Quizás Tash se aprovechara de mi generosidad, pero no me importaba. El alivio que yo sentía que ella sentía cuando yo estaba cerca era lo suficientemente auténtico –y real– para mí. Por desgracia, mis propias necesidades se estaban quedando sin satisfacer por satisfacer las necesidades de Tash. Éste es el riesgo que corren aquellas personas que tienen una empatía desbocada. No es ya que des tu propia camisa, sino que darías la piel si pudieras.

Quizás yo estuviera representando una versión confusa de lo que mis padres me habían transmitido. Ellos habían dedicado su vida al servicio, después de todo –al evangelio, a la familia, a la comunidad, a nosotras–. Quizás yo no compartiera su fervor religioso, pero tal vez algo de Jesús se había colado en mi visión del mundo de todos modos: *ama a tu prójimo como a ti mismo.* Daba la impresión de que yo sólo recordaba las primeras cuatro palabras, olvidándome de las otras cuatro. Parecía haber algo sagrado en ello.

Casi al final de mis prácticas de verano, mi supervisora, Cynthia Schneider, me pidió que fuera a su despacho. Yo creía que me iba a hacer algún elogio acerca del buen trabajo que estaba haciendo con Natasha, pero no fue así. Cynthia me dijo que me apartara, y me lo dijo de una manera especialmente brusca. Cuando me preguntó por qué estaba registrando tantas horas con Tash, mi única respuesta fue:

—Si yo fuera ella, me gustaría que me ayudaran con todas esas cosas.

Cynthia sacudió la cabeza gravemente.

—Bueno, Alua, pero es que no eres ella.

Guardamos silencio durante unos instantes, mientras yo intentaba comprender aquel concepto revolucionario. Tash era negra. Más o menos de mi edad. La misma formación educativa. Un historial similar. Era una igual. Una par. Una hermana. Y, sin embargo, no era yo. Yo no podía comprender su experiencia en profundidad porque yo no estaba teniendo su experiencia. *«¡Qué concepto más novedoso!».* Yo había hecho desaparecer el espacio entre mí misma y Natasha, combinando nuestras correspondientes experiencias y necesidades. La empatía al borde del abismo. Yo no le había preguntado a Tash cuáles eran sus necesidades más allá de la entrevista inicial y del resumen previo del cliente. Cynthia, amablemente, me advirtió que podía caer en la «quemazón», así como en malas prácticas, si no reenfocaba mi mente en las necesidades legales de Tash.

—Protégete el corazón –me sugirió.

Aquél fue, probablemente, el mejor consejo profesional que jamás me hayan dado, incluso superior al consejo de obtener un certificado de gestión administrativa cuando puse en marcha Going with Grace, mi negocio de doula de la muerte. Conviene no mezclar la experiencia de los demás con la tuya propia, porque entonces les damos lo que nos gustaría que nos dieran a *nosotros,* en vez de lo que *ellos* necesitan. Ése es un error habitual, un error que he tenido que aprender a no cometer.

Las palabras de Cynthia me han llevado a través de mi trabajo como doula de la muerte, y me vienen a la cabeza de cuando en cuando. Las personas empáticas solemos caer repetidamente en esta trampa, pues intentamos ponernos en los zapatos de la otra persona. Pero esto no funciona con personas que saben que se están muriendo, ni tampoco con personas que están pasando un duelo por la muerte de un ser querido. No hay forma de que podamos ponernos esos zapatos, aunque hayamos tenido una experiencia similar.

Nuestro deseo por ponernos en los zapatos de otra persona se debe, en parte, al intento de eliminar el dolor que percibimos en esa persona. Pero no hay manera de eliminar el dolor de la pérdida o la muerte. Esto supone que tenemos que sentirnos cómodos con esa parte de nosotros mismos que se siente inútil frente al dolor ajeno. Podría significar un largo silencio. Podría significar que no quieran tu compañía ni tu cazuela de atún. De modo que nuestro apoyo tendrá que manifestarse de otras maneras.

Mi lema a la hora de tratar con personas que están pasando un duelo o están moribundas es sencillo: preséntate y cállate. Después de reconocer que la situación es pésima y que no sabes qué decir, deja que sea la otra persona la que tome la iniciativa. Si guarda silencio, guarda tú también silencio con ella. Si quiere hablar acerca de algo benigno, síguela. Y si quiere hablar de su dolor, deja que hable de *su* dolor, y no hables de tu experiencia del dolor, a menos que te pregunten por ello. Simplemente, estate en las trincheras con esa persona y ofrécele el don increíble de ser testigo.

Durante años, me estuve preguntando qué ocurrió con Natasha. Si hubiera tenido que hacerlo todo de nuevo, probablemente seguiría enseñándole a su hijo a atarse los zapatos, pero ahora le preguntaría qué tipo de apoyo necesitaría o querría, en vez de meterme en todo e intentar serlo todo para ella. Imagino que, no mucho después de trabajar con ella, Tash debió morir, víctima de una enfermedad insidiosa. Yo sigo agradecida por el hecho de que me enseñara a diferenciar entre la compasión y la empatía.

La empatía dice: «Sé por lo que estás pasando». La compasión dice: «Quizás no comprenda exactamente por lo que estás pasando, pero tengo curiosidad por tu experiencia, comprendo que es duro y quiero que sepas que estoy aquí contigo». Creo que la compasión es la fuerza más curativa del planeta, sobre todo cuando una persona está muriendo. Las doulas de la muerte y aquellas personas que están junto al lecho de muerte deben venir de un lugar de compasión para ser eficaces. Si vienen de cualquier otro lugar, la actitud será condescendiente y paternalista. Por muy buenas intenciones que se tengan, será el equivalente a hacerles tragar nuestro amor. Por ejemplo, ¿has intentando alguna vez amar a un amigo o amiga en la sobriedad? ¿O has intentado engatusarlo para que rompa con otra persona? ¿Has intentado alguna vez convencer a un ser querido de que pierda unos cuantos kilos porque tú *sabes* que eso va a ser bueno para él?

¿A que no funciona?

Pues lo mismo ocurre con el trabajo con la muerte. En el apoyo a un cliente a través del proceso de muerte, el «yo sé mejor que tú lo que es bueno para ti» podría ser perfectamente un pecado capital, pues muestra una falta de confianza y de respeto en las capacidades del cliente para gobernar su propia vida… y su propia muerte.

De modo que, ¿qué sucede cuando lo más amoroso que podemos hacer es «ayudar a alguien» a aceptar su muerte? ¿O aceptar tú mismo el hecho de que alguien a quien amas se está muriendo?

Alrededor de tres cuartas partes de las llamadas que recibo son de familiares bien intencionados que quieren que les ayude para que su persona amada acepte el hecho de que se va a morir. Eso me sitúa a mí en una terrible posición, pues el miembro enfermo de la familia me ve como al ángel de la muerte que viene a por él. Yo me siento como una cabrona y la persona enferma se siente traicionada, de modo que salimos todos malparados.

Aprender a vivir con nuestra mortalidad es uno de los viajes más importantes que emprenderemos. Y es tan personal… Nos acercamos a la muerte del mismo modo que nos acercamos a la vida. Hay personas que, sin esfuerzo alguno, se mantienen cerca de la verdad, en tanto que otras la mantienen a distancia. No es que una cosa sea mejor que la otra. Todo el mundo se mueve a su debido tiempo. Si no podemos convencer a nuestros mejores amigos para que dejen a una pareja tóxica y perniciosa, ¿qué nos lleva a pensar que reconocer el más profundo dilema existencial es algo que se puede forzar en una persona que no está dispuesta a reconocerlo?

Años después de intentar ser la salvadora personal de Tash y de fracasar en ello, me enfrenté a esta pregunta como doula de la muerte cuando conocí a Akúa. De pie en la puerta de su casa, llamo suavemente con los nudillos al principio y, un poco después, con más fuerza. Desde fuera, puedo escuchar música a todo volumen, incluso con las ventanas cerradas. Aunque mi hora de llegada la había acordado con su hijo Reggie, yo nunca sé muy bien en qué estado me voy a encontrar a mis clientes. Lo que no esperaba, ciertamente, era un concierto.

Una cuidadora profesional viene a abrirme la puerta tras llamar varias veces y me lleva al apartamento de Akúa en el primer piso. Los altavoces braman con aquella música desde cada rincón, y reconozco de inmediato el saxofón de Fela Kuti, así como una combinación de ritmos en distintas capas. Casi no queda espacio libre en las paredes, de color rojo, que están cubiertas con distintos objetos de arte africano: máscaras, cuadros, representaciones de la vida en una aldea y figuras humanas abstractas. La cuidadora me lleva a través de un laberinto de libros, de tallas en madera y de esculturas en el suelo hasta el dormitorio. Allí me encuentro a Akúa, en la cama, jovial, de pequeña estatura, con la cabeza pelada, bailando elegantemente, sentada, con sus delgados brazos. La imagen no es nada habitual para alguien que tiene la enfermedad tan avanzada como Reggie había comentado. ¿Será la mejoría previa a la muerte?

—¡Entra, entra! ¡Qué honor recibirte en mi casa! –grita Akúa por encima de la música, a pesar de su debilitado diafragma.

Pronuncia las vocales como si cantara las palabras. Yo le doy las gracias a gritos, mientras ella hace gestos a la cuidadora para que apague la música. Todos nos acercamos a la muerte de diferentes maneras y, en estos momentos, la muerte de Akúa parece sonar con rabia. Estoy perpleja, y desconfío. ¿Qué tipo de muerte va a ser ésta? ¿Haré falta realmente?

Nacida con el nombre de Helena, pero llegada a la mayoría de edad en la década de los sesenta, Akúa adoptó un nombre ghanés que significa «niña nacida en miércoles» durante la mayor parte de su vida adulta. Durante su enfermedad, recobró el nombre de Helena, dado que nunca legalizó el nombre de Akúa y se cansó de corregir a los médicos. Yo acepto llamarla Akúa y reflexionamos sobre las escasas probabilidades que podía haber de que una afroamericana que ha recorrido repetidamente África Occidental se haya ido a encontrar con una doula de la muerte ghanesa en Los Ángeles. Ella dice que esto quizás signifique que debe regresar a la tierra de la que sus antepasados fueron raptados, y cree que yo debería acompañarla. Sin embargo, considera que aún no ha llegado el momento.

—Esta mañana charlé con mi grupo de meditación y me recordaron que Dios no ha terminado todavía conmigo. Esta vida no ha terminado aún para mí. No estoy aún preparada para morir. ¡Me voy a curar de este cáncer!

Akúa pincha el aire alrededor de su cama con el dedo cada vez que acentúa una sílaba.

Estoy sorprendida, pero el carácter jovial de su casa adquiere de pronto otro sentido. Yo no esperaba esto, y mi desconcierto se ha convertido en curiosidad. Según Reggie, estoy aquí porque ella quiere crear rituales para su lecho de muerte. Akúa sabe el tipo de trabajo que hago y ha pedido que viniera yo específicamente. Por la descripción de Reggie, Akúa tiene un osteosarcoma desde hace algunos años, pero se ha tenido que confinar en la cama en los últimos meses, y es consciente de que la muerte se acerca. Reggie dice que Akúa está haciendo las paces con la muerte. El tumor de su columna vertebral ha crecido con rapidez, bloqueando los nervios que le permiten mover las piernas, y el cáncer ha hecho metástasis en el cerebro. Está muy delgada y frágil; sus ojos castaño oscuro están ensombrecidos por los huesos de las cejas, pero le brillan.

La semana previa, Reggie y Akúa habían estado mirando cuidados paliativos y buscaron mi opinión por recomendación de su médico. La hora de morir se aproxima, pero Akúa no está preparada, y no es mi trabajo convencerla. Yo soy una doula de la muerte que cree en los milagros, pero no por ello dejo de ser una doula de la muerte. Tampoco soy Dios. Y Dios le ha dicho que todavía no le ha llegado la hora. Entre mis tareas no está la de discutir lo que algún dios le haya dicho a alguien. Ésa es una discusión perdida de antemano. Y, dado que negar la muerte suele tener su origen en el miedo, le pregunto a Akúa de qué tiene miedo.

Después de reflexionarlo brevemente, responde con suavidad:

—Tengo miedo a morir antes de haber hecho todo lo que tengo que hacer.

Esta respuesta es muy habitual en el miedo a la muerte. La muerte puede llegar en cualquier momento, estemos o no preparados, y nos sentimos impotentes ante tal posibilidad. Vemos la vida como algo que nos pertenece, que le pertenece a nuestro ego, que se envuelve en lo que tenemos que aportar al mundo, y no en nosotros mismos como una nota más en una sinfonía. Pero, cuando llega la hora, la muerte no retrocede.

—Soy bailarina y actriz, ¿sabes?, y todavía tengo que hacer mi mejor trabajo.

Su convicción es tan pura que quiero creerla. Akúa sigue bailando con los brazos, siguiendo la música y sus palabras, mientras los saxofones de Fela son ahora un susurro de fondo.

—¿Qué te gustaría hacer en el tiempo que te queda? –le preguntó.

Parece una pregunta poco amenazadora. Espero que no se percate de que ni he afirmado ni negado sus palabras.

—Quiero rodearme de música y de arte. Quiero volver a bailar. Quiero escribir una obra de teatro e interpretarla en los escenarios. Todavía hay mucho arte en mí.

Juntas, pensamos en el aspecto que podrían tener para ella los próximos meses, y hacemos planes alternativos ante la posibilidad de que el tumor de la columna no le permita bailar. Yo temo que no volverá a bailar, pero, de momento, me guardo eso para mí.

Forcejeo con esta decisión. ¿Acaso estoy alimentando un engaño al dejarle creer que, con el tiempo, volverá al escenario? La esperanza, al final de la vida, tiene un doble filo: puede ser un poderoso motivador o puede cegarnos a la verdad de que tenemos que prepararnos. Podríamos albergar esperanzas de forma razonable con la idea de poder llegar a la graduación de nuestra nieta, pero esperar un milagro cuando la ciencia y la realidad de nuestro cuerpo moribundo nos dicen lo contrario… puede ser demoledor. Me gustaría proteger a Akúa de la decepción que más pronto o más tarde sufrirá cuando el cáncer se extienda.

Según tengo entendido, se está difundiendo con rapidez. Pero no puedo evitarle (ni a ella ni a nadie) el profundo dolor que supone abrazar la propia mortalidad. Si le digo a Akúa lo que creo que es la verdad, podría derrumbarse bajo tal peso. Podría encerrarse. Pero eso podría significar también que estuviera mejor preparada para enfrentarse a lo que se cierne ya sobre ella.

Éste es el dilema clásico de una doula de la muerte, un dilema que sólo tiene una solución: ir a buscar al cliente allá donde se encuentre. En su viaje hacia la muerte, le recuerdo a cada ser humano el derecho que tiene a tomar sus propias decisiones.

Akúa ha decidido soñar con bailar de nuevo, de modo que, por el momento, yo decido soñar con ella.

Quedamos en que encontraré una silla de ruedas que pase por la puerta de su habitación y que buscaré a un constructor para que le hagan una pequeña rampa en la entrada del edificio de apartamentos, para que puedan llevarla en un vehículo adaptado a sillas de ruedas. Akúa quiere ir a ver algún espectáculo, de modo que vemos la programación del Teatro Ahmanson de Los Ángeles, su teatro favorito. No me genera ningún conflicto interno ayudarla en esto. No le estoy prometiendo que se recuperará por completo. La ayudo para que viva estos días de un modo que alimente su espíritu. Éste es el más elevado credo de una doula de la muerte.

Durante las dos semanas siguientes, Akúa y yo hablamos cada pocos días. La silla de ruedas es fácil de conseguir. Lo que no resulta tan fácil de lograr es la rampa de acceso en la escalera frontal del edificio de apartamentos. El constructor está dispuesto, pero el edificio no cumple con las Directrices de Accesibilidad en Edificios e Instalaciones. Ésa es una batalla para la que, lo tengo claro, no disponemos de tiempo. Su enfermedad avanza y, en poco tiempo, el tumor de la columna expandirá el dolor a todo su cuerpo. Reggie, tras el shock y la frustración iniciales, al saber que su madre sigue insistiendo en que se recuperará, me llama de nuevo y me pide que vaya. Me asegura que esta vez Akúa quiere hablar de la muerte.

Me duele el corazón por él. Quiere a su madre, está aterrorizado ante la idea de perderla y también ante la idea de lo que significaría para ella morir sin haber aceptado su fin. Si Akúa hubiera sido mi madre —y con su cabecita marrón, calva después de años de quimio y con sus convicciones cristianas, Akúa me recuerda a mi madre–, yo habría sido más impaciente con sus sueños. Pero no es mi madre. Tash me enseñó eso.

La siguiente vez que voy a ver a Akúa ya no suena Fela Kuti, pero aquel montón de objetos y de piezas artísticas decoran todavía el piso de su apartamento. Las puertas del armario de su dormitorio están abiertas de par en par, y su cama está delante, frente a una larga hilera de ropa de colores.

—Llévate lo que quieras –me dice, haciendo un débil gesto con la mano en dirección al armario.

Carece de importancia el hecho de que la última vez que tuve su tamaño yo tenía seis años, y que entonces, probablemente, estaría más rechoncha de lo que ella haya estado jamás cuando estaba sana. Pero obedezco y rebusco en su armario, aprovechando la oportunidad para conversar acerca de lo que ella se ponía y de lo que ha visto en su vida. Me cuenta las historias de las prendas, de las producciones en las que ha participado y de la costurera de Ghana que le confeccionó un vestido con tela kente tradicional. Esta vez suena más a una mujer que sabe que el fin de su existencia está cerca: reflexiva, retrospectiva y pensativa, sin dejar de ser dramática. No vamos a perder todos nuestros aspectos sólo por el hecho de que nos vayamos a morir. Nos convertimos en aún más de lo que somos.

Cuando la conversación estilística termina, Akúa y yo nos ponemos a hablar de su sueño de interpretar en el Teatro Ahmanson. Pido disculpas si genero más esperanza aún si cabe. Sin culpar a nadie salvo a sí misma, Akúa me dice que ignoró voluntariamente a los médicos, la derivación a paliativos y el dolor que recorría su cuerpo. Aún no estaba preparada. Pero, en sus momentos de silencio, ha comenzado a considerar lo que el tumor ha venido a enseñarle.

Cuando aceptó la realidad de que la muerte estaba a la vuelta de la esquina, conectó con lo que más quería de su vida: la danza, la interpretación, el escenario. Y, cuando quedó claro que ya no podría *hacerlo,* buscó la manera de *serlo.* Compartió que su tumor había venido a recordarle que ella era un ser dinámico y resplandeciente, con independencia de si estaba o no sobre un escenario, que aquél era su derecho de nacimiento y que ya no necesitaba estar sobre un escenario para reivindicarlo. Ella lo había vivido. Y ahora está lista para tomar en consideración su lecho de muerte… y morir.

Para su fallecimiento, Akúa quiere estar rodeada de rosas de color púrpura, lilas y lirios. Quiere escuchar por los altavoces la música de Nils Frahm, a tanto volumen como sea capaz de soportar su moribundo cuerpo. Quiere que le cerremos los chakras mientras esté muriendo activamente, y que juntos hagamos un ritual de finalización después de que haya soltado su último aliento. Quiere que Reggie, su esposa, sus nietos y su mejor amiga estén presentes con ella. Quiere estar en su casa, que está viva de música, de arte y experiencias. Pero, lo más importante, quiere morir en plena entrega, agradecida por el don de haber sido resplandecientemente y dinámicamente humana. Su fallecimiento tuvo lugar sólo tres semanas después de mi primera visita, y pocos días después de mi última visita.

Si yo hubiera forzado a Akúa a aceptar su muerte antes, probablemente no habría hecho el poderoso descubrimiento que terminó haciendo. Lo hizo a su debido tiempo, el suyo. A veces, todo cuanto necesitamos es un poco de tiempo, si disponemos de él, claro está. Y para que otros nos sostengan de forma amorosa exactamente donde estamos. Y si eres de las personas que no pueden aceptar que otro muera, te abrazaremos cuando finalmente lo hagas.

Capítulo 6

Enséñame a hacer de doula

La mayoría de la gente, en algún momento de su existencia, hará el papel de doula de la muerte. Vivir y morir en comunidad significa que, en algún punto, un miembro de nuestra comunidad va a necesitar tal apoyo —un abuelo o abuela, una vecina, tu mejor amigo, una mascota—. Si de mí dependiera, todo el mundo tendría una alfabetización funcional para la muerte, es decir, comprender la importancia de la muerte, herramientas para dar apoyo a la persona, ideas sobre cómo relacionarnos con nuestra mortalidad y habilidades. Montones y montones de habilidades.

La compasión y el servicio están a la base de mi trabajo. Pero esas fuerzas, por sí solas, no te convierten en doula de la muerte. Ser doula de la muerte precisa de algo más que de sentarse al lado de la cama, tomar de las manos a la persona y cantar el *Kumbayá*.

Un o una doula de la muerte eficaz debe prestar atención a su propia relación con la muerte, además de a sus juicios, sesgos, privilegios y limitaciones heredados. Tenemos que comprender la burocracia y los temas legales que guardan relación con los cadáveres, disponer de una ingente base de información y recursos, y ser capaces de trabajar junto con los equipos de cuidados. Conviene estar bien versado tanto en los asuntos prácticos de la preparación para la muerte como en las artes de la creación de rituales, siendo capaz de sustentar múltiples verdades y de navegar entre emociones muy profundas. Y tenemos que hacer todo eso al mismo tiempo que respetamos nuestras propias necesidades.

Esto es lo que aprendemos, esencialmente, en la formación como doula de la muerte, aunque no exista una escuela formal para esto. Es un arte, un oficio. Este trabajo es tan antiguo como la humanidad. Mientras haya habido gente viviendo, ha habido otros que les han estado apoyando en sus instantes finales.

No todas las doulas de la muerte reciben cursos de formación. Hay quienes aprenden este trabajo a través de progenitores o familiares, o sentándose a los pies del miembro de la comunidad que es llamado cuando se produce la muerte. A la mayoría de nosotros se nos lanza a hacer este trabajo, como me pasó a mí con Peter.

En los meses siguientes a la muerte de Peter, dejé que el dolor me guiara. Fue una época muy difícil, de profundo pesar, pero también de creciente curiosidad. Me maravillaba que el Sol no dejara de salir. Me echaba a llorar o a reír en momentos socialmente inapropiados. Me ponía las camisetas de Peter y su chaqueta de cuero. Me leía todos los libros sobre la muerte a los que podía echar el guante. El velo era fino. Mirara donde mirara, veía fácilmente cómo interactuaban la vida y la muerte.

No estaba segura de si aquello era sólo una respuesta ante el duelo o un interés pasajero, puesto que yo había tenido muchos de intereses fugaces. Pero, dado que mi deseo de estar cerca de los moribundos no cedía, busqué un programa de formación por recomendación de mi terapeuta.

Ella me dijo que conocía a una mujer que había asistido a un curso de Introducción a Matrona de la Muerte en un lugar de nombre intrigante, Sacred Crossings, Cruces Sagrados. Me dio su correo electrónico en una nota adhesiva.

—¿Quién sabe? –dijo–. Inténtalo.

Ella aún no sabía todavía la seriedad con la que me había tomado aquello. Dejé a un lado mi rencor por las notas adhesivas y la guardé como oro en paño.

Sacred Crossings es tanto una funeraria alternativa como una organización de educación para la muerte. Su próxima sesión introductoria tenía todas las plazas cubiertas ya, pero le rogué y supliqué por teléfono a la instructora, prometiendo que llevaría mi propio cojín, mi agua y mis tentempiés. Y, al final, cedió.

Cuando llamé a la puerta de la casa Pacific Palisades, donde tuvo lugar la sesión, me recibió una hermosa mujer, con una melena hasta los hombros de suave cabello castaño, ataviada con un kimono de terciopelo y un pañuelo. Se llamaba Olivia Bareham.

—Eres bastante insistente –dijo riendo con un cantarín acento británico, mirándome inquisitivamente.

—¡No te haces una idea! –respondí feliz.

Olivia me dio la bienvenida cálidamente y me hizo pasar a la sala de estar. Había allí tres sofás de tela beis llenos de gente, en tanto que otras personas habían optado por sentarse en el suelo sobre cojines multicolores y banquetas de meditación, o por adoptar la posición de loto sobre las alfombras que cubrían el suelo de madera.

Durante una hora estuve escuchando de qué iba el trabajo de las comadronas de la muerte.

—Yo quería lavar el cuerpo de mi marido y vestirlo tras su fallecimiento, pero las enfermeras me dijeron que la funeraria se encargaría de eso –dijo una mujer mayor, blanca, con el cabello gris recogido y joyas de turquesa y coral.

Otra mujer mayor de voz suave comentó que, tras la muerte de su marido, se llevaron su cuerpo al cabo de media hora. Ella no sabía que se puede tener el cadáver en casa. De haberlo sabido, lo habría tenido más tiempo con ella. El resto de participantes asintió con la cabeza.

Todos en la sala parecían variaciones de estas dos mujeres: mayores, mayoritariamente blancas, de cabellos plateados, y todas ellas con pañuelos y bufandas. No obstante, no tenía la más mínima duda de que aquélla era mi gente. Todas sentíamos aquella atracción extraña por ese momento oscuro, denso e indescriptible de la vida humana, el punto terminal que le da su significado a la existencia. Cuando ya me iba, me llevé un puñado de folletos de los que se ofrecían en la mesa y me fui a mi automóvil. Me senté, mi puse el cinturón de seguridad y sollocé, reí, lloré y bailé en mi asiento. Sabía que había encontrado algo a lo que valía la pena dedicar una vida.

El Programa de Comadronas de la Muerte de Sacred Crossings tuvo lugar a lo largo de tres fines de semana en 2014. Patrick y yo estábamos viajando mucho por entonces, pues él quería cuidar de mí mientras yo pasaba mi duelo por la muerte de Peter. De modo que, durante el curso, estuve volando desde cualquier país en el que hubiera establecido mi hogar temporalmente, y abrí mi mente y mi corazón ante Olivia y mis compañeras de curso durante unos cuantos días, antes de acomodarme con un montón de libros.

El libro tibetano de la vida y de la muerte, de Sogyal Rinpoché,[6] ponía palabras al carácter efímero de la vida y al sobrecogimiento inefable que yo había experimentado mientras Peter estaba muriendo. *It's OK to Die (Morir está bien),* de Monica Williams-Murphy y Kristian Murphy, ponía de relieve la quiebra de Estados Unidos por la injusticia de su sistema sanitario, mostrándome que mi activismo también tenía cabida en este mundo. *Ritual,* de Malidoma Somé, me recordó que una vida sagrada es una vida ritualizada, lo cual nos ayuda a prepararnos para la muerte. Estaba comenzando a descubrir las verdades relativas al sendero que había elegido: que el trabajo con la muerte, como la propia muerte, era insondable, inmenso. Podría estar cavando túneles toda la vida y seguiría sin acercarme siquiera al misterio.

Terminé el curso cuando se cumplía un año de la muerte de Peter, lamentando no haber tenido acceso antes a toda aquella información para que su muerte hubiera sido más llevadera para todos. Ahora lo tenía claro: si hubiera dependido de mí, todo el mundo en la tierra dispondría del soporte que ahora sabía que era posible.

Poco después ya quería saber cómo desarrollar una práctica que fuera más allá del cuidado del cuerpo en casa y de los funerales desde el hogar. Yo quería comprender también el aspecto logístico. Conseguí un empleo a tiempo parcial en una funeraria alternativa llamada Friends Funeral Home and Cremations con una mujer llamada Ziri Rideaux. Trabajé como voluntaria en el Tranquil Care Hospice y colaboré en la construcción de Anam Cara, un extraño modelo social de cuidados paliativos en el condado de Los Ángeles, que intentaba dar albergue a personas que carecían de apoyo para morir en sus propios hogares o que necesitaban un lugar donde morir. También obtuve una licencia para vender seguros de vida, con el fin de entender bien cómo operaban. Conversé y llevé café y pasteles a muchas personas que trabajaban en la industria adyacente a la muerte, incluyendo a los aboga-

---

6. Publicado en castellano por Ediciones Urano, Barcelona, 1994.

dos especializados en planificación patrimonial. Quería comprender el trabajo que hacían, dado que era un campo del derecho distinto a aquéllos en los que yo había practicado en el Servicio de Asistencia Jurídica. Tenía a mano sus tarjetas de visita para dárselas a aquellos clientes que necesitaran de tal tipo de ayuda. Hasta ahí llegué con mi formación jurídica a la hora de crear mi negocio de doula. Una vez abandoné el ejercicio del derecho, ya nunca volví la vista atrás.

Formalicé mi negocio, Going with Grace, en 2015, tras un retiro en silencio de meditación vipasana, donde el nombre y la estructura del negocio me vinieron a la cabeza. Entre las personas más sorprendidas de que yo hubiera sido capaz de crear un negocio, yo estaba la primera de la lista. Nunca me había planteado una cosa así. Yo me erizo con la sola mención de la palabra «capitalismo», lo regalo todo constantemente y me han despedido de todos los trabajos en los que haya tenido que vender algo. Pero yo sabía que, en este trabajo, no iba a tener que convencer a nadie de nada. Simplemente, tenía que compartir lo que había en mi corazón, y había mucho en él.

Compartí mi idea con una amiga que había conocido en una formación de voluntariado en paliativos llamada Emily Márquez, que estaba tan entusiasmada con el tema como yo. Juntas nos zambullimos de cabeza en esta aventura. Emily se encargaría del *marketing* y yo del contenido. Hicimos una lluvia de ideas, probamos con distintas fuentes e intentamos escribir un plan de negocio. Al cabo de seis meses decidimos separar nuestros caminos, pero Going with Grace, tal como es actualmente, jamás habría existido sin Emily. Con sus bendiciones, yo seguí adelante, aterrorizada ante la idea de continuar sola. Tenía que hacerlo con el miedo en el cuerpo.

Una vez establecida la estructura del negocio, la chispa que había sentido en Cuba en el autobús, con Jessica, se convirtió en un flueguecito, que fue aumentando su llama a medida que yo iba aprendiendo de las experiencias de los demás. Estar en las trincheras con Peter lo había convertido en algo personal. Todavía estaba furiosa, pero también estaba hambrienta. Sabía que me estaba embarcando en una línea de trabajo que alcanza a cada ser humano sobre el planeta y alcanza también todos los aspectos de la sociedad. Y me di cuenta de que jamás volvería a aburrirme.

Sin embargo, montar un negocio como doula de la muerte *era* aburrido. No sabía lo mínimo que había que saber para hacerlo, pero no tenía elección. Mi ordenador portátil se convirtió en mi mejor amigo, pero de esos amigos que se te cuelgan al cuello y te chupan la energía. Tengo un álbum de fotos digital de aquellos años titulado «hoy el despacho tiene el aspecto de…», y no tiene nada de glamuroso: mi ordenador portátil y yo en el tren de Long Island, en taxis, en cafeterías, en la cafetería del mecánico, en un bar durante un buen rato pasado con unos amigos cercanos. La inspiración podía llegar en cualquier momento, de modo que trabajaba sobre los contenidos, diseñaba talleres, investigaba lo relativo a la normativa fiscal, maquetaba materiales promocionales y redactaba en frío correos electrónicos de introducción allá donde me encontrara. Yo no tenía un botón de «apagado».

Tras formalizar el negocio, colgué el letrero y me puse a esperar clientes.

No vino nadie.

Me fui a buscarlos. Intenté organizar reuniones en cuidados paliativos de Los Ángeles, pero la mayoría me cerraron la puerta en la cara. Había gente que pensaba que me estaba metiendo en su terreno. La opinión generalizada en aquella época era que o bien yo no entendía lo que era paliativos o bien yo era una niña entusiasta a la que se le pasaría pronto el capricho de hacer de doula. Me sentía como una vendedora de enciclopedias a domicilio.

Finalmente, y gracias al dios de Abraham, en un servicio de cuidados paliativos me ofrecieron un espacio en su evento del Día de la Muerte, que iban a organizar en el *parking* que había junto sus instalaciones.

Puse una mesa plegable blanca y la cubrí con una tela de sari de color turquesa que me había traído de la India, y dispuse ordenadamente mis tarjetas de visita y mis folletos. Allí de pie, sin poder dejar de sentirme torpe, jugueteando con mi falda turquesa de estampado africano a juego con el sari, estuve repartiendo unos folletos cuya impresión me había costado dos dólares por unidad, mientras sonreía entusiasmada a todo el que pasaba, que probablemente se preguntaría por qué demonios estaba tan contenta de estar en un evento sobre la muerte. Cuando alguien arrojaba uno de mis folletos en la papelera después de haber pasado por mi expositor, yo iba y lo recuperaba, lo alisaba y lo volvía a poner sobre la mesa. No me sobraba el dinero.

Una pareja a la que conocí en aquel evento del Día de la Muerte me remitió a una amiga suya cuya madre estaba desahuciada. Por fuera intentaba mostrarme de lo más solemne, pero por dentro estaba dando volteretas. «*¡Había alguien que se estaba muriendo y necesitaba mi* ayuda! ¡Bien!*». Hicimos la consulta y la mujer me pagó el doble de lo que yo había pedido. Es decir, le dio el doble de valor monetario al servicio que yo le había prestado. Fue la primera pista que tuve de que mi negocio podría funcionar.

Al principio estuve haciendo talleres para mis amistades y familiares, pero luego se difundió la voz. No tardé mucho en hacer talleres cada dos semanas para entre siete y diez personas que no formaban parte de mi círculo.

Este fue otro desafío que me aterrorizaba: aprender a hablar delante de la gente acerca de su mortalidad. Había estado viendo a mi padre y a mi madre hablando en los púlpitos durante toda la vida, de modo que podía imitar sus pausas, sus inflexiones y sus latidos emocionales mientras bromeaba con mis hermanas. Pero, cuando tuve que abrir la boca para dirigirme como *yo misma* a una multitud, sin imitar a nadie, tuve la sensación de escuchar uno de esos malditos sermones que los terapeutas te sueltan para convencerte de que hay algo erróneo en tu manera de hablar. Así que, cuando una capellana amiga mía, la reverenda Maggie Yenoki, mi ofreció su púlpito en su iglesia Universalista Unitaria para que me dirigiera a su congregación, me entró un ataque de pánico… por no saber qué decir, por parecer una chalada obsesionada con la muerte, por estar a la vista de todo el mundo, por parecer vulnerable. Afortunadamente, gracias a la firme insistencia de un médico de cuidados paliativos, B. J. Miller, a quien había conocido en una de sus charlas, tomé en consideración que quizás podría llegar a más gente de una vez sobre un escenario que hablando con la gente de una en una. ¡Y vaya que sí! Mi sobrepuse a mis temores, di la charla y no me consumí entre llamas cuando me subí al púlpito. Después de aquello, estuve dando charlas sobre la muerte y los moribundos dondequiera que hubiera alguien dispuesto a escucharme. Y mi nombre y mis servicios siguieron difundiéndose.

En las fiestas, cuando me ponía a hablar de mi trabajo como doula, la gente me miraba divertida. Había gente que decía que les gustaría que yo estuviera allí cuando se muriera su madre, su tío abuelo, su padre, su cuñada o su tarántula, había gente que se lanzaba a contar sus ideas sobre lo que ocurría después de la muerte y había gente que se alejaba de mí durante el resto de la fiesta y me miraba con aire de sospecha desde el otro lado del salón. Me hubiera gustado decirles que no era contagiosa, aunque quizás mi pasión sí lo era.

Mis propias amistades y familiares estaban intrigados con todo aquello y, comprensiblemente, tenían sus dudas. No era la primera vez que me apasionaba con una nueva aventura. Cuando Bozoma me recogió en el aeropuerto con el Mitsubishi Eclipse granate que había sido de Peter a mi regreso de Cuba, le hablé de mi encuentro con Jessica y de mi deseo de trabajar con el tema de la muerte. Bozoma hizo una mueca y me dijo: «¿Qué hostias te ha pasado en Cuba?», y me defendí con unas risitas. Mi padre me mostró sus dudas, y me instó a que retomara mi trabajo como abogada, pero yo no me atrevía a hacer aquello. Mi madre, como siempre, dijo, «¡Ah, muy bien!», lo cual quería decir que no estaba del todo convencida, pero que no iba a intentar detenerme. Al contrario, compartió su apartamento conmigo cuando yo estaba sin blanca, hasta que por fin pude aportar lo suficiente como para permitirnos un apartamento de dos habitaciones.

Me gusta creer que mis seres queridos se cortaron un poco a la hora de juzgarme por el fervor que veían en mí, un fervor que había estado ausente en mi corazón desde hacía mucho tiempo. Yo también era consciente de ello, y me resultaba sorprendente. Sin embargo, bajo mi entusiasmo había un temor básico: que no había ningún modelo a seguir en el trabajo con la muerte. No sabía de ningún negocio parecido al mío.

Ni siquiera comprendía que poner en marcha un negocio pudiera ser un viaje espiritual, una prueba implacable de mi fe en mí misma y en mi visión. Yo *sabía* que era posible, pero no tenía evidencia alguna. Cada día me acosaban las preguntas: ¿será realmente viable este negocio? ¿A quién le importa una mierda, excepto a mí? ¿Quién te crees que eres para pensar que puedes hacer esto? Y realmente, ¿estoy hecha para esto?

Si entonces hubiera sabido cuánto trabajo hubiera requerido de mí, me habría asustado, lo habría echado todo a rodar y me habría dedicado a la manicura. El trabajo con la muerte es un peligroso acto metafísico en la cuerda floja que te llevará a algunos lugares de tu interior que quizás no estés preparado para recorrer.

A lo largo de los años, ha habido clientes cuyos fallecimientos me han llenado de tanta luz y tanta vida que me parecía estar flotando, y muertes que fueron tan duras que me tiraron de espaldas. Exigieron de mí todo cuanto podía dar, absorbieron todos mis recursos. En esos momentos, te invade el terror de no saber si lo que hiciste sirvió de algo y si realmente satisficiste las necesidades de esas personas. Y entonces, cuando todo termina, te asaltan unas dudas atroces. Y esto no sólo me ocurrió cuando era una doula de la muerte principiante.

Cuando llevo seis años como doula de la muerte conozco a Justina. Ella es una conocida gurú de la autoayuda, que podría haber pedido cualquier cosa en su lecho de muerte, incluso contemplar la *Mona Lisa* rodeada de un puñado de franceses buenorros, por lo que podría decir que tengo el honor de haber sido llamada para darle apoyo en su muerte, que tendrá lugar sólo doce días más tarde, aunque, claro está, no lo sabemos en este momento.

En la llamada telefónica exploratoria, me dice que está muy enferma de ELA y que tiene un cáncer de colon, sabe que le queda poco y quiere asegurarse de que se gestionen bien todos los asuntos prácticos. Cuando llego a su casa para nuestro primer encuentro cara a cara, me recibe una asistenta que sabe cómo se pronuncia mi nombre —todo un puntazo.

En casa de Justina, todo se acomoda a cuanto he oído de ella. El salón está repleto de alfombras de piel y de cristalería de Swarovski. Unos perritos Pomerania blancos corretean de aquí para allí con su solícito paseador, que va tras ellos. Un exuberante trono blanco con tachuelas doradas se erige en un rincón. Un surtido de fotografías glamurosas de Justina de distintas épocas decora las paredes con sus marcos dorados. Su asistenta me indica el camino a través de unas puertas francesas.

Cuando entro, Justina está sentada en un sillón de brazos, cubierta con unas sábanas viejas, cara al televisor, con no menos de quince personas sentadas en torno a ella. Tiene el pelo rizado y cepillado, los labios pintados y las uñas arregladas. Me recibe con alegría. La gente entra y sale, trayendo flores, contando historias y expresando su gratitud. Ella recibe las sonrisas y el agradecimiento personal de cada persona que entra. Empiezo a comprender por qué es tan querida, y es que Justina hace que la gente se sienta vista. La gente florece bajo su mirada.

Hablamos de lo que necesita y establecemos la línea base de expectativas para nuestro trabajo juntas. Aparte de la presencia de fans y adoradores, nuestro primer encuentro no deja de ser una primera reunión típica. Justina quiere actualizar sus últimas voluntades (no, gracias. La pongo en contacto con un colega abogado especializado en planificación patrimonial), y necesita ayuda para planificar un buen número de servicios conmemorativos públicos, incluido uno en el famoso hotel Beverly Hills. Le pregunto qué le queda por hacer en la vida, aparte de todos esos asuntos prácticos y, ladeando la cabeza arrogantemente, dice, «Nada». Conversamos acerca de sus cuatro matrimonios. Dice que ha tenido sexo suficiente para siete vidas, y me pregunta sobre mi vida amorosa, deseándome lo mismo. Sonrío y recibo alegremente la bendición de una maestra como ella, pero me pregunto si estará evadiendo mi pregunta con divertidas distracciones.

Justina se ha reconciliado con sus relaciones amorosas, insiste, pero observo cierta tristeza en sus brillantes ojos azules, una tristeza que no soy capaz de identificar, más allá de un temor existencial. Me atormenta. Terminamos la reunión hablando de los rituales que desea en su lecho de muerte, las canciones que quiere escuchar cuando esté muriendo y sus ideas acerca de lo que viene después de la vida.

En mi segunda visita a Justina una semana más tarde, todo ha cambiado de forma drástica. Ya no lleva los labios pintados, ni tampoco hay gente a su alrededor, y percibo cierta pesadez en el ambiente. Hay una gran tristeza en sus húmedos ojos azules. Teníamos planeado hablar de cómo quería que se dispusiera su cuerpo y del cuidado de sus perritos, pero es evidente que no está ahora para esas cosas. Está frustrada por un picor en la pantorrilla que sus cuidadoras no pueden rascar a su entera satisfacción. Murmura maldiciones contra ellas y contra el cielo.

—Nadie lo entiende. Nadie lo entiende –repite calladamente entre lágrimas.

Y tiene razón. No podemos entenderlo. La gente la rodea a diario, cantando sus alabanzas. Muchas personas viven en su casa y cuidan de ella las veinticuatro horas y, sin embargo, se siente sola… porque ella es la que se está enfrentando al hecho de que va a morir.

Mientras una enfermera de cuidados paliativos manipula la sonda de alimentación, Justina agita los dedos hacia mí con ojos suplicantes. La tomo de la mano y ella me la aprieta suavemente, mientras se le llenan los ojos de lágrimas. Es evidente que no estoy aquí sólo para ayudarla a hacer planes logísticos. Justina quiere que haga el viaje con ella en esta etapa final de su vida. Cuando la enfermera termina, Justina ordena que salga todo el mundo, pero me pide que me quede. Y allí nos quedamos, en silencio, hasta que el silencio se convierte en consuelo.

Justina se ha quedado emocionalmente desnuda, algo raro en ella, por lo que sé. En tal estado, se conduce de forma dura y despectiva con sus cuidadoras. Tiene la cabeza gacha y evita el contacto visual con todos sus interlocutores, excepto conmigo. Ya no hace bromas acerca de sus amantes, ni tampoco me devuelve las preguntas. Éste es otro aspecto de ella que tengo el honor de conocer, el aspecto vulnerable, resquebrajado por la enfermedad.

Justina me confiesa que se siente desdichada y me pide que le diga si su muerte vendrá rápido o no. Ninguna respuesta que yo le pueda dar va a aliviar su angustia. Me dice que no quiere que esto dure mucho más. Lleva dos años con la enfermedad.

Aunque le cuesta comunicarse, habla mucho. Está cansada de las decenas de personas que pululan por su casa, a las que se siente obligada a sonreír. Ya no quiere tomarse la medicación, pero no se siente libre para decírselo al equipo médico ni a las enfermeras. Tiene la sensación de que se debe a sus fans, de que tiene que seguir viviendo y luchando por ellos, pero está cansada. Me confiesa entre susurros que ha conseguido medicación para terminar con su vida, pero que no sabe si se la tomará. No quiere más visitas, no quiere más regalos ni entregas, ni gente que apenas conoce llorando a su lado. Quiere morir rodeada por sólo seis personas, las que mejor la conocen, con las que puede ser ella misma sin tener que poner buena cara.

Lo que acabo de escuchar es crucial para mí. Me permite identificar las más íntimas necesidades de Justina, la de ser vista, escuchada y tratada como un ser integral. La agitación inicial ha cedido. Cuando me marcho, tengo claro lo que tengo que hacer allí. Estoy ahí para apoyar a Justina en su deseo de tener una muerte íntima, no en presencia de medio mundo. Estoy allí para gestionar el proceso, para respetar su vulnerabilidad y para sustentarla tal como es, no por quién sea para mí ni para sus fans y adoradores.

A medida que Justina entra en la fase activa de muerte pocos días después, llamo a las seis personas que ella quiere que la acompañen. Sin embargo, se difunde la voz de que está muriendo, de modo que aparecen decenas de personas, pululando por el salón a la espera de encontrar su ocasión de verla. Es como si Justina estuviera en un zoo de la muerte, con mirones que intentan captar sus últimos retazos mientras aún está con vida. Hay que hacer malabarismos para permitir un espacio para el pesar de toda esta gente al tiempo que se respetan los deseos de Justina. Lo hago lo mejor que puedo y, con todo, tengo la sensación de estar haciéndolo mal.

Esto era lo que se suponía que no tenía que ocurrir. Gente arrojándose entre lágrimas sobre su cuerpo o sujetándola de los pies entre sollozos. Quiero decirles que se aparten de ella, pero los dejo allí un instante, para luego ayudarles a levantarse y llevarlos tras un biombo, que hemos colocado allí para intentar proteger el espacio mortuorio de Justina. Pero, en cuanto saco a una persona, otra se escabulle por detrás de mí.

Las cosas empeoran. Alguien quita el biombo y deja a Justina a la vista de todos. Recluto a la enfermera de cuidados terminales como portera de discoteca para que mantenga a la gente a distancia mientras Justina comienza su salida. Las enfermeras de cuidados terminales pueden ser las mejores aliadas de una doula de la muerte en su trabajo, y viceversa. Somos una extensión mutua de los cuidados, una serie de manos, ojos y oídos extra. Percatándose de que la respiración de Justina se hace más lenta, la enfermera me hace una seña con la cabeza. Ya no puedo ocuparme de mantener a la gente a distancia, de modo que pongo toda mi atención en Justina. Tomo mi lugar a su lado, junto al sillón reclinable, y le tomo la mano.

Velamos mientras su respiración se hace cada vez más lenta, cantando las canciones que nos pidió y acariciándole la cabeza. La enfermera se acerca, manteniendo el perímetro en torno a Justina y sus seis amigos y amigas elegidos, y juntas contamos los segundos entre respiración y respiración. Cuando Justina respira sólo cuatro veces por minuto, nos miramos. Está cerca. Y, tras exhalar su último aliento, hacemos una pausa sagrada. Todo se detiene en la sala cuando la gente se percata de lo sucedido; salvo por unos pocos resoplidos ahogados, reina el silencio. Intento dar ejemplo de comportamiento reverente quedándome quieta, en silencio. Justo después de una muerte, no hay nada que hacer, salvo seguir allí sentada, mostrando un profundo respeto por lo que acaba de ocurrir.

Cuando empiezan los murmullos y los llantos se hacen más sonoros, pongo la mano de Justina en la mano de una de sus amigas que hay al lado y me voy al centro de la habitación. A través de un discurso entrecortado, reconozco la magnitud de lo que acabo de presenciar, animo a todo el mundo a que sean amables consigo mismos en su dolor y les pido privacidad para que podamos manejar el cuerpo de Justina antes de que llegue la funeraria. Yo sé que la funeraria no vendrá hasta que la llamemos, pero lo único que quiero es que la gente se vaya y deje a Justina un poco de espacio y de tranquilidad. La gente desfila, conmocionada; el espectáculo ha terminado.

Por fin, sólo nosotras.

Se escucha una exhalación de alivio colectiva cuando cierro la puerta. En la mano llevo un cuenco de agua caliente con unas gotas de aceite de lavanda, para que sus mejores amigos y amigas puedan lavar su cuerpo, tal como pidió Justina. Nos sentamos en torno a su cuerpo. Sus amigos y amigas cuentan historias absurdas acerca de su vida y de sus amantes. Hacen bromas sobre lo obstinada que era y alaban su gran visión. Le acarician el cabello y le besan las manos. Y la sostienen de ese modo en que sólo quienes nos conocen mejor pueden sostenernos y abrazarnos.

De regreso a casa, llamo por teléfono a mi madre y me echo a llorar de forma tan desconsolada que apenas veo la carretera. Llevo más de ocho horas sin tomarme ni un instante para mí misma, ni siquiera para tomar un sorbo de agua o dar un bocado. Estaba totalmente concentrada en intentar mantener la intimidad que Justina deseaba para el momento de su muerte. Mi madre me sugiere que detenga el coche hasta que me reponga, pero lo único que quiero es llegar a casa, a mi santuario, de modo que llamo a un servicio de transporte con conductor para que me lleve desde donde estoy a casa. Dejo mi coche aparcado en una calle secundaria de Los Ángeles.

El resto del día lo paso echada en la tumbona naranja oscuro que tengo junto a la ventana en mi apartamento, mirando al vacío, comiendo patatas fritas sin pensar en ello y llorando. Hay algo en la grasa, en la sal y los crujidos que me calma, sobre todo después de haber atendido un fallecimiento. Estoy exhausta y me siento mal; estoy arrepentida, pues temo haberle fallado a Justina en su petición de morir exclusivamente con las personas a las que más quería, cosa que no consiguió.

Incluso después de seis años de experiencia, me sigo preguntando si estoy hecha para este trabajo.

Al cabo de unas horas intentando encontrar sentido a lo que he vivido, recuerdo que tengo que darme un baño. Es éste un ritual habitual cuando vuelvo a casa después de ver a un cliente. Me hace arraigar en mi cuerpo a través de los sentidos y me libera de todo aquello que no debo quedarme encima. Pero la mera idea de estar de pie en la ducha me abruma. Desnuda, me meto en la bañera, pero no consigo recordar cómo se tapona el desagüe para poder darme un baño, a pesar de que lo he hecho docenas de veces antes. Grito en mi frustración por no saber cómo cuidar de mí misma en este momento. Llamo a David, mi novio desde hace un año, y simplemente le digo que lo necesito. Ni siquiera sé exactamente qué necesito.

David viene. Llena la bañera, echa sales de Epsom y aceite de eucalipto en el agua y me prepara un té mientras me remojo. Se sienta en la taza del baño y me escucha, mientras saco fuera todos mis fracasos como doula y mis miedos de no estar a la altura de hacer este enorme trabajo. Me envuelve en la toalla y me abraza mientras yo sigo hablando y llorando, y sigo hablando y llorando hasta que me duermo. Me acuesto desnuda, con mocos y sintiéndome fracasada.

Pocos días después, comienzo a sentir que mi mente se aclara. En nuestra sesión, los aprendices de doula de la muerte a quienes estoy formando ahora me dicen lo que piensan de lo que les he contado respecto al acompañamiento en la muerte. Me recuerdan que había estado ocupándome tanto de las experiencias de los dolientes como de las de la moribunda, experiencias muy distintas. Que había mantenido la compostura en medio del caos. Que había trabajado con el equipo de cuidados terminales. Que había respetado las necesidades de mi cliente por encima de todo y había respetado también mi propia necesidad de recibir cuidados. Y me recordaron que presenciar una muerte tiene el poder purificador de un *bulldozer* pasándote por encima.

El «fracaso», tal como yo lo había concebido, no era más que otro demonio familiar que asoma la cabeza desde mi subconsciente. Justina me enseñó a divorciarme de la experiencia. No se trataba de lo que yo podía hacer y lo que no podía hacer. Se trataba de *su* muerte. Justina había muerto en los brazos de sus amigos y amigas más queridos, tal como había pedido. Yo le había sostenido la mano. Le había servido. Cuando una persona está en su lecho de muerte, lo único que podemos hacer por ella es estar al servicio de sus necesidades.

Capítulo 7

Aguanta el tirón y muere

Comienzo a trabajar con una cliente llamada Nancy en junio de 2016. Es una mujer blanca de 96 años, una antigua bibliotecaria con cierta afinidad por los gatos y los cactus que enfermó de alzhéimer quince años antes. La hija de Nancy me ha contratado para que le haga compañía en la residencia de ancianos donde Nancy está pasando sus últimos días. Aunque el personal es normalmente amable y comprensivo, estos lugares se suelen ver como almacenes donde la gente se consume mientras se encamina hacia la muerte. Con frecuencia, es lo mejor que puede hacer la familia.

La hija de Nancy se da cuenta de que el tiempo adicional de socialización que mis visitas suponen para su madre es digno de valorar, aunque, por el motivo que sea, no pueda proporcionárselo ella misma. Sin embargo, es evidente que ama a su madre y que está intentando proporcionarle algún consuelo.

Y así me paso varios meses con Nancy. Esto no es extraño en mi trabajo como doula. Hay clientes con los que trabajo durante varios meses, algunos durante semanas, otros durante algunos días y otros con los que no paso de una llamada telefónica apresurada.

A los 96 años, Nancy quiere ser independiente, pero su cerebro y su cuerpo ya no se lo permiten. Le gusta salir a dar paseos sola, pero no sabe cómo regresar. Las instalaciones en las que se encuentra disponen de una unidad cerrada, que impide que salga a dar vueltas por ahí y se pierda. Nancy apenas recuerda a su hija, y mucho menos el camino de

111

regreso a casa. En cada una de mis visitas me tengo que presentar como si no nos conociéramos, le pregunto si está bien y si me puedo quedar un rato, porque no recuerda nada de mis visitas anteriores. Con una sonrisa tímida y coqueta, me dice siempre, «¡Claro que sí!», tocándose el pasador que lleva en el lado derecho de la cabeza y arreglándose el cabello gris, corto pero aún abundante, por detrás de la oreja.

La enfermedad de Nancy ha ido avanzando durante el tiempo en que hemos estado trabajando juntas. Al principio, podíamos mantener una conversación normal: nos unió nuestro mutuo amor por los libros. Nancy *adoraba* los libros (su favorito era *Diez negritos,* de Agatha Christie), no sólo le encantaba leerlos; le encantaba su forma, su aroma y su presencia física. Nancy podía entusiasmarse hablando sobre el contenido de un libro en concreto de tal modo que hacía que yo me enamorara también de ese libro. Y podíamos estar hablando de un tema todo el tiempo que podía, hasta que una incongruencia lo torcía todo y yo tenía que intentar seguirle la conversación.

Al cabo de seis semanas o así, la conversación se torna más difícil; olvida las palabras, se frustra y se encierra. A veces, hojeamos sus libros de aves y ella me habla de los pájaros, o bien me enseña sus álbumes de fotos. Pero, en este punto, ya no recuerda los nombres de las personas ni de los pájaros, y se sume de nuevo en la frustración. De manera que cantamos canciones juntas, o me siento a su lado mientras come, introduciéndome en aquella realidad, sea cual sea, en la que habita. Nuestras visitas son agradables, y constituyen un ejercicio de dejarse llevar.

Al cabo de seis meses de iniciar las visitas, me la encuentro un día visiblemente agitada, algo poco habitual en su comportamiento, normalmente amable. Está sola delante de una mesa en el salón comunitario, metiendo periódicos enrollados en los bolsillos laterales de su silla de ruedas, mientras el televisor del rincón de la sala brama. Los ancianos juegan a las cartas por grupos en las mesas, o bien leen, comen algún tentempié o están en silencio con la mirada perdida en el espacio. Nancy, de cuando en cuando tira de una hoja de un periódico de los que hay amontonados sobre la mesa e intenta leerlo, pero, dado que su cerebro se ha atrofiado hasta el punto de impedirle comprender los textos, mira la hoja fijamente hasta que, colérica, la hace pedazos, para luego guardarla en los bolsillos de la silla de ruedas. Hace esto una y otra vez, de forma tan rápida como sus manos artríticas se lo permiten, pero nadie se percata de ello. La vida en la residencia de ancianos continúa a su alrededor.

Por encima del hombro de Nancy, en el montón de periódicos, veo el obituario de la actriz y *celebrity* Zsa Zsa Gabor, que fue muy famosa a principios de la década de los cincuenta, y que había muerto pocos días antes. Dado que los pacientes de alzhéimer en estadios moderados de la enfermedad pueden a veces acceder a su memoria a largo plazo, le señalo a Nancy la imagen de la actriz en un intento por redirigir su frenética energía.

—¡Sí, sí, sé quién es! –dice Nancy de inmediato.

—¿Sabes quién es? –me muestro sorprendida.

—Sí. Está en las fotos. Es muy hermosa, y muy dulce.

Nancy mira la hoja del periódico y sonríe con afecto. Se le relajan los hombros. Tengo la sensación de que hemos encontrado una nueva conexión a través del ruido, a pesar de su mal humor. Al cabo de un minuto, entrecierra los ojos mirando la página, la toma entre sus manos y se la pone derecha delante de la cara, como si hubiera descubierto en ella un código secreto.

De pronto, se vuelve con un gesto de desagrado y pregunta:

—¿Es *negra?*

Plantea la pregunta como si fuera una acusación.

—Uhhhhh… –vacilo.

Por lo que sé, Zsa Zsa Gabor era de Europa oriental; es decir, malditamente blanca. Así se puede ver en la foto del obituario. Y me sorprende que Nancy haya dicho eso. Me sorprende tanto que soy incapaz de buscar una respuesta antes de que ella arroje la hoja de periódico y ponga sus ojos en mí como un rayo láser.

—Un momento, ¿*tú* eres negra?

De nuevo, la palabra «negra» me llega como un dardo.

Estoy estupefacta. Sin palabras.

¡Claro que soy negra!

¡Soy *jodidamente* negra!

Cuando me identifico a mí misma, una de las primeras palabras que utilizo es *negra.* No utilizo el término afroamericana porque en su definición estricta, no se puede aplicar a mi caso. Mi linaje es ghanés, por lo que no puedo reclamar un legado cuyo origen está en la esclavitud americana. Mis antepasados fueron aquéllos cuyas aldeas fueron saqueadas e incendiadas, cuyos seres queridos fueron golpeados y robados, dejándolos magullados y entre lágrimas en África occidental. Técnicamente, pertenezco a una tercera cultura: nacida en África, criada en América, combinándose ambas cosas en mi familia para crear nuestra propia cultura.

Sin embargo, cuando una mujer blanca se aferra a su bolso si doy la vuelta a la esquina demasiado rápido, ella no sabe que yo soy ghanesa, ni siquiera le preocupa. Ni a mí tampoco. No tiene importancia. Tanto ella como yo somos conscientes de que ella me percibe como una amenaza. Cada una de las personas con la piel muy melanizada que vivimos en los Estados Unidos de América nos encontramos bajo esa misma nube de racismo, seamos ghanesas, jamaicanas, afroamericanas o afrobrasileñas.

«Que si soy negra», es lo que ella quiere saber. ¡Demonios! Sí, soy negra.

Mi mente se desboca ante las implicaciones de la pregunta de Nancy. Quiero preguntar a alguna de sus médicas si el alzhéimer puede hacer que la gente tenga más prejuicios o simplemente desvela sus verdaderos sentimientos, como el alcohol, que desvela los deseos y reduce la inhibición —una especie de gafas cerveceras del alzhéimer—. Lo dudo. Hasta el momento, Nancy ha sido muy dulce conmigo, pero soy consciente de que los cambios de humor y de personalidad forman parte de los síntomas de la enfermedad. ¿Está el alzhéimer causando algún tipo de ceguera racial en esta mujer, revelando la falsedad del constructo raza, o está permitiendo que Nancy ondee libremente su bandera racista?

Antes de que pueda discernir cómo responder a la pregunta de Nancy, ella toma de nuevo la hoja de periódico y se pone a despedazarla furiosamente. La cabeza me da vueltas haciendo conjeturas entre mis temores. Nancy nació en 1920, lo cual significa que creció durante la era Jim Crow.[7] Por lo que sé de aquella época, quizás todavía cree que

---

7. Las leyes Jim Crow fueron unas leyes de los estados del sur de Estados Unidos que, a nivel estatal y local, propugnaban la segregación racial en todo lugar público. *(N. del T.)*

los negros contaminan las piscinas y vienen de los monos. Cuando ella era niña, los linchamientos aún eran habituales, en la medida en que la violencia racial y la segregación abierta estaban autorizadas. Cuando Nancy era niña, la gente negra todavía estaba a menos de una generación del fin de la esclavitud.

Hasta aquel momento, yo había tomado la decisión consciente de sentirme segura con ella. Nancy estaba enferma y necesitaba mi apoyo, de modo que le daba el beneficio de la duda. No debería sorprenderme que, a medida que su mente realiza la regresión, pueda soltar alguna mierda. Pero es la primera vez que algo como esto me sucede en mi trabajo con la muerte.

Entre otras muchas cosas, lo que me impacta más de esta situación con Nancy es que las desigualdades que vivió, y de las que se benefició, van a ir con ella hasta más allá de la muerte. Creo que no son muchas las personas que se percatan de esto, y me exaspera que la gente crea que la muerte es la gran igualadora. Sí, todos nos morimos, pero nos morimos por diferentes causas a diferentes ritmos y de diferentes maneras. La muerte no tiene nada de igualitario, salvo que todos nos morimos. La muerte y el morirse son procesos construidos culturalmente y que reflejan dinámicas sociales de poder, que no son igualitarias. El modo en que morimos está envuelto en gran medida en las intersecciones de nuestra identidad.

Para dar apoyo del modo adecuado a las personas que van a morir, tenemos que estar dispuestos a mirar a la cara toda la gama de sus identidades. Las mujeres blancas viven más que las mujeres negras. Los hombres mueren antes que las mujeres. Las personas heterosexuales viven más que las *queer*. Las personas pobres mueren antes que las ricas.

Esto son hechos. No todos nacemos en las mismas condiciones y no todos vivimos y morimos igual.

Por término medio, los bebés negros estadounidenses nacen con una serie de circunstancias distintas a las de los bebes blancos estadounidenses. Y la brecha entre ambos se extiende a lo largo de la vida y llega hasta el instante de la muerte. Los cuerpos negros portan las cicatrices profundas del racismo medicalizado, de la brutalidad sistémica y del trauma intergeneracional.

También está el estrés básico añadido de la vida negra en América, que se genera al intentar integrarse en un mundo que teme a los cuerpos negros. En momentos de tensión, yo sé que tengo más posibilidades de sobrevivir a un conflicto si me vuelvo pequeña y no parezco amenazadora, y si me calmo para que no me consideren alborotadora o temerosa.

Esto ocurre en entornos personales, públicos y profesionales. Antes de que montara este negocio, me quedaba callada cuando el trabajo no se distribuía de forma justa porque no quería pasar por conflictiva. No salgo a darme una vuelta por la noche cuando necesito descargar energía porque no quiero llamar la atención del vecindario. Y hasta hoy día, tengo miedo de que me pare la policía. El gran número de factores estresantes, pequeños y grandes, que vienen con el mero hecho de estar dentro de esta piel son innumerables.

Y, sin embargo, aquí estoy, una doula de la muerte negra, con la esperanza de proporcionar alivio a las dificultades a las que *todos* nos enfrentamos con la muerte. Mi presencia en este ámbito es importante, porque cuando no se tiene conciencia de las diferencias, privilegios y sesgos, los cuidados terminales se pueden utilizar como un arma, marginando aún más a grupos humanos y a personas en uno de los momentos más crudos e insoportablemente dolorosos de sus vidas.

Y esto es importante. Realmente, *importa*. Las personas quieren que su identidad se valide durante la vida, pero lo mismo ocurre cuando llega la muerte. Y es crucial que sus seres queridos lo vean, pues es una señal para el ser querido de que se le tiene en consideración, se le respeta y se le honra.

Existe una especie de daltonismo, de ceguera a los colores, que campa a sus anchas en los espacios de bienestar («No veo los colores» o bien «Me olvidé de que eras negra»), y que, por desgracia, se ha abierto camino también en el ámbito de la muerte y los moribundos. No me puedo fiar de las personas que dicen que no ven el color, ni puedo creerlas, a menos que sean de verdad ciegas. Su negativa a *verme* en toda mi gloria es una negativa a reconocer y apreciar mi individualidad y mi rica historia. Es una supresión opresiva que no reconoce, entre otras cosas, que la fortaleza de una persona negra se evidencia por su capacidad para rendirse sin dejarse romper. Si no soy consciente de mí misma, es fácil sentirse invisible en un ámbito dominado por personas blancas y atascado en sistemas que no tienen en cuenta los privilegios, los prejuicios ni los sesgos que existen en todas partes. Si me dieran un dólar por cada vez que alguien me ha dicho «No sé qué tiene que ver la *raza* con cómo nos morimos», podría pagar al contado un Mercedes Benz Clase G ranchera con llantas de aleación ligera.

Como he dicho arriba: soy negra. *Jodidamente* negra. Y eso se halla en el núcleo de mi identidad. Cuando todo lo demás se desprenda de mí, yo seguiré siendo orgullosa y locuazmente negra, y querré que eso se reconozca cuando me llegue el momento de partir.

Siendo niña, no pensaba demasiado en el concepto de raza. Era capaz de ver las diferencias visuales en los seres humanos, dado que en los primeros años de mi vida tuve ocasión de ver mucho mundo y estuve expuesta a un amplio surtido de tonos de piel. Cuando tenía seis años, nos mudamos desde Orange, California, donde mi padre estaba terminando un seminario, hasta Nairobi. A mi padre le habían dado el cargo de director en África de Prison Fellowship International, con la apertura de ministerios de prisiones en diferentes países de África. En el edificio de apartamentos en el que comenzamos a vivir en Nairobi había familias indias, irlandesas y de otros países de África Oriental, y aprendí a juzgar a las personas en función de lo generosas que eran. Las familias indias eran generosas con las galletas. Otras familias —británicas, etíopes y ugandesas— tenían hijos de mi edad que jugaban conmigo y con mis hermanas. Había una familia de Estados Unidos que tenía pelotas de goma de todos los tamaños, que nosotras nos llevábamos afuera mientras los adultos hablaban de sus cosas. La raza era un concepto extraño. Las únicas varas de medir eran la generosidad de espíritu y los tentempiés.

Mi madre y mi padre nos matricularon a mis tres hermanas y a mí en una de las mejores escuelas de Nairobi, donde había montones de hijos de misioneros destinados en Kenia. También eran blancos en su mayoría. (Al parecer, es un privilegio difundir el evangelio, por las oportunidades que te da de salir de tu terruño y viajar).

Las clases en la Academia Rosslyn eran pequeñas y en su mayor parte estábamos distribuidos por edad, excepto en las clases de música, donde nos mezclábamos estudiantes pequeños y grandes. La profesora de música asignaba instrumentos cada semana, y la competencia por la batería era feroz. Supongo que la mayoría de los estudiantes elegía la batería porque no podían hacer tanto ruido en casa. Ahí me incluía yo. Yo *sólo* levantaba la mano para la batería. Entre las filas de atrás, yo daba saltos con mi manita en alto con la esperanza de que me viera la profesora. Y, un día, finalmente me eligió. El corazón me dio un salto en el pecho por mi buena suerte.

Me dirigí orgullosamente (léase *arrogantemente)* hasta la parte delantera del aula para reclamar mi legítimo lugar en la batería. Y, mientras lo hacía, escuché unos susurros:

—¿Por qué a ella?

—Porque es negra.

—Pero ¿acaso sabe *tocar* la batería?

Poco a poco, la vergüenza ocupó el lugar del entusiasmo que había sentido. Fue cuando me di cuenta de que mi mera existencia me hacía diferente. «Yo no soy como ellos. Y lo que soy es algo que a ellos no les gusta. Y piensan que hay algo mal en mí». En mi confusión, quise llorar, pero saqué mi dolor golpeando los tambores.

Nunca estuvimos demasiado tiempo en un mismo lugar debido al trabajo misionero de mi padre y mi madre, y dondequiera que aterrizábamos descubría que mi negrura significaba algo diferente. Volvimos a Ghana durante una corta temporada unos pocos años más tarde, donde la raza es un constructo que no existe. En Ghana, todo el mundo es negro, de manera que nadie tiene que ser negro. No hay nada más con qué comparar. Fue fantástico tener aquella experiencia antes de que mi familia se mudara permanentemente a Estados Unidos años más tarde. Aquello me permitió desarrollar una fuerte sensación de mí misma antes de que los complicados tentáculos del racismo comenzaran a pincharme la piel en el ultraconservador, evangélico y terriblemente blanco Colorado Springs. Sentía crecer el orgullo en mi piel, mis labios, mis pómulos, mi resiliencia y mi audacia.

Y, sin embargo…

En mi primera semana en la Escuela Elemental Howbert, en sexto grado, me llamaron conejito de la selva, rascaculos africano, mono y chocolatina. Mi sensación de ser «distinta» se agudizó, y me hice arrogante para enmascarar mis heridas. No es nada fácil ser «la nueva de la clase» a mitad de semestre. Era casi insoportable ser una de los niños exclusivamente negros, estando regordeta, procediendo de un continente que la mayoría de mis compañeros despreciaba y, para postre, en plena pubertad. Mis compañeros de clase me preguntaban si iba en elefante a la escuela y si aquélla era la primera vez que llevaba ropa. Mi madre todavía nos hacía la ropa. A mí me gustaba así, pues pensaba que tenía mi propio estilo, pero no había descubierto todavía lo poco *cool* que era no llevar las últimas Reeboks o unos pantalones Hammer. ¿Cómo se atrevían a insultarme, cuando, con once años, había visto más mundo del que ellos probablemente verían en toda su vida? Ni siquiera se habían subido a un avión para ir a otro estado del país, mucho menos para viajar por el mundo. No habían visto los rascacielos, ni las autopistas de peaje, ni la electricidad, ni la alegría, ni la historia ni la majestad de África. Yo no decía nada, pero sabía que eran ellos los ignorantes. Me resultaba humillante.

Mi padre y mi madre me consolaban dándome ejemplo de resiliencia. Ante las heridas y las decepciones, el mantra tácito de mi familia era «No dejes que te afecten». Se permitían las lágrimas, pero no se consentían. La única vez que recuerdo que lloré de forma incontrolada fue cuando un niño me llamó «vaca negra gorda y fea» mientras jugábamos a tú la llevas. Mi madre me dijo que aquel niño no comprendía mi belleza, me dio una palmadita en la espalda y me dijo que no llorara. Pero yo no podía dejar de llorar, de modo que mi madre me dejó llorar.

Al parecer, éramos la única familia negra en nuestro bloque de viviendas, en nuestro vecindario, en la ciudad, de manera que nuestra casa era un oasis. En casa hablábamos en fante, y comíamos casi exclusivamente comida ghanesa. Fuéramos donde fuéramos, los sábados por la tarde, mi madre nos ponía en fila a las cuatro y nos peinaba: gomina azul ultrabrillante y adornos para el cabello de todos los colores imaginables sujetos con gomas elásticas. Había peines de todos los tamaños tirados por el suelo. Nos sentábamos entre sus piernas, una por una, y ella estiraba y soltaba, desenredaba, nos ponía aceites, acondicionaba, peinaba y luego nos hacía trenzas para que fuéramos la muchachita negra perfecta antes de ir a la iglesia el domingo.

Mientras tanto, los administradores de la escuela se empeñaron en que repitiera curso debido a mi ceceo y al continente en el cual había recibido la mayor parte de mi educación. Y cuando mis padres insistieron en que me examinaran para ver qué tal me iba, los evaluadores sugirieron que me adelantaran dos cursos. Decían que era «superdotada», una etiqueta que terminaría persiguiéndome y atormentándome, aunque, ¿cómo era aquello de «rascaculos africano»?

Sin embargo, mi madre y mi padre rechazaron adelantarme dos cursos al dar prioridad a mi desarrollo social. Alabado sea Dios. Ya me sentía bastante rara. Yo no estaba en lo que estaban muchos de los demás niños. No sentirte como los demás hace daño. Lo pase bastante mal durante aquellos años.

Hoy en día, me doy cuenta de que ser una forastera me preparó para el trabajo con la muerte de maneras que la protagonista del reportaje «Memorias de África» en el anuario escolar nunca hubiera sospechado. Y es que los moribundos, al fin y al cabo, también son forasteros para la gente. Están camino de salir de esta vida mientras que el resto seguiremos aquí. Los vemos como a través de un cristal. Yo siento la atracción por acercarme hasta ese punto donde la gente da la vuelta porque les resulta temible, diferente, aterrador. No creo que sea por casualidad que, en mis clases de formación para doulas en Going with Grace, los blancos cisgénero y los heterosexuales sean minoría en ocasiones. Sólo puedo recordar a tres chicos blancos heteros entre miles de estudiantes que, por lo demás, son *queer,* habitan muchas intersecciones y celebran sus diferencias. A los que habitan los márgenes de la vida les resulta más fácil situarse en los márgenes de la muerte.

No obstante, también hubo momentos luminosos en mi adolescencia. Por cada profesor o profesora que sólo veía el color de mi piel y sugería que considerara seriamente la posibilidad de estudiar para secretaria (aunque yo estuviera en clases de inglés de nivel avanzado) siempre había alguien como mi profesor del coro, el señor Craig Ramberger, que me instaba a matricularme en conservatorios porque pensaba que tenía mucho talento. Hice amistades, me metí en el equipo de *cheerleaders,* me cortejaron en el camino de vuelta a casa y me declararon mejor jugadora del equipo de fútbol femenino, y disfruté de las clases de música (malditas sean aquellas experiencias tempranas con la batería).

La música me proporcionaba una salida segura para tan intensas y confusas emociones, que yo ya había intuido que eran un poco excesivas para el mundo exterior. En el coro, podía cantar mis sentimientos y desprenderme de ellos: el *Canon* de Johann Pachelbel en re mayor me provocaba tales sentimientos que tenía que esconderme en el baño para llorar de la vergüenza que me provocaba tener unas emociones tan profundas.

Pero por mucho que me gustara, la música no era una opción como carrera profesional. Mi padre y mi madre nos habían imbuido la idea de que podríamos ser cualquier cosa que se nos antojara… siempre y cuando fuera médica, abogada o ingeniera. Algo de prestigio y bien remunerado, en otras palabras, pero nada creativo. La creatividad no daba dinero. Aquélla era la mayor preocupación de mi padre, aunque él tocaba el clarinete y nos compraba grabadoras para que practicáramos. Él quería estar seguro de que fuéramos capaces de cuidar de nosotras mismas de mayores y de él cuando se hiciera viejo.

Tras ser aceptada en varias universidades de prestigio (aunque no gracias a mi orientador), opté por la Wesleyan University, donde mi padre había obtenido su doctorado y donde Bozoma se había matriculado antes que yo. Hay por ahí una parte de mí que todavía se pregunta qué habría sido de mi vida si hubiera optado por ir al Conservatorio Oberlin. Quizás podría haber sido una directora de orquesta con residencia en Madrid, tomando cafés exprés a sorbitos todo el día, fumando cigarrillos y llevando vaqueros negros de pitillo desteñidos. Me pregunto si, con el tiempo, habría llegado también al trabajo con la muerte. Diferentes senderos, pero quizás un mismo destino.

Opté por el Hogar Malcolm X, la residencia de estudiantes negros, para alojarme en mi primer año en la universidad. Quería volver a tener ese sentimiento que había tenido en Ghana, donde todo el mundo era negro. Tanto las clases como mis compañeros de estudios me proporcionaron un curso intensivo acerca de todos los aspectos de la cultura negra estadounidense que no había tenido ocasión de conocer en

Colorado Springs, como bell hooks,[8] el *reggae* de las salas de baile y el *spades,* un juego de naipes que no se me daba nada bien, pero en el que me divertía quedándome al margen y diciendo gilipolleces.

Poco a poco, comprendí que la negritud podía tomar cualquier aspecto y sonar a cualquier cosa. Negritud podía ser mi divertidísima compañera de cuarto de primer curso y mi mejor amiga de siempre, Magda Labonté, una actriz haitiano-americana de Brooklyn, una libra que adoraba a Mr. Cheeks, del grupo de hip-hop Lost Boyz, y no aceptaba ni la más mínima falta de respeto por parte de nadie. Podía parecerse también a los estudiantes del curso introductorio de medicina de la Bay Area, que soltaban cada dos por tres «¡del copón!» y se estresaban con la química orgánica. Podía parecerse a los estudiantes de arte nigerianos y a los atletas brasileños. Y yo podía ser una *hippie* negra rara y a todo el mundo le parecía bien. A mí podía gustarme Björk, los plátanos y el rapero Biggie Smalls.

Y lo mismo con el activismo. En 1998, ingresé en una hermandad históricamente negra –la Delta Sigma Theta Capítulo Pi Alfa Incorporado– dedicada a la fraternidad femenina, a la erudición y el servicio, y me fui a estudiar a Ghana, donde me indigné de nuevo con los estragos del colonialismo. A mi regreso fui elegida presidenta del estudiantado, para trabajar en una plataforma de ayuda económica para estudiantes de color, con el fin de reducir la carga de los préstamos que tenemos que seguir pagando después de la graduación. Acumulamos decenas de miles de dólares en deudas y luego nos pasamos décadas intentando dejar atrás los tipos de interés, sin pagar apenas el capital adeudado. No podemos comprarnos una casa ni ahorrar ni siquiera con unos estudios superiores, que es lo que significa estar en igualdad de condiciones. Partimos con números rojos. El sistema no está diseñado para que ganemos. Se manifiesta en diferentes aspectos, desde el cómo vivimos hasta el cómo morimos.

----

8.   Gloria Jean Watkins (1952-2021), conocida como bell hooks (escrito así, con minúsculas) fue una escritora y activista social, feminista, estadounidense de raza negra. La llamaban bell hooks por el nombre de su abuela, Bell Blair Hooks. (*N. del T.*)

Yo seguía furiosa, y mi educación formal me proporcionó las herramientas para hacer que la gente finalmente me prestara atención. Empecé a entender que disponía de poder y lo complementé con mi aspecto exterior. Botas negras de combate, pantalones de camuflaje, una camisa con algún impreso africano que normalmente había cosido yo misma y un collar de conchas de cauri, todo ello en rotación constante. Y después me corté el pelo.

La «gran poda», que libera a la mujer negra de todo procesado químico del cabello, no se popularizó y generalizó hasta veinte años más tarde. Pero tantos años intentando encajar en los estándares de belleza blancos me dejaron exhausta. La peluquera mostró de inmediato su desacuerdo con mi petición:

—Es que ese corte de pelo te hará parecer fea –observó.

El racismo interiorizado es una mierda.

Me preguntó si es que alguien me había roto el corazón. Le dije que sí, pero no de la forma que ella estaba sugiriendo. El corazón me lo había roto Amy cuando estudiaba sexto grado, que me dijo que mis peores rasgos eran mis labios, mi trasero y lo oscura que era mi piel, a pesar de que ella frecuentaba las camas de bronceado. Me lo rompieron las modelos de la revista *Seventeen* y aquellos profesores y profesoras que se negaron a ver mi inteligencia por causa de mi piel. El corazón me lo había roto Estados Unidos. De modo que le dije a la peluquera de nuevo que me cortara el pelo. Iba a dejar que mi cabello creciera de mi cabeza tal como era. Enroscado. Espeso. Hermoso. Y descarada y jodidamente negro.

Apenas existe educación en lo relativo a los cuidados de las personas negras en la industria de los cuidados terminales, pero, si existe algo al respecto, es normalmente en el tema de «el cuidado del cabello negro». Este segmento se centra en el cuidado de un patrón capilar muy rizado, como si éste fuera el único estilo «negro», y no uno de los *quince* estilos de cabello diferentes que, sólo en mi caso, he exhibido a lo largo de mi vida.

El cómo definimos una buena muerte viene determinado en gran medida por nuestra identidad. Conversando con una doula de la muerte trans en Going with Grace, me comentó que no sabía cómo podría ser una buena muerte para ella porque le daba miedo imaginárselo. La tasa de muerte violenta entre las personas trans es increíble, y esta estudiante, simplemente, no quería ser asesinada. Sin embargo, cuando una persona blanca, heterosexual y cisgénero tiene que imaginar cómo podría ser una «buena muerte», la idea llega con suma facilidad.

Estamos condicionados para pensar que una «buena muerte» es algo que ocurre a una edad avanzada, en nuestro propio hogar, rodeados por nuestros seres queridos, después de haber vivido una vida tranquila, habiéndose reconocido y respetado nuestra humanidad al término de la vida. La mayoría de las buenas muertes en las que pensamos son aquéllas en las que el cuerpo se apaga poco a poco.

Sin embargo, históricamente, las personas negras han muerto de un gran número de «malas» maneras... a manos de aquellos que las secuestraron o las capturaron, en mazmorras en las que estaban amontonadas unas con otras, durante el comercio transatlántico de esclavos, a manos de los propietarios de esclavos; mediante palizas, experimentación gubernamental, violencia callejera, brutalidad policial; en el parto, en el complejo carcelario; y de innumerables dolencias físicas consecuencia del racismo sistémico. Estos traumas epigenéticos arraigan en el árbol familiar, transmitiéndose de generación en generación. Pero la alegría generacional es también nuestro derecho de nacimiento.

Muchos de los atributos que le damos a una «buena muerte» son los mismos atributos que dan lugar a una buena vida. Pero todo el mundo es diferente. Todo el mundo. La falsedad del monolito negro,[9] tanto en la muerte como en la vida, nos priva de nuestras peculiaridades, de nuestro humor, de nuestros amores, de nuestras obsesiones, de nuestra individualidad y de nuestras intersecciones. Creo que es un intento de hacer la negritud más comprensible y digerible. Pero no puedes reducirnos a eso. ¿Cómo puedes hacer generalizaciones acerca de una raza de personas que han soportado siglos de brutalidades y que, no obstante, se niegan a que les repriman su alegría?

---

9. La autora se refiere a la falsa creencia de que todos los negros en Estados Unidos tienen más o menos las mismas características y peculiaridades, todo ello derivado de la imagen que de las personas de esta raza se transmite en las películas, cuando hay tanta diversidad entre las personas negras como entre las de cualquier otra raza, simplemente por motivo de su origen y crianza. *(N. del T.)*

Reconocer esta verdad es la mejor manera de alcanzar esa elusiva buena muerte, que se basa en quiénes somos como individuos y no como un monolito.

Todos nos merecemos eso.

Capítulo 8

Encontrándote los pies

A veces, enamorarse es como tropezar con una misma. Es una de las grandes y caóticas aventuras de la vida y uno de mis mayores gozos. Después de toda una vida de relaciones, he llegado a conocer muy bien sus múltiples estadios. Ese profundo cosquilleo en el vientre al descubrir la atracción y afinidad con un desconocido que parece prometedor, la insinuación del reconocimiento, la oleada de hormonas. ¡Oh, qué *guapo*-guapo! Y, luego, su embriagador aroma, que poco a poco se vuelve familiar; el susurro de un diminutivo íntimo cuando sus labios te rozan la oreja. La relación se suaviza poco a poco y el enamoramiento se convierte en *amor* duradero. El cuerpo, el corazón y la psique cambian para siempre, y ese amor permanece en nosotros hasta la muerte.

Enamorarse puede generar un paralizante temor a la muerte. Cuando estamos enamorados, nos hacemos mucho más conscientes de nuestra mortalidad y de la mortalidad de la persona amada. Tememos perderla, y la vida adquiere más valor y más propósito. Podemos sentirnos aterrorizados incluso. Pero ¿qué puede haber más maravilloso que abrirnos al amor? Es uno de los «porqués» de la existencia. Da forma a nuestros recuerdos más plenos e intensos. Y la pérdida final la vivimos como una ruptura imposible de reparar. Cuando un ser amado muere, su amor por ti y tu amor por él no se va a ninguna parte. Simplemente, cambia de forma.

Yo he declarado un amor imperecedero a un buen número de personas con las que he estado saliendo, e incluso a algunos desconocidos (como el cantante y actor Tevin Campbell). Tanto mis amigas como mi familia entornan los ojos y dicen: «Ahí va otra vez». Yo me río de sus bromas e intento ignorar sus juicios implícitos. Como que me acaloro y me enfrío, que coqueteo, que no me comprometo y huyo, que el amor que siento –y expreso– es de algún modo menos profundo o menos significativo que el amor «real» de los adultos.

Pero el amor no tiene un único aspecto. Hay quien lo siente, en su forma más pura, en una serie de encuentros; en tanto que otras personas lo sienten en relaciones de larga duración. Para algunos, la monogamia es una alianza sagrada. Para otros, puede ser una prisión. Sea como sea el amor genuino, hay que tomarlo y hay que darlo. La gente que me quiere puede que se burle de mí por la pasión con la que me enamoro cuando el amor aparece. Pero mis declaraciones de amor han sido siempre auténticas. Todas y cada una de las veces, con independencia de cómo termine la cosa. Porque, con el tiempo, mi amante morirá, al igual que lo haré yo.

Cuando Kip entró en mi vida, yo acababa de llegar a la Costa Oeste con mi doctorado en Derecho por la Universidad de Colorado en Boulder bajo el brazo. Estaba en Los Ángeles porque había ido a pasar unos días con mi prima Tina antes de comenzar mi vida «adulta» posuniversitaria en Oakland. Me había detenido en una gasolinera en Hollywood para repostar mi Honda Accord verde después de conducir desde Colorado, y él estaba al otro lado del surtidor de gasolina llenando el depósito de su Ford Explorer verde. El tono verde de nuestros vehículos era muy similar e, intentando ir más allá de las miradas furtivas y las sonrisas, él hizo un comentario acerca de eso.

Él tenía casi metro noventa de estatura, de piel oscura, musculoso, con finos mechones que le caían por la espalda y *piercings* en las cejas y en la lengua, que le daban un toque intrigante para ser un profesor de Inglés de secundaria. (Si hubiera sido *mi* profesor de inglés de secundaria, yo habría estado suspendiendo una y otra vez para poder seguir teniéndole de profesor). Charlando, caímos en la cuenta de que él había nacido exactamente una semana antes que yo. Teníamos la sensación de ser espíritus afines.

Él era muchas cosas en una: un fanático del calzado deportivo con una colección inmaculada de Jordans de todos los colores y estilos; y era además músico y productor de ritmos *funky* para jóvenes raperos hambrientos, para ello trabajaba en su improvisado estudio de música casero, que lo tenía tan inmaculado como la colección de Jordans, perfectamente ordenadas en su armario. En nuestra primera cita, me llevó a Toi Thai, en Sunset Boulevard. Yo pedí un pad thai con guarnición de arroz integral, que me comí con la cuchara en una mano y el tenedor en la otra, tal como lo hacen en Tailandia, donde estuve viviendo un verano. Él se maravilló con mi agilidad. También me pasé comiendo, porque estaba nerviosa. Él no comió casi, porque también estaba nervioso.

Entablamos conversación con el camarero acerca del entonces presidente, George W Bush. El camarero era un fan suyo; Kip, no. Yo fingí sentirme ofendida por las generalizaciones que hacía Kip acerca del Partido Republicano, pero él no entendió que mi comentario era un sarcasmo. Cuando se percató, echó la cabeza atrás y soltó una estruendosa carcajada de barítono, arrugando la nariz y sacudiendo la cabeza. Para cuando llegó el pegajoso postre de arroz con mango, yo tenía corazoncitos por pupilas.

No queriendo que se nos acabara la cita, nos fuimos con el auto a la playa de Santa Mónica, donde estuvimos paseando con las manos entrelazadas bajo la luz de la Luna. Hicimos una clasificación de nuestros álbumes favoritos y compartimos nuestras creencias acerca del mundo. Aquella primera noche hicimos un pacto: que, con independencia de si la relación funcionaba o no, combinaríamos no obstante nuestros ADN y tendríamos hijos, sabiendo que nuestros genes crearían superatletas. Él decía que nos haríamos ricos con un hijo en la NFL. Yo no quería tener hijos, pero me resultó divertido hacer aquel curioso pacto con Kip. Era muy bonito, y verle imaginar un futuro conmigo era muy halagador. Era el tipo de chico que sólo ves en las comedias románticas.

Después de darnos unos pocos y dulces besos, volví al apartamento de mi prima Tina y la desperté a las tres de la madrugada para anunciarle fervorosamente que me iba a casar con Kip. Mi prima gruñó y se dio la vuelta, diciendo que eso ya me lo había oído decir antes. (Lo cual era cierto). Pero, al cabo de un mes de llegar a Los Ángeles, me estaba trasladando al apartamento de Kip. Y, sin más, la vida que había imaginado en la Bahía de San Francisco se esfumó.

Había llegado a California por el sino de una moneda lanzada al aire. Después de graduarme, lo único que sabía era que no quería seguir la ruta del bufete de abogados de lujo, ni siquiera pensando que un año de salario en uno de esos lugares podría diezmar mi deuda del préstamo por estudios. Yo sabía que no hubiera sido capaz de digerir todo eso del golf, de charlar acerca de dinero y toda esa mierda. No me interesaban los litigios en los que trabajaban en esos sitios, y no hubiera sido capaz de dormir por las noches sabiendo el papel que yo habría jugado en ellos, por pequeño que fuera. Y ahora que había sentido la llamada de la abogacía ruinosa, lo único que me faltaba por decidir era si sería una abogada pobre en Nueva York (con muchos amigos y amigas, pero con *invierno)* o si sería una abogada pobre en algún lugar del estado de California (sin amistades, pero *a pleno Sol)*. Incapaz de elegir, lo eché a suertes: cara, Nueva York; cruz, California.

Y ganó California.

Me decidí por Oakland: vida urbana en el centro, montón de progresistas, *hippies,* personas *queer,* artistas y activistas. Después del insulso Colorado, la negra Oakland se me antojaba la tierra prometida.

Pero terminé a más de 600 kilómetros de distancia en un apartamento de 60 metros cuadrados en Pasadena, con Kip. Quizás no fuera lo que había planeado, pero ¿qué importaba? Éramos benditamente felices.

Cada vez que teníamos algún pequeño desacuerdo, él me pedía disculpas componiendo una cancioncita. Teníamos cenas románticas en nuestro apartamento o en la azotea, adonde él llevaba mesa, sillas, velas y altavoces, y cubría el suelo con pétalos de rosas. Una vez que colapsé emocionalmente creyendo que un vecino me había robado el ordenador y que lo iba a vender por partes, me recordó entre risas que estaba tomando anticonceptivos hormonales por primera vez y que quizás las pastillas no le estaban sentando bien a la química de mi cuerpo. Tenía razón, y me enfureció que tuviera razón.

En los años que siguieron, los sinsabores fueron aumentando por el amor juvenil, mientras nos abríamos camino a trompicones en el mundo «real». Kip ganaba dinero como profesor de inglés de secundaria en una escuela pública de escaso presupuesto y, aunque yo quería ayudar a pagar las facturas, postergué la búsqueda de trabajo como abogada todo el tiempo que pude. En lugar de eso, estuve trabajando como extra en platós de cine, y como recepcionista en un *spa* y en un gimnasio, donde los hombres que intentaban flirtear conmigo me preguntaban si era actriz o modelo.

—¡No! –respondía con una sonrisa maliciosa–. Soy abogada.

Al final, conseguí un empleo en la Fundación de Ayuda Legal de Los Ángeles.

«Ya está –pensé con una mezcla de orgullo y miedo–. Por fin soy abogada».

En tanto que era la mujer que se había mudado al piso de soltero de Kip, le introduje en los revolucionarios conceptos de las bandejas de ducha y los paños de cocina. No había sofá, sólo un futón de IKEA delante de una pantalla plana de televisión desproporcionadamente grande que se tragaba la pared opuesta. Y cuando montó una cabina de grabación en nuestro dormitorio, dejándome sin espacio para los zapatos, me mudé a mi propio apartamento. Con el tiempo, compró una casa adosada, que renovamos junto con su padre, remachando los tableros del suelo y poniendo lámparas. Y seguimos adelante dando tumbos, dándonos mucho amor y metiendo la pata en muchas cosas en nuestra relación. Pero seguimos adelante.

Al cabo de tres años, comenzaron las inevitables y fastidiosas preguntas de familiares y amigos: que cuándo nos íbamos a casar, que cuándo pensábamos tener hijos… Ambos teníamos la edad «adecuada», 29 años, y, vistos desde fuera, éramos la pareja perfecta: jóvenes, con talento y negros, una abogada y un profesor, trabajando ambos en el sector público. Sin embargo, éramos dos personas muy diferentes, que estábamos comenzando a descubrir que no disponíamos de las herramientas adecuadas para negociar una vida de mutuo acuerdo.

Kip era un devoto cristiano, un tipo hogareño que prefería pasar los viernes por la noche trabajando con su música, encargar algo de cena y ver una película, cuando mi idea de los viernes noche era pasarlos en conciertos y socializando con otros bichos raros, dando volteretas por las calles y dejando que el «Sí» marcara el camino. Aunque yo también había sido educada en el cristianismo, la Biblia que yo tenía, una Biblia grabada, un regalo de mis padres en mi decimoctavo cumpleaños, estaba en un estante junto con Maya Angelou, Hafiz, Osho, Carlos Castañeda, Eckhart Tolle, una biografía de Jimi Hendrix y *Tantric Orgasm for Women (Orgasmo tántrico para mujeres)*. Él soñaba con tener nietos correteando a nuestro alrededor mientras nos tomábamos una limonada en un porche. Yo soñaba con tomar un Sauvignon Blanc en las Seychelles con él y con mis libros. A pesar de nuestro pacto en aquella primera cita de que tendríamos unos hijos superatletas, la idea de tener que criar niños me sacaba de quicio, y así se lo dije, reculando en aquel compromiso precipitado no mucho después de haberlo hecho y reiterándolo en repetidas ocasiones. Era evidente que no podríamos formar una vida y una relación cohesiva sin un compromiso serio. Pero seguimos adelante.

Cuando Kip me pidió que nos casáramos en el arcén de la 105, agarré el anillo e, instintivamente, me lancé a toda velocidad por la autopista... riendo, llorando, asustada. Nos fuimos a casa, nos acurrucamos en la cama un rato, y luego llamamos a nuestras familias. Con lágrimas de gozo en los ojos, yo no podía dejar de mirar mi bonito anillo de zafiros amarillos y diamantes –no de sangre–. Me iba a casar con mi mejor amigo. Pero tendría que haber escuchado a mi cuerpo, que echó a correr cuando Kip me preguntó si me casaría con él. Al final, el cuerpo siempre gana.

Poner orden en mis pensamientos me resultó muy confuso. Yo *quería* ponerme un par de zapatos de tacón con incrustaciones de cristal Badgley Mischka en rosa intenso y un vestido elegante algún día. Pero me ponía enferma y me daban ganas de arrancarme la piel a tiras la mera idea de una boda. Forcejeaba por comprender por qué, para honrar un compromiso que sólo teníamos que hacernos el uno al otro, teníamos que organizar una inmensa fiesta para los amigos y las familias. Al final acordamos fugarnos a Costa Rica, al Resort Casa del Sol. Fui descalza por la playa con un vestido prestado y un ramo de gerberas amarillas y naranjas, para complacer a mi madre. Nada de Badgley Mischkas por esta vez.

Un domingo por la tarde, mientras hacíamos la cama tres meses después de volver de Costa Rica, me enteré de que Kip no ponía una sábana encimera al hacer la cama. Prefería sólo la sábana bajera cubriendo el colchón y un edredón encima, nada más. Aquello era nuevo para mí, y me quedé mirándole como si le hubiera salido un hocico. ¿Iba a tener que dormir sin una sábana encimera por el resto de mi vida? ¿Estaba destinada a una vida de bacterias y células epiteliales absorbidas directamente del edredón? ¿Qué clase de vida sería aquélla? A partir de ahí, mi cabeza entró en espiral hasta caer en los sueños que yo tenía de vivir en una zona rural de Japón, bailando bajo los cerezos en flor y tomando té jazmín. ¿Tendría que renunciar a todo eso? ¿Y a qué otras cosas tendría que renunciar para que nuestras vidas encajaran? ¿Qué otras partes de mí tendrían que morir?

Aquella idiotez me hizo caer en picado. Aún no era consciente de que estaba echando de menos mi vida de soltera. El matrimonio era una mierda mental. Me quedaba mirándole atentamente mientras dormía, intentando imaginármelo como un anciano. No podía. Y lloraba en silencio, ahogando mi llanto en la almohada. Yo quería hacerle feliz y quería ser feliz yo también, pero no sabía cómo hacer ambas cosas sin perderme a mí misma en el proceso. No disponía de palabras para explicarlo, pero la larga sombra de la pérdida se proyectaba sobre mí.

Terapia de pareja mediante, estuvimos luchando. Kip fue paciente, pero, al final, no pudimos resolver aquella situación. Seis meses más tarde, tras una larga conversación cara a cara en la playa, acordamos separarnos. No habíamos llegado a cumplimentar los papeleos de registro para legalizar nuestro matrimonio, de modo que, cuando todo se vino abajo, lo único que tuvimos que hacer fue alejarnos uno del otro.

La separación fue insoportable, sombría y caótica. A veces tenía la sensación de que mis órganos vitales iban a colapsar. Tenía que enfrentarme a mucho fracaso interiorizado, a muchas preguntas para las cuales no tenía respuestas. ¿No era eso lo que se suponía que quería? Casada a los veintinueve años con un caballero atractivo y de éxito, creativo y fornido, que me quería a muerte y deseaba tener una larga vida conmigo…, ¿cómo podía mirar a la cara a tanta felicidad, darme la vuelta y salir corriendo?

Mi familia fue amable con Kip y conmigo en nuestra ruptura. No obstante, yo no podía dejar de escuchar aquellos viejos juicios emergiendo como burbujas desde mi subconsciente y mirándome directamente a la cara. «Pasas del calor al frío». «Eres una veleta». «Te comes a los hombres y los escupes». «No sabes lo que quieres». «Ni siquiera sabes el aspecto que tiene un amor adulto, el de "verdad"».

Llevó tiempo terminar con Kip. Nuestras vidas estaban entrelazadas en muchos puntos, y cada nudo había que deshacerlo a mano. El desenredo de una vida. Hubo que decidir qué íbamos a hacer con los muebles a medida que habíamos encargado para que nos encajaran en los espacios de apartamento: se los quedó él. ¿Quién se quedaría con las decenas de fotos enmarcadas de ambos con las que habíamos hecho un *collage* en el comedor? Yo me las quedé. Discutimos por la batidora que nos habían regalado para la boda. Y nuestros sueños compartidos los destrozamos.

Cuando la relación terminó finalmente, yo estaba hecha polvo y aterricé en el sofá de mi hermana menor, Aba, durante semanas. Me pasaba las noches llorando en el baño con una toalla en la cara, con la esperanza de que no me oyera. Y Aba me concedió la dignidad de fingir que no me oía. Ella tenía su propia pena que procesar, pues Kip había llegado a ser como un hermano para ella.

Debería existir una palabra para el pesar que se experimenta por la vida que creíamos que deberíamos tener, por los acontecimientos que nunca sucedieron, por las historias en las que no tuvimos un final feliz. A cada paso en el sendero, hay posibilidades que mueren tras nosotros en tanto que otras florecen por delante; y, en cada transición, hasta en las más gozosas, existe un pesar. De doncella a madre. De soltera a casada. De parada a empresaria. Tu viejo tú muere y uno nuevo nace. El dolor es continuo e interminable.

Y resulta que se puede llorar tanto por un sueño como por un futuro desconocido. Uno en el que tu cuñado querido aún vive, u otro en el que tú nunca abandonaste el país en el que naciste. Aquél en el que conseguimos el empleo perfecto, y aquél en el que posamos sonrientes para la tarjeta navideña, año tras año, junto a nuestra pareja elegida, con el cabello cada vez más blanco y los hijos cada vez más grandes.

No importaba, a la postre, que la vida de casada no fuera *mi* sueño. Era el de la revista *Cosmopolitan*. Pertenecía al patriarcado y a la sociedad. Yo estaba llorando por una vida que nunca había sido mía, pero, con todo, la lloraba. Las normas culturales son como el plomo en el agua potable: por muy consciente que seas de su presencia, no por ello te va a enfermar menos.

Durante años me estuve culpando por la disolución de nuestro matrimonio. Kip había sido tan bueno como se podía ser, y había sido yo la que no fue lo suficientemente fuerte como para hacer que funcionara nuestra relación. Cuando la vida me había ofrecido una existencia de ensueño, había sido yo la que había dado media vuelta para huir por la autopista. El fracaso era mío, pero las repercusiones le afectaron a él profundamente.

Hoy, más de quince años después, ya no pienso que nuestra relación fuera un fracaso. Seguimos siendo buenos amigos. Todavía compartimos una cuenta en la Asociación Americana del Automóvil. Él todavía escribe alguno de los versos de aquellas cancioncillas en algún mensaje de texto y me hace sonreír. Kip sigue siendo tan hermoso, auténtico y sincero como cuando nos conocimos, aunque ahora tiene algunos cabellos grises entre sus rizos y un montón más de zapatillas deportivas. Es un gozo contemplar al hombre en el que se convirtió tras nuestra ruptura, aunque ese hombre ya no sea mío. Nunca fue de mi propiedad, del mismo modo que yo nunca fui de la suya.

Cuando amas algo siempre corres el riesgo de perderlo. Aunque el amor siga la narrativa romántica tradicional de «hasta que la muerte nos separe», con el tiempo llega la muerte. Es tan obvio y doloroso como simple: ama a alguien y, algún día, te romperá el corazón. Y, sin embargo, los seres humanos optamos por insistir en ello una y otra vez. El corazón roto es, en sí mismo, una muerte: la muerte de la relación, la muerte de la persona que somos en la relación, la muerte de un futuro compartido. Y con la muerte llega el dolor. El dolor es también el suelo fértil a partir del cual podemos renovarnos.

Eso nos plantea una pregunta: cuando nos rompen el corazón, ¿qué retoño de nosotros mismos puede emerger más fortificado después? Porque, si una persona pudiera morir porque le rompen el corazón, a estas alturas yo me habría muerto un centenar de veces (más o menos). Y me habría recompuesto con más fuerza, más rica y con la marca indeleble del coste y las retribuciones del amor.

En aquel momento, cuando Kip me mostró aquel resplandeciente anillo con su promesa en la autopista, mi cuerpo fue lo suficientemente inteligente como para saber la verdad de lo que yo realmente quería, pero no podía admitir. Mi cuerpo me dijo que diera media vuelta y echara a correr. Era simplemente cuestión de tiempo el que me viera forzada a aceptar la verdad y que aprendiera a vivir con ella. Mucha gente se pasa la vida luchando contra lo que saben que es verdad, pero lo más condenado de todo es cuando luchamos contra finales que, irremisiblemente, han de llegar, como la muerte.

Haciendo uso del acceso de entrada sin llave al modesto hogar de Elena y Mike, en un barrio adyacente a Beverly Hills, en Los Ángeles, tomo la libretita de notas que hay junto a la puerta. Elena ha hecho un listado claro de las tareas que deben llevarse a cabo. Lo primero que tengo que hacer es quitarme los zapatos. Después, tengo que lavarme las manos en el baño que hay antes del salón para no pasarle a Mike ninguna bacteria ni ningún virus. Por causa de la ELA, tiene gravemente afectada la capacidad para toser y eliminar mucosidad, por lo que un virus común, como un resfriado o una gripe, podría matarle. Después de lavarme las manos y de frotármelas además con desinfectante, tengo que darme a conocer quedándome unos instantes en la puerta del dormitorio hasta que él me reconozca y me invite a pasar. Si no está de ánimo para visitas, me advierte Elena, lo sabré.

Conocí a Elena tres meses antes de la muerte de Mike. Contactó conmigo para que le proporcionara apoyo adicional mientras ella se iba de viaje con sus mejores amigas de la universidad. Mike le insistió en que se fuera, aunque ella no quería apartarse del lado de su amado. Mi papel es hacerle una visita de una hora diaria, hacer balance de su enfermedad y de su ánimo, asegurarme de que los cuidadores están haciendo su trabajo y dar cuenta de todo a Elena.

Mike y Elena se apañan en gran medida solos. No tienen hijos, y se mudaron a Los Ángeles un año y medio después de que diagnosticaran a Mike. Dado que Elena dejó su trabajo para cuidar de Mike. y dado que apenas tienen amigos, su círculo consta únicamente de los médicos de paliativos, las enfermeras y los auxiliares de enfermería certificados (AEC), algunos de las cuales estarán las 24 horas del día con Mike mientras Elena está de viaje. Para sentirse mejor con su partida, Elena ha dejado una larga lista de instrucciones, incluida la de cómo apagar el televisor. Hay incluso instrucciones sobre cómo compostar las cáscaras de huevo –tritúralas primero para que se descompongan más rápido–. En la parte superior de la libreta de notas dice: «NO LE PREGUNTES POR AYER».

Estoy familiarizada con la ELA. El padre de mi amigo Richard murió de esta enfermedad hace años. La ELA provoca la muerte de las neuronas que controlan los músculos voluntarios. La mayoría de las personas con ELA pierden poco a poco la capacidad para caminar, hablar, utilizar sus miembros, tragar y respirar.

El proceso degenerativo corroe el organismo, dificultando cada vez más la realización de las funciones más básicas de la vida. Cuidar de alguien con ELA es una carrera contrarreloj por satisfacer las exigencias emocionales de cada nueva pérdida, un tremendo ejercicio de dolor y de otras pérdidas adicionales.

Echado sobre una cama médica ajustable en su dormitorio, con las persianas bajadas, Mike me invita a acercarme levantando la sucia barbilla, con restos de sal y pimienta, mientras mantiene los ojos fijos en el silencioso televisor.

—¿Quieres que suba las persianas? –susurro, intentando confirmar que sabe que estoy allí sin darle un sobresalto.

Niega con un levísimo movimiento de cabeza, sin mirarme.

Me siento aliviada. Las persianas no están en mi lista de tareas, y las detalladas instrucciones de Elena acerca de todo me han infundido un temor reverencial. Cruzo el umbral y entro en el dormitorio, pero me mantengo cerca de la puerta.

Viales de medicamentos líquidos, sondas intravenosas vacías, Kleenex y un mortero para moler pastillas se pueden ver en la mesilla de noche. A Mike le resulta difícil proyectar la voz y comunicarse debido a la debilidad de los músculos de la laringe, el diafragma y la garganta. Bajo su mano está el mando a distancia del televisor, listo para su uso.

—¿Qué te ha dicho ella de mí? –pregunta en un susurro.

—¡Me lo ha dicho todo! –respondo riendo.

Mike se ríe débilmente, todavía sin mirarme, y luego va directo al grano:

—Te dijo que no me preguntaras por ayer, ¿verdad?

Vacilo. No estoy segura si decir que sí supondrá violar la confianza depositada en mí, de modo que sonrío torpemente, aunque no me esté mirando. Es mi expresión facial por defecto cuando no sé qué hacer o decir, bullendo por dentro en ansiedad social.

Mike sigue adelante, pasando de mi incomodidad:

—Sé que te lo dijo. Elena se preocupa por todo.

Se le escucha respirar trabajosamente.

—Ella me dice que levante los dedos y hace una marca para comparar con la marca de ayer. Como cuando haces una señal con la altura de un niño en la pared de la cocina cada año…

Vuelve a respirar entrecortadamente.

—Detesto hacer eso. Pero sé que está muy asustada, de manera que lo hago.

Tiene los ojos fijos en el inaudible televisor.

—¿Vamos a tener que hacerlo, aunque ella no esté?

Reviso la lista de instrucciones, recorriendo cuatro páginas del bloc de notas, más las notas que tomé yo durante la primera reunión con Elena. A pesar de su diligencia y afán, Elena no había mencionado nada acerca de este ritual privado de medidas. No quiero que se cabree conmigo cuando vuelva a casa, pero yo habría recordado algo como eso, de modo que respondo tentativamente:

—No, creo que no.

—Bien –dice sin despegar la vista del televisor.

Parece que se trata de un programa de noticias donde unos cuantos tertulianos gesticulan vivamente entre sí y se esfuerzan por lograr la atención. Pero, dado que ha sido Mike quien ha abierto la puerta para hablar del tema de ayer, me introduzco por el hueco:

—Entonces, ¿qué crees que le da miedo de ayer?

—Elena está asustada porque cada día que pasa estoy un día más cerca de la muerte –dice, con la mirada perdida en los presentadores de noticias de caras rojas.

Finalmente se vuelve hacia mí y me dice:

—Todos vamos a morir. Pero ella es consciente de que estoy más cerca de la muerte cuando ya no puedo hacer las cosas que hacía antes. Hace tiempo que yo dejé de enfadarme por lo que pase hoy, cuando el ayer se ha perdido en el tiempo, pero mi esposa hace las cosas a su manera.

Se le debilitó la voz, pero aún pude escuchar:

—Para ella, cada día es como un nuevo día.

Mike tiene razón. Cada día es la muerte del Mike del día anterior. Él está haciendo las paces a un ritmo diferente al de Elena.

Durante nuestro primer encuentro, Elena, que anteriormente era contable, con melena gris hasta los hombros y gafas de leer de farmacia con montura roja, me mostró las hojas de cálculo que había rellenado para hacer una cartografía de cada aspecto de los cuidados de Mike. Médicos, farmacéuticos, reacciones, alimentos, horarios…, cualquier cosa que sugirieras, Elena tenía una hoja de cálculo para eso. Tengo que admitir que una parte de mí se estremecía ante aquellas filas y columnas pulcramente tabuladas. Nunca me he encontrado con una hoja de cálculo que me gustara. Pero, aunque Elena era totalmente opuesta a mí en muchos aspectos, tras aquellas gafas de farmacia detecté algo que me resultaba demasiado familiar como para pasarlo por alto.

Yo también había estado forcejeando durante meses, aferrándome a una creencia y a otra, para no enfrentarme a una verdad que se me antojaba demasiado grande y terrible de aceptar. Cuando Kip y yo disolvimos nuestro matrimonio, las cosas no sucedieron como en un fogonazo cegador. Hubo una serie de pequeñas pérdidas, y cada día traía un nuevo balance. Quizás yo no utilizara una hoja de cálculo, pero puedes estar seguro de que también medía la distancia entre la verdad de ayer y la verdad de hoy. Cada día, y cada pérdida, traían consigo un nuevo espasmo de dolor.

Lo cierto es que las hojas de cálculo de Elena son un ingenioso mecanismo de adaptación. Elena está controlando lo que puede. Si no puede controlar cuánto puede estirar Mike los dedos cada día, al menos puede llevar un registro detallado. Así es como Elena gestiona su dolor, entregándose a lo que sabe hacer tan bien: marcar, medir, registrar. Eso es una vara de medir para determinar el deterioro de su marido, así como para determinar el nivel diario de su pérdida.

Preguntarle a Mike por el día de ayer frustra los esfuerzos de Elena por mantenerse en el presente con la enfermedad de su marido. Elena no pregunta; mide. Puede parecer rígido, pero a ella le funciona. Y cuando un cuidador o una cuidadora encuentra algo que le funciona, de tal manera que puede seguir cuidando del moribundo, todos salen ganando.

Las personas con enfermedades degenerativas, como el alzhéimer y la esclerosis múltiple, y aquellas personas que cuidan de ellas, suelen convertirse en expertos involuntarios en adaptabilidad. Con estos trastornos y con muchos otros, hay un debilitamiento y una degeneración gradual del organismo, de sistema en sistema. Las personas que viven con estas enfermedades y las que cuidan de ellas se ven obligadas a convertirse en maestras de la adaptación. Adaptarse es clave en la experiencia humana. Los seres humanos somos maestros en navegar por lo desconocido y en adaptarnos a circunstancias novedosas, aunque no nos otorguemos el mérito con frecuencia. El cambio es el dios ante el cual *tenemos* que bajar la cabeza.

Con cada nuevo día al que despertamos, nos encontramos con una realidad que libera una guerra de desgaste contra nuestras expectativas. La vida no discurre del modo que nos gustaría. Obvio. Las ideas no funcionan. La gente cambia de opinión. Los Gobiernos son derrocados. Los bebés no quieren dormir la siesta. Los viajes psicodélicos terminan con la posibilidad de un ingreso hospitalario. Se nos rompe el corazón. Se nos quema la cena. Se deshinchan las ruedas. Sin embargo, aprendemos a adaptarnos en el momento, aunque forcejeemos y nos resistamos. Aprender a adaptarnos nos introduce en el nuevo yo, una y otra vez. Y el nuevo yo es un yo que nunca habíamos imaginado, alguien que ha integrado todo lo que vino antes.

Y, cuando llegamos a ese lugar nuevo, podemos decir: «Hoy, estoy aquí». Comenzar frases y pensamientos con la palabra «hoy» nos arraiga en el presente. «Hoy, mi marido ya no puede andar». «Hoy, no puedo levantar la taza del café». «Hoy, mi buena amiga no puede digerir su comida favorita». «Hoy, estoy separada». «Hoy, mi padre ha muerto». El hoy no viene sin dolor.

Sigo yendo a ver a Mike y a Elena durante los siguientes tres meses, hasta que Mike muere. Después de nuestro difícil comienzo, hemos estrechado lazos. Durante mis visitas, cuando Elena vuelve la cabeza o sale del dormitorio, Mike me levanta el dedo a escondidas y me sonríe débilmente. Se ha convertido en nuestro lenguaje secreto para indicar que Elena está haciendo su ritual. Ella nunca me ha contado lo de su práctica privada y yo no le he revelado que lo sepa. Eso me hace quererla. También me conmueve que Mike esté dejando que su mujer vaya a su propio ritmo con su proceso de muerte, como parte del proceso de muerte de ella con él. Y, como era de esperar, llega un momento en que Mike ya no es capaz de levantar más el dedo.

Cuando Elena me llama para decirme que a Mike le han diagnosticado una neumonía –algo habitual en personas con ELA en fase terminal–, ambas sabemos que el fin está cerca, sobre todo porque Mike ha decidido no llevar ningún tratamiento. A través del teléfono, Elena me recita todo lo que el médico ha dicho y los cambios que ella ha hecho en sus hojas de cálculo para incluir cuántas veces respira por minuto y con cuánta frecuencia tose. Cuando las respiraciones se ralentizan considerablemente y Mike se esfuerza por aclarar las vías respiratorias, Elena se sienta a su lado hasta que la función respiratoria se detiene por completo. Mika ha muerto.

Llego más tarde a verlos, ese mismo día. Elena está en la misma silla en la que estuvo sentada durante la enfermedad de Mike, con el ordenador portátil en el regazo, pero ahora lo tiene cerrado. El televisor está apagado, y Mike aún está en la cama, a la espera de que la funeraria venga a por él. Elena parece distante, en medio del *shock* de dolor agudo, pues lo que le parecía imposible ha ocurrido delante de sus ojos. Cojo con delicadeza el ordenador portátil, lo dejo a un lado y le pido permiso para tomarla de la mano. Ella me lo permite. Finalmente, Elena se pone a llorar y yo lloro con ella.

Tras la muerte de Mike, Elena se esfuerza por adaptarse a la nueva normalidad de no tener a nadie a su lado a quien cuidar. Durante casi dos años, toda su vida ha estado centrada en el cuidado de Mike. Ya no tiene hojas de cálculo que actualizar y nada fuera de sí misma que controlar. Hablamos una y otra vez de todo lo que hay que hacer para cerrar asuntos, pero Elena lo gestionó casi todo mientras Mike aún estaba vivo. Echa mucho de menos su presencia por las noches, mientras duerme en una cama junto a la cama hospitalaria en la que estuvo Mike. Menos de un año después de su muerte, cuando todo lo que había que hacer se ha hecho, la cama hospitalaria ha desaparecido, se ha desprendido de su ropa y ha metido en cajas los objetos sentimentales, Elena muere de un ataque al corazón. Creo que ha muerto con el corazón roto. No tenía nada por lo que vivir.

En mi trabajo como doula de la muerte, hago el viaje con mis clientes desde su viejo yo a su nuevo yo, aun cuando su nuevo yo sea el yo del lecho de muerte. Comprensiblemente, la gente se esfuerza por integrar su inminente mortalidad o la mortalidad de alguien a quien quiere. Para ayudarles a arraigar en el ahora, les ofrezco una práctica que denomino «encontrarse los pies». Cuando estoy con alguien que tiene la cabeza puesta en el pasado o se preocupa por el futuro, le animo a que se una a mí en el presente con un sencillo recordatorio relacionado con sus pies. La mente puede viajar, pero el cuerpo está siempre aquí. Llevando la atención a los pies y, por tanto, al cuerpo, sea disfrutando de un cálido baño de pies o, simplemente, posando los pies desnudos firmemente en la tierra y moviendo los dedos, podemos sumergirnos en el instante presente al tiempo que pronunciamos estas palabras que nos afirman en la vida y nos permiten adaptarnos: «Hoy estoy aquí».

Con Kip aprendí lo que ocurre cuando te niegas a aceptar la verdad que tienes delante de las narices. Acabas enzarzada en una lucha agotadora contra ti misma, una lucha en la que sólo puedes perder. Debemos reconocer nuestras verdades a diario. Ojalá hubiera aprendido esta lección a la primera. Pero, como le ocurre a todo el mundo, me vería obligada a enfrentarme a ella una y otra vez. No tardaría en aprenderla con mi denominada «carrera profesional».

Capítulo 9

Librando batallas perdidas

En mi primer día como abogada «de verdad» en la Fundación de Ayuda Legal de Los Ángeles, donde me habían contratado por unos meses después de mudarme con Kip, me quedé mirando la puerta del pequeño despacho en la que ponía mi nombre. En el cristal esmerilado de la puerta ponía «Abogada Alua Arthur» con letras adhesivas. Rasqué una esquinita de la *A* en *abogada* para ver si se despegaba. Cuando levanté la punta un poquito respiré aliviada. El letrero no era permanente. Alisé la punta de la letra de nuevo para que nadie se diera cuenta, posponiendo un día más mi convicción de que no quería ser abogada. Esta negación me fue desgastando furtivamente durante casi nueve años hasta que sólo me quedó esa verdad, hasta que finalmente me tuve que enfrentar a ella. Pero mi cuerpo ya lo sabía.

Mi primera función fue la de abogada en la unidad de ayudas del Estado, donde defendía a personas que habían perdido el acceso a ayudas a las cuales tenían derecho —bonos de comida, ayudas en metálico, cobertura sanitaria—. Éste fue mi primer trabajo de oficina a tiempo completo, sin contar las prácticas de verano, y me daba vergüenza ver lo mucho que me costaba soportar un horario regular. Las oficinas de Ayuda Legal ni siquiera tienen la cultura de alto rendimiento a tiempo completo que existe en las grandes firmas de abogados. Se espera que todo el mundo esté allí sobre las nueve, pero pocos son los que siguen en el trabajo pasadas las cinco. Era un régimen sencillo, y no conocía a nadie más a quien no le gustara.

Pero a mí me resultaba restrictivo y me inquietaba sólo de pensarlo. ¿Qué pasaría si una mañana me levantara de mal humor y necesitara de algo de tiempo para recordar cómo se tiene que hablar con la gente? Las mañanas siempre han sido duras para mí. Durante seis años, en Navidades, mis padres estuvieron ignorando mi deseo de una guitarra, y me traían relojes a cambio, que yo amontonaba sin ponérmelos en un cajón. Intentaban que me responsabilizara del horario, pero yo no lo hacía. El tiempo es una ilusión. Ser puntual no ha sido nunca mi fuerte, mucho menos antes de las 11 de la mañana.

Al cabo de sólo un año de trabajar en las ayudas del Estado empecé a sentirme incómoda. Ver cómo funciona el Estado por dentro me asqueó. Se recortaban los presupuestos, las ayudas se reducían y la gente seguía sufriendo a pesar de la inmensa riqueza del país. Los clientes, que eran en su mayor parte gente de color, volvían una y otra vez tras serles rechazadas las ayudas, todo porque accidentalmente habían ganado un poco más de dinero del límite estipulado. Los solicitantes tenían que esperar en obscenas filas en las oficinas del Estado para entregar la documentación, todo ello sólo para mantener una mísera ayuda en metálico de 221 dólares al mes para una sola persona sin discapacidad. Con eso no compras una mierda en Los Ángeles. El Estado no se preocupa por la gente pobre, y terminé cansada de luchar contra la burocracia, que está diseñada para mantener a los pobres a distancia.

Frustrada y apaleada por no poder cambiar las cosas, pedí el traslado a una unidad legal de familia, para ocuparme de asuntos de violencia de género. Trabajando fuera del juzgado un par de días a la semana, sólo disponíamos de unas horas para conseguir órdenes de alejamiento, tramitar divorcios o peticiones de custodia y llevar a nuestras clientas a centros de acogida lejos de sus maltratadores. El movimiento constante, la urgencia y el siempre cambiante paisaje legal apaciguó un poco mi aburrimiento, y me permitió trabajar con amigas como Patima Komolamit, que dirigía el refugio secreto de violencia de género del Centro para la Familia Asiática del Pacífico. Patima y yo, que medíamos 1,75 y llevábamos el pelo rizado y de color púrpura recogido con unos palillos chinos de bisutería, solíamos tomarnos algunas copas de vino sobre una montaña de queso e hidratos de carbono, mientras disipábamos nuestras frustraciones con el sistema.

Pero, a pesar de la camaradería, el trabajo se me convirtió en agua estancada. Aparte de la acción en los juzgados, el trabajo cotidiano de una abogada de familia es, por sorprendente que parezca, bastante aburrido. Papeleos. Reuniones con clientes. Más papeleos. Tribunal. Papeleos. Me sentía cada vez más insensible, y entonces me maldecía a mí misma por ello. Las clientes no dejaban de regresar en busca de protección de los mismos abusadores. Me contaban una y otra vez las mismas historias, en las que sus parejas las encerraban en casa o no las dejaban entrar, les ponían lejía en la comida, les cortaban el cabello por la fuerza, las violaban, no les daban acceso al dinero, utilizaban a los hijos como como peones en sus desesperadas y patéticas estratagemas de poder y las utilizaban como saco de boxeo. Aun a sabiendas de que para abandonar una situación de abuso familiar pueden ser necesarios hasta siete intentos, me resultaba difícil ver un fin a los ciclos de violencia desde el lugar en el que me encontraba.

Me sentía impotente y me estaba quemando. Me metía a llorar en los cuartos de baño entre vista y vista judicial cuando la situación era desesperada, con la esperanza de que mis clientes no entraran también allí. Llevaba ejerciendo la abogacía sólo cuatro años, pero podía sentir ya que algo en mí se estaba muriendo. Me parecía tener el corazón de hormigón. Me estaba perdiendo a mí misma, estaba perdiendo la sensibilidad y mi fe en la humanidad.

Con un miedo creciente –¿por qué no funcionaba esto? ¿Qué está pasando?– pedí traslado *de nuevo* dentro de Ayuda Legal, esta vez para ir a la unidad de desarrollo económico comunitario. Reduciendo mi horario, comencé a trabajar a tiempo parcial, una decisión perversa para cualquier abogado. Para una mujer soltera con una pareja que no gana mucho y sin hijos a los cuales atender, lo mío era inaudito. Era bastante evidente que sólo a aquellas abogadas pertenecientes a una familia adinerada o con maridos ricos se les permitía libertad plena para determinar las condiciones bajo las cuales trabajaban. Pero yo estaba acostumbrada a estar sin blanca. Lo único que quería era libertad.

Me llegué a convencer de que trabajando 21 horas semanales con los líderes de la comunidad, poniendo en marcha escuelas concertadas en vecindarios de bajos ingresos en Los Ángeles, lograría quitarme aquella comezón, la que me había acompañado desde que tenía memoria: el miedo al aburrimiento. Complacencia. El oscurecimiento de mi luz interior, la merma de mi curiosidad natural. Siendo niña, desmontaba todo lo que caía en mis manos para mantener a raya el aburrimiento. Y ahora daba la impresión de que no podía dejar de hacer lo mismo, pero con mi carrera en Ayuda Legal.

Echando la vista atrás, ahora veo a una mujer que había perdido la batalla. Podría haber arrancado las letras adhesivas de mi nombre de la puerta del despacho y haberme ido sin mirar atrás. Al igual que me pasó con Kip, los pies me estaban diciendo que echara a correr, pero tomaba ese impulso de huir para llevarme a mí misma, una y otra vez, de vuelta al trabajo, diciéndome que eso era lo que se suponía que debía hacer. Cada traslado que pedí en Ayuda Legal fue una maniobra evasiva. Intentaba hacer justicia, sí, pero también huía de mí misma.

Sin saber cómo luchar contra aquello que me corroía, recorría los 15 kilómetros en bicicleta hasta el trabajo con los auriculares en los oídos, zigzagueando entre el tráfico de Los Ángeles, cantando a pleno pulmón y sintiendo el Sol en la piel. Sólo nadando en endorfinas podía contrarrestar mi terror. Llegaba sudorosa, sin aliento y siempre tarde, me aseaba en el servicio de mujeres, me quitaba los tejanos cortos en mi despacho para ponerme la «ropa de abogada» y me ponía a trabajar. Y dado que estaba a tiempo parcial, había semanas que trabajaba un montón de horas para acumular días libres y viajar cuando lo necesitaba.

Durante casi cuatro años más, esta programación mitigó lo suficiente el pavor existencial como para que pudiera sentir cierto equilibrio. Evidentemente, no era feliz en mi trabajo, pero había otras cosas en la vida, ¿no es cierto? Aquel rincón muerto dentro de mí se curaría, supuestamente, por sí solo.

Para saciar mi mente vagabunda y mantener vivo mi yo creativo, puse en marcha un negocio de fotografía *freelance,* fotografiando bodas en destino, haciendo fotogramas para documentales internacionales y fotografía de calle en general. Llevaba una cámara allá donde fuera, incluso en la alforja de la bicicleta cuando iba a trabajar, no fuera que viera algo que me ayudara a ver la belleza en la humanidad.

Mi otro remedio para el aburrimiento, tanto entonces como ahora, era viajar. El aburrimiento opera en la mente como el dolor opera en el cuerpo. Te advierte de que algo va mal. Pero yo desviaba la mirada.

Cada vez que el trabajo se volvía aburrido o atravesaba una ruptura sentimental, en lugar de quedarme quieta y aceptar la incomodidad de estar conmigo misma y hacer los cambios necesarios, yo salía corriendo. Hay gente que se deja el flequillo; yo viajaba al extranjero sola.

Mis viajes no eran glamurosos. Albergues, vagones de tren económicos y múltiples escalas que daban lugar a largos días de viaje, que era todo cuanto me podía permitir con mi presupuesto de abogada a tiempo parcial de Ayuda Legal. Pero me valía; me mantenía distraída y mantenía ocupada mi atolondrada cabeza. En aquella época buscaba algo que me salvara de mí misma, pero dondequiera que fuera, allí estaba yo. Y, a medida que crecía mi malestar, el mundo parecía encogerse. No había ningún lugar al que pudiera ir, ninguna aventura suficientemente grande esperándome al bajar del avión.

Tuve la esperanza de que quizás me enamorara de un hombre en Caracas, Venezuela, y que él me diera una nueva vida, dado que mi última nueva vida me devolvía obstinadamente a la antigua. De modo que lo intenté. Pero Marcos tenía 23 años y seguía viviendo con su madre. Así que volví a casa, a mi aburrida e insatisfactoria vida en Los Ángeles.

Viajé a todos los lugares que podían interesarme, lo cual fue todo un reto para una persona con una capacidad de atención como la mía. Me siento más viva cuando siento curiosidad, y es imposible para mí no sentir curiosidad cuando viajo. Quería ver cómo viven otras personas ajenas a la cultura occidental, qué les encanta, cómo se duchan, qué calzados gastan, cuánto podrían pesar sus monedas en mis bolsillos. Me convertí en una mirona de los países de otros y de las vidas de otros; de todas menos de mi propia vida. ¿Qué comían en sus cuencos y qué protocolos sociales seguían? Quizás esas personas tuvieran respuestas a las grandes preguntas de la vida, respuestas de las que yo carecía. Quizás, en uno de esos viajes, encontraría finalmente la cura a aquello que me estaba matando lentamente en mi interior.

La mayoría de mis viajes fueron con sólo una mochila, explorando países en desarrollo por unos pocos dólares y probando extrañas comidas callejeras, maldita sea la salmonela. Tomaba cualquier destino al azar desde el aeropuerto, cambiaba algo de dinero y llamaba a mis padres para hacerles saber que estaba bien y prometerles que les volvería a llamar unos cuantos días después. Cuando estaba firmemente instalada en aquel nuevo lugar, charlaba con extraños en los bares y en las calles, para saber qué podía hacer y adónde ir después. Mediante este método, me di baños de Sol desnuda en playas privadas de la Isla de Margarita, en Venezuela; saboreé el té Assam en Myanmar; descubrí el mejor garito de *jazz* de Johannesburgo; y un hombre guapo llamado Davy Jones me llevó en su moto para recorrer la isla de Barbados en su totalidad.

También hice algunas gilipolleces. Todas fueron intentos desesperados por tener una experiencia en un esfuerzo por sentir algo. *Cualquier cosa.*

Llegué de una excursión por las montañas en Honduras a cuatro patas, temblando, por el terror que me habían provocado las curvas en horquilla. Hice paracaidismo en Nueva Zelanda para superar mi miedo a las alturas, por ver si podía superarlo, pero mi miedo *empeoró*. Me he subido a autobuses chungos y he ido a lugares extraños para, una vez allí, sin lugar alguno donde dormir, intentar encontrar a supuestos «amigos» que acababa de conocer, teniendo sólo su número de teléfono o su apellido para encontrarlos. Una vez, en Fiyi, me pasé la noche en vela bebiendo raíz de kava alucinógena con el personal del resort y, a la mañana siguiente, salí sola en kayak con la intención de llegar a la Laguna Azul. Exhausta y bajo un Sol inclemente, para cuando llegué, hecha polvo y jadeante, ya no me quedaban fuerzas para regresar. Alcancé la playa tambaleándome, con los brazos inertes, y me dormí, despertándome horas después para volver antes de que oscureciera.

Como cabría esperar, mi espontaneidad me puso muchas veces en aprietos. Las autoridades me retuvieron en México cuando iba de regreso a Los Ángeles porque no podían validar la autenticidad de mi tarjeta verde, de mi permiso de residencia en Estados Unidos, o al menos eso decían. En la India, me asediaron los seguidores de la diosa Kali, una diosa de piel oscura, cabello como sogas y una guirnalda de cabezas de hombres cercenadas alrededor del cuello. No estaban del todo equivocados, aunque yo creía que ocultaba mejor mi pasado romántico. Me tocaban el cabello y me agarraban por la ropa. En mis viajes, sobre todo en lugares donde no ven a demasiadas personas negras, me llegué a acostumbrar a ser objeto constante tanto de fascinación como de sospecha; no parecía habitual ver a una mujer alta y oscura viajando sola. Pero, por un momento, estando en el templo Dorado de Amritsar, en la India, llegué a pensar: «Esto debe de ser lo que siente Britney Spears». Era como estar en una jaula de atención, donde cada uno de tus movimientos era diseccionado y convertido en pienso para deleite del público. Fue brutal. Pero, con todo, prefiero estar en casa.

En otra ocasión, me vi atrapada en un callejón oscuro del concurrido y colorido bazar de Jan el-Jalili, en El Cairo, donde me rodearon unos cuantos hombres de aspecto preocupante, junto a un cajero automático ATM. Me miraban fijamente como si se hubieran encontrado con un banquete de cuatro platos e intercambiaban miradas entre sí. Mi intuición me dijo que lo que les interesaba era mi cuerpo y no mi dinero. Uno de ellos me agarró, pero eché a correr y salí del callejón por piernas hasta que estuve de nuevo a la luz del bazar.

Tras el susto en aquel callejón, estaba ansiosa por volver a la seguridad del hotel y no moverme de allí hasta el día siguiente, en que tenía mi vuelo. En Egipto, me había llegado a fascinar con la historia; contemplar una peluca que había llevado Cleopatra hace miles de años puso mis escasos treinta y dos años de vida bajo una perspectiva ciertamente necesaria. ¿Qué importancia tenía que yo estuviera empezando a detestar mi trabajo y que no pudiera comprarme ropa, cuando había miles de millones de personas que habían vivido y habían muerto, cada una con sus propias dificultades y sus propias… pelucas? De modo que me recompuse, negocié una tarifa con un taxista y me dejé caer en la relativa seguridad de su taxi. En nuestro regreso al hotel, nos vimos de pronto atascados en el tráfico, todos los autos detenidos, inhalando los humos de los tubos de escape y charlando.

—¿Es de África? —me preguntó, mirándome por el espejo retrovisor.

Esta pregunta había sido, con anterioridad, una fuente de irritación, dado que había tenido algunas conversaciones acaloradas con egipcios que decían no sentirse africanos. Insistían en ser de Oriente Medio y no africanos. Hasta donde yo sé, por los mapas, Egipto se encuentra en el poderoso continente africano.

—Sí, soy de Ghana —respondí, esperando no tener que repetir la misma conversación.

—Pues parece americana.

—He pasado la mayor parte de mi vida en Estados Unidos. Vivo en California.

Viendo que se esforzaba por conversar, intenté suavizarme, pero me equivoqué. Tras un ominoso silencio, el taxista suspiró sonoramente y escupió por la ventanilla, murmurando algunas palabras en árabe.

—Escuche, señorita. Hay demasiado tráfico. Tendrá que pagar más, ¿de acuerdo? –dijo irritado, mirándome por encima del hombro.

«¡Oh, mierda! Ahora no», pensé.

—Usted tiene dinero –continuó–. Usted se fue de África y ahora se va a América, usted tiene dinero.

Ésta es una táctica habitual a la que ya estaba acostumbrada. Tras acordar un precio, un taxista se mete en algún lugar con mucho tráfico y entonces pide más dinero porque está «más lejos» de lo que pensaba. Después de mis malos regateos en el bazar aquella tarde, donde había pagado de más por un narguile de aluminio pensando que era de latón, no quería que se aprovecharan de mí otra vez. Tenía la sensación de que quería extorsionarme por mi cara de africana occidental y mi acento americano, de modo que me negué.

Haciendo gestos bruscos a los automóviles que tenía delante, vomitó un puñado de palabras en árabe y volvió a escupir por la ventanilla.

—Tú no entiendes nada. Eres estúpida. Vosotros, los africanos, sois estúpidos. ¡Yo sé por qué os hicieron esclavos! ¡Porque sois estúpidos! ¡Estúpidos! ¡ESTÚPIDOS!

Movía las manos enérgicamente, enfatizando sus palabras, mientras la ceniza de su cigarrillo volaba por el coche a medida que se enfurecía con sus propias palabras. Atónita y asustada por su creciente cólera, recogí mis bolsas con regalos del bazar a toda prisa, salí del taxi y di un portazo detrás de mí. Él seguía gritando por la ventanilla mientras yo me abría paso entre los carriles del tráfico hasta llegar a la acera. Había llegado el crepúsculo, y las mujeres habían ido desapareciendo de las calles poco a poco. Estaba sola en medio de El Cairo.

Un hombre de un kiosko, que había escuchado el alboroto, me invitó a pasar a su tienda. Recurriendo a su joven hijo como traductor, pidió disculpas en nombre del taxista y me dijo que estaba a sólo una manzana del hotel. El taxista había dado una vuelta grande para intentar sacarme más dinero. Y dado que ya no había mujeres por las calles, el hombre del kiosko le encargó a su hijo que me acompañara hasta el hotel. Le hubiera dado un abrazo, pero eso hubiera ido contra las normas sociales, de modo que me eché a llorar de gratitud. Ya no dejé el hotel hasta que llegó el taxi que me tenía que llevar al aeropuerto.

No obstante, ni siquiera estos roces con auténtico peligro fueron suficientes para desanimarme y que dejara de viajar. En cuanto el peligro se disipaba, el mismo miedo le añadía un punto más de adicción. Sola, huyendo de tipos peligrosos, bebiendo estupefacientes… al menos no me aburría.

Seguí buscando y yendo en pos de la siguiente aventura, del siguiente encuentro extraño, de la siguiente carcajada. Paseos en yak por Camboya, cuatro viajes al Carnaval de Salvador, en Brasil, unos mangostinos demasiado maduros en Laos, caminatas al amanecer ascendiendo por una escalinata medio derruida hasta el pico de Adán en Sri Lanka: cuanto más exótico, mejor.

Al regresar a casa de nuevo, me tomaba tiempo para desmontar la mochila, oliendo las bolsas de plástico negras de mis compras, esperando que su olor me transportara de nuevo desde mi apartamento hasta aquel lugar del cual acababa de regresar. Pero los olores se disipaban con rapidez, así como el ajetreo de la aventura, y las historias que contaba de mi último viaje durante la comida se quedaban viejas. En cuanto pasaba el subidón, se hacía evidente que nada había cambiado. Lo único que quedaba eran los sellos en mi pasaporte y mi ansia inagotable.

No hacía más que dispersarme y dispersarme y dispersarme. Estaba huyendo del dolor que me provocaba no saber por qué estaba haciendo el trabajo que estaba haciendo, intentando rehacer una vida que me hiciera sentir bien. ¿Por qué luchaba tanto por mantener mi compromiso con la vida que me había construido? ¿Por qué nadie más a mi alrededor parecía forcejear como yo lo hacía? ¿Cómo lo habían resuelto?

Da la impresión de que Jordan lo ha resuelto. A sus 27 años, actor y con trabajo, con aspecto de protagonista de película romántica y tamaño de personaje de acción, él no tiene ningún motivo para pensar que el final de su vida pueda estar a la vuelta de la esquina. No está enfermo. Sin embargo, tiene un intenso miedo a la muerte, que se expresa a través de su temor a las catástrofes, a menudo muy improbables –tsunamis, epidemias de peste bubónica, bombas atómicas e, incluso, lluvia de espadas–. Estos pensamientos emergen aparentemente de no se sabe dónde, y provocan en su organismo una respuesta de estrés que le paraliza mentalmente. Pero el mayor problema es que esto ha comenzado a interferir en su vida, pues Jordan ha perdido oportunidades de trabajo en las que se le pedía que interpretara secuencias de acción; incluso ha perdido una novia a la que le encantaba ir a la playa por su miedo a los tsunamis, que le llevan a no querer estar por nada del mundo en una playa.

Jordan intenta abordar la mayoría de sus ansiedades a través del diálogo terapéutico, junto con una gran dosis de pensamiento mágico: «Si me paro en cada señal de Stop durante seis segundos exactamente, no tendré un accidente de automóvil», «Si parpadeo tres veces antes de que se ponga verde, no me dará un aneurisma». Ha hecho algunos viajes de ayahuasca, ha utilizado otros psicodélicos y se toma un cóctel diario de medicamentos para combatir la ansiedad. Con todo, los vestigios del miedo persisten en su organismo. Quiere llegar al fondo del asunto o, al menos, familiarizarse con las raíces del asunto, y él cree que las ansiedades y los miedos provienen del miedo a la muerte. Yo nunca he tenido los miedos que Jordan tiene, pero me he pasado muchas horas huyendo de preocupaciones que, cuanto más corro, más grandes se hacen. Y recuerdo lo mal que una se siente con eso, de modo que acepto echarle una mano.

Jordan siente que enfrentarse directamente a su muerte podría serle de ayuda. Le digo que hable con su psiquiatra, antes de nada, y que le consulte acerca de un servicio que ofrezco, una meditación sobre la muerte. El psiquiatra accede a hablar conmigo directamente acerca del proceso. Le explico que, desde mi punto de vista, creo que sería bueno acompañar a Jordan a través de una meditación denominada las Nueve Contemplaciones de la Muerte, que escribió Atisha, un erudito budista del siglo XI, que desarrollaron posteriormente la *roshi* Joan Halifax y Larry Rosemberg, y a la que yo le he añadido un pequeño giro. Estas contemplaciones nos ayudan a explorar la inevitabilidad de la muerte y a tomar conciencia de lo que es importante a la luz de nuestra mortalidad. Después, la meditación te lleva a visualizar el eventual fin del organismo físico. Y yo pido a los meditadores que presten atención a qué contemplaciones o pensamientos les generan incomodidad.

El psiquiatra siente curiosidad por la experiencia y la compara con la meditación que se realiza en la terapia de exposición. No le digo que no, pero creo que eso es bastante más suave que saltar desde un avión a 20 000 pies de altitud para curarse del miedo a las alturas, como intenté hacer yo en Nueva Zelanda. Después de haber hecho docenas de estas sesiones de meditación con clientes individuales, e incluso varias en sesiones en grupo, estoy convencida de que puede irle bien a Jordan, de modo que finalmente programamos una sesión de meditación sobre la muerte con el visto bueno de su psiquiatra.

Como parte de los preparativos de la sesión, Jordan y yo conversamos sobre cuáles son sus principales miedos relacionados con la muerte. Con el fin de ayudarle a imaginar su muerte de un modo no desencadenante, nos adentramos en lo que sería su muerte ideal, cosa que es capaz de transmitir con una sorprendente facilidad. Jordan puede imaginar que muere en su cama, quedándose dormido para ya no despertar. Es una muerte ideal básica, si tenemos en cuenta que por su cabeza pulula la opción de la lluvia de espadas.

Para la sesión de meditación, intento recrear la muerte ideal de Jordan preparando el dormitorio de su apartamento en Echo Park, frente al lago. Su habitación tiene ya una iluminación suave, con lámparas de pantalla de lino, pero añado algunas velas de té alrededor de su cama, que está pegada al suelo. Le pido permiso para encender las velas y luego, dado que también tiene miedo a los incendios, le pido que confíe en mí lo suficiente como para tumbarse en la cama, rodeada por las velas de té en el suelo. La confianza es fundamental si voy a llevarle a la muerte, aunque sólo sea en su mente.

Jordan da un sorbo de agua del vaso que ha dejado en la mesita de noche, que también está ahí para calmar su temor a un posible incendio. Lleva puesto un pijama con el fin de recrear su muerte mientras duerme. Con cautela, se acuesta en el centro de la cama y cierra los ojos. Le tapo con una colcha azul y marrón que le hizo su abuela y que todavía utiliza para calmar su ansiedad. Apenas le llega a las rodillas. Por encima, le pongo una manta con peso para calmarle aún más. La meditación no es peligrosa, y voy a estar vigilante en todo momento, pero quiero que Jordan se sienta a salvo, de modo que le digo esto.

Comenzamos respirando profundamente juntos, para después hacer un recorrido por todo su organismo, relajando los músculos y persuadiendo a su cuerpo para que se calme. Poco a poco, le voy llevando a través de la meditación. Comenzamos con la primera contemplación de la muerte, la que nos lleva a contemplar la idea de que la muerte es inevitable. Al inspirar, le pido que se repita a sí mismo, «La muerte es inevitable». Y, al espirar, «Yo también moriré». En la segunda contemplación, le pido a Jordan que, al inspirar, considere que su tiempo de vida es cada vez más corto, y que, al espirar, contemple la idea de que quizás no vuelva a introducir aire en sus pulmones. La tercera contemplación es «La muerte va a llegar, tanto si estoy preparado como si no», y debe tomar conciencia al inspirar de todo cuanto aún no ha culminado y, al espirar, del apego que siente por esos logros. En la cuarta contemplación, tomamos en consideración que el tiempo de nuestra vida no está marcado. Cuando Jordan inspira, le pido que tome conciencia del tremendo misterio que es el fin de la vida y que, cuando espire, se libere del apego por conocer ese misterio.

Al llegar a la quinta contemplación de la muerte —la muerte tiene muchas causas—, Jordan comienza retorcerse, cuando, hasta ese momento, ha estado quieto y sumergido en la meditación. Un poco preocupada, detengo la meditación para preguntarle si está bien. Jordan se incorpora, con los ojos desorbitados, pero afirma que quiere seguir adelante. Su voz es tensa y parece incómodo, pero parece sincero en su deseo de continuar. Con el tiempo, he aprendido a confiar en la gente en su proceso de sanación, de modo que accedo a seguir adelante. Aunque está aterrorizado, quiere seguir avanzando. Su coraje me resulta inspirador.

Jordan se vuelve a acostar y yo lo arropo de nuevo con la colcha de su abuela y con la manta pesada. Todavía no hemos entrado en la parte más difícil. Hacemos unas cuantas respiraciones profundas con el fin de arraigar de nuevo en la experiencia y en las contemplaciones que aún nos quedan: mi cuerpo es frágil y vulnerable, mis recursos materiales no me van a servir de nada, mis seres queridos no me van a poder salvar y mi propio cuerpo no va a poder ayudarme cuando llegue la muerte. Cuando termino con la novena contemplación y pregunto a Jordan cómo se siente, él saca la mano por debajo de la manta y me levanta el pulgar. Y, después, abre un ojo para cerciorarse de que la cama no está ardiendo.

En la siguiente sección de la meditación, llevo a Jordan a través de un proceso en el que se le pide que visualice cómo se apaga su cuerpo, recorriendo sistemáticamente todos los órganos de su cuerpo. Imaginamos cómo pierden sangre rica en oxígeno y nutrientes, y finalmente mueren. Los párpados de Jordan aletean ligeramente, pero sigue respirando de forma uniforme con los ojos cerrados. Continúo.

Dado que Jordan ha sugerido que quiere que le entierren y no lo cremen (no puede imaginarse su cuerpo ardiendo), tomamos en consideración la putrefacción de su cuerpo y la descomposición de los huesos, que finalmente se convierten en polvo. La respiración de Jordan se mantiene ligera y estable, con inspiraciones y espiraciones suaves. La meditación está funcionando.

A continuación, le pido a Jordan que imagine que la vida continúa en su ausencia, que su familia, sus amigos, sus seres queridos y los extraños continúan con sus actividades cotidianas sin él. Su respiración se hace más profunda, pero sigue estable. A la conclusión de la meditación, invito a Jordan a que regrese a su cuerpo y al dormitorio, le pido que mueva los brazos, que contraiga y suelte los músculos, que estire las piernas hacia la pared y los brazos por encima de la cabeza. La fuerza vital bulle en su interior. Todavía no está muerto.

Jordan tiene los ojos húmedos, y parece que hubiera salido de un profundo sueño. Le sugiero que gire los tobillos y las muñecas, que flexione y relaje los músculos de brazos y piernas de nuevo, y que menee su cuerpo como una palomita de maíz en aceite. Con una risita, dice que tiene hambre y que ahora mismo le apetecen unas gambas, cosa que yo interpreto como una señal de que ha vuelto del todo.

Me dice que, cuando ha imaginado la muerte de su cuerpo, que se ha sentido en paz. Estaba triste por no seguir por ahí dando vueltas, pero que no sentía resistencia alguna ante la muerte. Las secciones que se le hicieron más incómodas fueron aquéllas relacionadas con el hecho de morirse: la realidad de que el cuerpo es vulnerable y que la muerte tiene muchas causas. Su miedo está relacionado con el proceso de morir y con el posible dolor. El miedo de Jordan al dolor se infló hasta convertirse en miedo a cualquier acontecimiento que pudiera provocarle una muerte dolorosa, lo cual le llevó a su fijación en sucesos catastróficos que no podía controlar, como un tsunami, en lugar de plantearse la muerte en la ancianidad o por enfermedad. Esto no es inusual. Jordan no teme a la muerte en sí. Tiene miedo al acto de morir.

Reconozco la incomodidad de Jordan y le ofrezco información en lo relativo a cómo morimos porque él dice que lo soportará. Durante años, Jordan se ha mantenido alejado de cualquier situación que pudiera provocarle la muerte. Ha estado evitando los parques de atracciones porque podía caer de una montaña rusa. Sentía ansiedad cuando atravesaba un puente en automóvil por si la infraestructura colapsaba. No quiso comprarse una moto, aunque lo anhelaba, para recorrer la autopista de la costa del Pacífico con su novia detrás. Pero la novia lo dejó y ya no se atrevió a comprarse la moto.

Aunque de vez en cuando hay accidentes de motos, la inmensa mayoría de los propietarios de motos mueren como consecuencia de una enfermedad. *La mayoría* de las personas morimos como consecuencia de una enfermedad. Según el Informe Nacional Estadístico de Vida de los Centros de Control y Prevención de Enfermedades, sólo un 6 % de la población en Estados Unidos muere como consecuencia de una lesión o un accidente no intencionados.

Evitar el dolor ha sido la principal motivación de la vida de Jordan. Se da cuenta de que es un elemento de peso. Lo que tememos de la muerte suele estar también presente en nuestra vida. Inconscientemente, Jordan ha estado corriendo del dolor y de la posibilidad de morir en lugar de correr hacia el placer. Al tomar tantas precauciones para evitar la muerte, ha estado también apartándose de la vida: esa vida en la que es una estrella de las películas de acción que hace acrobacias, que vive aventuras y está enamorado. «No hagas acrobacias, no sea que te hagas daño y mueras. No abras tu corazón, no sea que te lo rompan. No ames, lo lamentarás. No vivas, morirás».

Ésta es una táctica habitual para escapar de nuestro arraigado miedo a la muerte: evitar, evitar, evitar. Pero estar vivo en este planeta supone someterse a millones de causas y de condiciones que pueden traer como resultado la muerte, aunque morir de enfermedad sea lo más habitual.

Existen tantas y tan diferentes maneras de morir como estrellas en el cielo: accidentes, enfermedades o lo que algunos llaman «designios de Dios», como desastres naturales, terremotos y tormentas. La muerte puede llegar de la mano de otra persona o por un torpe resbalón en las escaleras. Con frecuencia, cuando escuchamos decir que una persona ha muerto, una de las primeras preguntas que hacemos es «¿Cómo?». En nuestro interior tenemos profundamente arraigado el querer saber cuáles son las circunstancias que llevan a la muerte para o bien culpar a la persona por su falta de cuidado o bien empatizar con su mala fortuna. Victimizamos o culpamos a las personas que mueren en vez de, simplemente, aceptar la muerte como algo normal en el ciclo de la vida sobre lo cual esas personas no tenían ningún control, salvo cuando lo eligen así, claro. Tal vez tengamos la sensación de que podemos ejercer algún control sobre el «cómo» (si no hubieras sido tan descuidado no te habrías muerto), pero nunca sobre el «qué» (te vas a morir de todos modos).

Con todo, la evitación no es la solución. Cuando no hacemos las cosas que queremos hacer por miedo a que eso nos mate o nos haga daño, nos estamos arrebatando el don de la vida. El modo en que la evitación se manifiesta varía de persona en persona, y puede ser difícil de detectar. Puede incluso camuflarse bajo el aspecto de un comportamiento virtuoso, como el perfeccionismo, la adicción al trabajo, la limpieza obsesiva o los viajes de aventuras. Y luego están los ejemplos más destructivos, como el negacionismo de la muerte, todas las formas de adicción y la debilitante procrastinación. En todos estos casos, estamos evitando enfrentarnos a algo y lo estamos rellenando con cualquier otra cosa. Pero, por lo que he visto en mi trabajo y he vivido en mi propia vida, la evitación sólo funciona durante un tiempo, hasta que tenemos que enfrentarnos a lo que estamos evitando. El que no se te ponga delante no quiere decir que haya desaparecido. De un modo u otro, te va a estar esperando.

Capítulo 10

Una clavija hexagonal

En ocasiones, se nos bendice con algo parecido a ángeles guardianes en la vida. Estás ahí, huyendo de una verdad que te consume y, entonces, la vida te pone delante a alguien que entrecierra los ojos, te mira fijamente y te dice qué es exactamente aquello que estás evitando tan desesperadamente. Normalmente, son personas duras, aunque compasivas. Llegan hasta ti con el ánimo de orientarte, no de avergonzarte. Son figuras doula, que patrullan la espesura de los negacionismos personales para indicarte, de forma amable pero firme, dónde está el sendero de la verdad del yo.

Para mí, esa persona fue Silvia Argueta.

Recuerdo vivamente el momento en que conocí a Silvia. Abogada de alto rango en la Fundación de Ayuda Legal de Los Ángeles, de la primera generación de guatemaltecas estadounidenses, y primera persona en su familia en ir a la universidad y en ser abogada, Silvia era una fuerza de la naturaleza por derecho propio, y me sentí atraída por ella desde el primer momento. Los inmigrantes conocen a los inmigrantes, aunque con su altura –un metro y 49 centímetros, sin redondear jamás al metro cincuenta porque sería mentir– yo sólo le veía la parte superior de la cabeza. Durante mi tortuoso ejercicio, ella se convirtió en mi mentora y en mi amiga íntima.

Cuando murió el padre de Silvia, asistí a su funeral. Y cuando Silvia estuvo hablando con una médium posteriormente con la esperanza de hablar con su padre, la médium le dijo que quería hablar con la negra alta y sonriente de la oficina. Es decir, yo. Al día siguiente, Silvia llamó a la puerta de mi despacho y me contó lo que le había dicho la médium de que quería hablar conmigo; pero me lo contó como la que transmite el pedido de un sándwich. Aquello me asustó, pero fui a hablar con la médium de todos modos. (Aparentemente, mi abuela, a la que nunca había conocido, quería decirme «Hola»).

Cuando las desigualdades de los programas de ayudas me sumieron en la frustración, Silvia escuchó mis lamentos y mi llanto por tantas injusticias. Pero en aquella primera reunión ya fue directamente al grano conmigo:

—¿Por qué eres abogada?

Aquella pregunta me puso nerviosa. Era muy directa y, en ese entorno, demasiado obvia. No había pensado en ello desde que escribiera mis ensayos de solicitud de entrada en la Facultad de Derecho… e, incluso entonces, no había dicho más que gilipolleces.

—Bueno, um… –dije sorbiéndome los mocos, jugueteando con los anillos de mis manos, intentando evocar algo para apaciguar el petardeo–, quiero que se haga justicia de algún modo… y quiero ayudar a la gente, estar ahí cuando la gente tiene más necesidad de alguien que…

Hice una pausa con la esperanza de estar convenciéndola. Pero no sé mentir. Todo lo que había dicho era cierto, pero no explicaba por qué había elegido la carrera legal.

Me daba demasiada vergüenza contarle que era abogada porque, habiendo sido una niña «superdotada», todo el mundo esperaba que hiciera grandes cosas con mi vida, y ser abogada sonaba bien, y porque quería que en mi familia se sintieran orgullosos de mí.

No podía contarle que no había tenido el coraje suficiente como para detenerme y tomar conciencia de lo que realmente quería, y que, a pesar del tremendo esfuerzo que había tenido que hacer en la Facultad de Derecho y en el examen de acceso a la abogacía, me había limitado a seguir el camino del mínimo esfuerzo. Aquello me sonaba a idiota incluso a mí, pues, cuando «el camino del mínimo esfuerzo» implica someterse a la tortura de la Facultad de Derecho y a la agonía de pasar el examen de acceso a la abogacía de California, con una tasa de aprobados de en torno al 34 %, sabes que estás huyendo de *algo*.

Pero no me atrevía a contarle a Silvia que anhelaba una vida diferente, que tenía miedo incluso de visualizarla y que sentía que mi vida como abogada se alejaba un poco más de mí cada día. Aunque no hizo falta que se lo contara. Silvia había visto mi profunda sensibilidad, mis dificultades con la naturaleza del trabajo y mi extravagante estilo. Estaba intentando encajar una clavija hexagonal en un agujero del tamaño de una abogada, y Silvia lo vio de inmediato.

Yo diría que fue la única que lo vio. Todos los demás en la oficina se creyeron mi interpretación de abogada, lo cual fue un regalo, porque el buen Señor sabe que dediqué el tiempo y el dinero suficientes para intentar convencerlos. A lo largo de mis nueve años en Ayuda Legal, compré como para abastecer una tienda. En los meses que discurrían entre viaje y viaje de aventura, y entre novio y novio, cuando sentía que la desesperación iba en aumento y sabía que no iba a poder escaparme, ni siquiera durante un fin de semana de tres días, una de las pocas salidas que me quedaban era comprarme ropa nueva.

Sin embargo, la terapia de compras era un tipo de terapia particularmente sombrío, porque sólo compraba ropa de «abogado», tratando de encajar en el papel. Nada de faldas de gala naranja de Alexander McQueen, nada de capas de tonos terrosos de Acra. Me compraba trajes de lana gris brezo y trajes de pantalón de raya diplomática, faldas de tubo (no demasiado ajustadas como para que se me viera el culo) y camisas de vestir abotonadas de color bígaro (no abotonadas tan arriba que pareciera una de las primeras colonas que llegaron a Estados Unidos). Cinturones adornados, zapatos de colores, diademas y accesorios para la más mínima floritura.

Cada día me ponía un conjunto y me miraba al espejo, entrecerrando los ojos para intentar verme desde la perspectiva del cliente. Siendo una mujer joven y negra (y pareciendo aún más joven debido a mis marcados pómulos y a la melanina), tenía que esforzarme para que mis clientes, mis compañeros de trabajo, los abogados de la parte contraria y los jueces me tomaran en serio. ¿Me respetarían con este conjunto? ¿Parecería una abogada con bisutería dorada colgando de cada orificio visible? ¿Y si me pusiera unas gafas? El ejercicio de la abogacía sigue siendo el viejo club de los chicos blancos, y yo no quería presentarme de un modo que supusiera un obstáculo para mis clientes. ¿Tenía el aspecto adecuado para interpretar el papel que tenía que interpretar?

Evidentemente, no para Silvia.

La ropa le iba bien a mi cuerpo, que estaba perdiendo peso con tanta bicicleta y con la pérdida de apetito. Pero la ropa no me iba bien *a mí*. Mi apariencia es el mensaje que transmito acerca de lo que soy. Siendo hija de una modelo y diseñadora, el sentido de la moda está en mi ADN. Mi madre hizo alarde de su vanidad y reforzó la idea de que podemos vestirnos de tal modo que nos permita cultivar la alegría. «Verse bien es sentirse bien», nos decía mi madre. Y yo inundaba mi cuerpo con dopamina mediante colores brillantes, tejidos suaves y contornos vaporosos. Cuando me pongo *el* vestido, me doy la vuelta mirándome al espejo de forma instintiva. Por mucho que nos digan que no lo hagamos, los humanos juzgamos los libros por su portada a todas horas, y quiero que la mía sea lo más perfecta posible.

Cada día es una oportunidad para componer un aspecto que refleje mi ser interior; y, cuando la cáscara externa no refleja ya al yo interior, empiezo a sentirme incómoda, constreñida. Puede que la moda no te parezca importante. Eso es asunto tuyo. Pero la ropa, para mí, es libertad. Es expresión y es arte. Y, por encima de todo, quiero tener libertad para cambiar: mi mente, mi corazón, mi ropa, mi profesión, mis decisiones. Si un estilo te constriñe, lo que tienes que hacer es mirarte en el espejo y cambiar de estilo.

Hubo mañanas en que le echaba el ojo a mi falda tutú de gasa amarilla favorita y me convencía de que no debía llevar eso al trabajo, que no era «profesional». Me quitaba el esmalte de uñas multicolor para ir a las reuniones del consejo de administración y me recogía los mechones en una coleta baja para ir al juzgado. Cada vez que cambiaba mi aspecto por miedo a no encajar con el papel que tenía que interpretar, comerciaba con una parte de mi autenticidad para conformarme a una vida que, yo misma me había convencido, era la vida que tenía que vivir. Estaba intentando disfrazar a una cebra de caballo.

Yo siempre me había sentido cebra, con independencia de dónde estuviera. Negra en América, africana con gente negra, americana en Ghana. La estudiante más joven en las clases de Matemáticas. La *cheerleader* gorda, la vegetariana en la familia, la chica del cabello corto cuando todo el mundo lo llevaba largo, que soltaba paridas que no tenían sentido para los demás y que se reía de un chiste en su cabeza en el momento más inoportuno. Fuera donde fuera en este mundo, yo no encajaba. Y cuanto más lo intentaba, más llamaba la atención.

Durante una reunión en Ayuda Legal me referí a los usuarios de Twitter como *twats* («chochos» en inglés). No pretendía ser grosera; creía que era así como se los llamaba. Tenía sentido melódico. La gente que tuitea son tuats, ¿no? Pues no. La reunión, más que detenerse, se convirtió en un aterrizaje forzoso para que el resto de los abogados pudieran explicarme mi error. A mí se me llevaban los demonios mientras ellos sacaban la conversación del acta. Yo no sabía que era una «palabra mala». ¡El inglés no es mi idioma materno!

Durante los siguientes ocho años, mientras cambiaba de grupos, me reprimía e iba creciendo mi descontento, Silvia me seguía preguntando, «¿Por qué eres abogada?». Y yo salía cada vez con una novedosa e idiota versión de la misma respuesta. Pero no era convincente. Yo era buena con los clientes, pero era una mierda con los intríngulis del trabajo. Yo era (y soy) poco organizada —los papeles desperdigados por el escritorio, con formularios cruciales enterrados bajo una montaña de papeles—. Yo no era temperamentalmente adecuada para debatir los matices legales más finos. Yo estaba más interesada en lo que era *justo* que en lo que era legal, lo cual puede hacer de ti una excelente filósofa, pero una terrible abogada.

Yo quería tomar de las manos a mis clientes, contar sus historias, llorar con ellos y quererlos para mejorar su situación. Yo quería hablar de la vida, de la sanación y del arte. Me enervaba la ineficacia de las leyes y me bebía una botella de vino después del trabajo para olvidarme de todo. Silvia se quedaba conmigo, e intentaba ayudarme a encontrar un lugar en Ayuda Legal donde yo pudiera encajar. No renegaba de mí. Confiaba en mí y en mi vida.

Pero era yo quien no confiaba en mí misma. Yo sabía en lo más profundo que algo no andaba bien. Me estaba poniendo las ropas de otra y sentía como si estuviera llevando la piel de otra. Tenía un armario lleno de ropa que no se me parecía, una carrera en la que me había empeñado, unas mentiras que me contaba a mí misma, una vida que no sentía mía.

Una cosa que parecía salvar a este trabajo es que tenía buen aspecto desde fuera. Otra era que sólo tenía que ponerme la máscara a tiempo parcial. El resto del tiempo disponía de libertad para ser yo misma. Durante una época valió la pena comerciar con mi autenticidad durante 21 horas semanales. Pero año tras año asfixiándome a mí misma terminó generando un malestar insidioso del cual no me podía desprender, pues impregnaba todo mi ser.

Apenas me reconocía a mí misma en el espejo. Cada vez que me recogía el cabello detrás o que me arreglaba la camisa abotonada, veía un vacío acechando tras mis ojos, el mismo vacío que sentía difundirse por mi cuerpo cada vez que modulaba mi voz o me reprimía en mi manera de hacer las cosas en el trabajo. Aquello estaba comenzando a succionar mi médula ósea, mi esencia.

No pasó mucho tiempo antes de que mi armario comenzara a cambiar de forma natural. Viré hacia los grises y los negros. Los colores se atenuaron. Y lo mismo ocurrió con el esfuerzo. Lo mismo ocurrió con la chispa de la vida en mi interior. Yo pensaba que estaba haciendo lo que tenía que hacer para sobrevivir, pero lo cierto es que me estaba matando lentamente a mí misma, encogiendo mi alegría, asesinando mi propia luz. ¿Y para qué? Para tener una vida en la que no creía. Era como si estuviera poniéndome una almohada en la cara, esperando a que yo misma dejara de forcejear.

He conocido a Ken poco después de poner el letrero de doula de la muerte. Su familia me busca para que les ayude a tramitar un poder notarial por el cual gestionar por él su pequeño negocio mientras se le escapa la vida en el hospital. Siento cierta resistencia a hacer estas cosas, en tanto en cuanto intento mantener mi trabajo legal lo más lejos posible de mi trabajo con la muerte, pero necesito clientes. Al fin y al cabo, dispongo de las habilidades. El trabajo con la muerte exige que pongamos todo nuestro yo junto al lecho de la persona, de modo que en esta ocasión pongo también mis capacidades legales, aunque me gustaría dejarlas atrás.

Ken es propietario de una tienda de ropa *vintage* en Los Ángeles. A los 57 años, un cáncer de páncreas se ha cebado rápidamente con su cuerpo. Cuando nos conocemos en la habitación del hospital se le ve pálido, con pelo de bebé debido a la quimio, con unos ojos verdes claros hundidos en su calavera y con los huesos desnudos plenamente visibles en las muñecas. Cuando estaba sano, Ken –blanco, registrado como varón al nacer y utilizando el pronombre *él*– se ponía a menudo faldas, blusas, medias, tacones, maquillaje y diademas. Ahora, lleva la bata estándar de hospital azul y blanca desteñida, sin sombra ni contorno de ojos, colorete, diadema ni pintalabios. Su familia nunca ha aprobado sus atuendos, y en su enfermedad, ha dejado de forcejear con ellos. En la enfermedad, hasta lo más fabuloso de nosotros se aviene a los pantalones de chándal y a los pijamas.

Cuando Ken firma el poder delante del notario en su cama del hospital, se le ve derrotado. Me fijo en los destellos del esmalte de uñas de purpurina verde y le pregunto por ello cuando su hermana sale de la habitación.

—Yo prefiero llevar las uñas pintadas, pero a «ellos» no les gusta.

Hace gestos amplios, aunque débiles, en la habitación vacía, como si estuviera delante de un público. Echo un vistazo alrededor. A veces, al final de su vida, mis clientes hablan con personas a las que no puedo ver, y no está claro si es que los muertos vienen a recibir a los moribundos o si son alucinaciones que emergen del subconsciente a medida que la mente se prepara para la muerte.

—¿A quiénes en particular te refieres con lo de «ellos»? –pregunto con cautela.

—Ellos. Mi hermana. Mi tía. Mi padre. Mi sobrino.

—Entiendo –digo, dando un suspiro de alivio.

Hoy no tengo ganas de ver muertos.

—¿Cuándo fue la última vez que te pintaste las uñas? –pregunto.

—Hará un par de meses. Pero me pidieron que parara, alegando que confundiría a otros miembros de nuestra familia biológica si venían a echar una mano o de visita. A mi familia de elección, que ha estado aquí todo el tiempo, no le importa, pues a ellos les parece bien.

—¿Y a ti, te parece bien?

—Lo haré por ellos mientras esté vivo. Pero, si por mí fuera, cuando me pongan en el incinerador, quiero llevar las uñas azules con brillo púrpura.

La confesión de Ken remueve algo en mi interior. Me he pasado años rebajando el tono del color de mis uñas por los demás…: por los jueces, por los abogados de la parte contraria y por la gente en prácticas jurídicas del verano. Si alguien alguna vez necesita a una defensora del derecho a pintarse las uñas a su antojo en la vida o en la muerte, aquí me tiene a mí.

—¡Yo puedo hacer eso! –le digo con una gran sonrisa.

Ken me mira con tal gesto de sorpresa que me pregunto si me habrá interpretado mal.

—Dices en serio lo de querer las uñas brillantes cuando te incineren, ¿no es así?

—No, no lo decía en serio. Pero si puedes hacerlo, lo diré en serio.

Su actitud indiferente anterior, mientras tratábamos del poder notarial, está cambiando.

—Si tú lo deseas, haré cuanto pueda para que eso sea así. ¿Y qué hay de la ropa?

—Preferiría llevar una falda plisada dorada *vintage* con unos leotardos rosa, pero me pondré un traje siempre que no sea negro. Me duele pensar que esa preciosa falda se quemará cuando me incineren.

—¿Estás seguro? –insisto, percatándome de que está recobrando la vida al hablar de ropa–. Si quieres llevar la falda, puedo encargarme de eso.

Ken pondera la pregunta desde su cama hospitalaria mientras mira más allá de las paredes color cáscara de huevo con un cuadro de un paisaje oceánico colgado, hasta posar su mirada más allá de la ventana del octavo piso. Por la duración de su silencio, es evidente que está considerando el asunto seriamente.

Suspira.

—Sólo intento pasar estos últimos días, semanas o meses sin cabrear a nadie. No tengo ganas de pelearme con nadie por estas cosas.

—¡Bueno, yo lo haré!

Me impregno de una energía inagotable cuando tengo que luchar en batallas que creo que son justas, sobre todo cuando se trata de las voluntades de un moribundo. Reviso rápidamente el poder notarial que Ken acaba de firmar y me siento aliviada al constatar que se limita a sus decisiones comerciales y financieras. Sin embargo, si hay que ser realistas, los miembros de su familia siguen siendo sus parientes más cercanos, lo cual significa que tendrán derecho a decidir qué ropa se le pone en su funeral y en la incineración, a menos que él mismo deje clara su voluntad o conceda ese derecho a otra persona.

Veo estas cosas constantemente. Aunque firmen un documento respecto a lo que haya que hacer con su cuerpo después de la muerte, la gente no suele especificar con claridad lo que quieren que se haga, dejándole el lío a los familiares en pleno duelo. La excusa es que de todas formas estarán muertos, pero eso deja la toma de decisiones a su devastado círculo de apoyo. Ken sabe todo esto, pero, comprensiblemente, no quiere molestarse con ello. Su funeral ha sido planificado por su familia, y a él le parece bien que se vaya a celebrar en una iglesia.

—Probablemente arderé en las llamas en cuanto me metan dentro –dice secamente, haciendo un gesto hacia el cielo–. Se ahorrará dinero en la cremación.

Pero yo quiero saber más acerca de lo que Ken *quiere,* no sólo de lo que está dispuesto a aceptar.

Dado que a Ken le encanta la ropa y parece que no le cuesta hablar de su muerte, nos ponemos a conversar acerca de su atuendo en el funeral. Al igual que yo, le hace gracia que a las personas con senos se las entierre a menudo con sujetador y que existan los «zapatos funerarios». Nos echamos unas risas con el pudor de los difuntos. Le digo a Ken que yo puedo interceder ante su familia si esto es importante para él, y le pregunto quién entre ellos puede ser la persona más empática para dirigirme a ella. Quizás, si puedo convencerla, el resto de la familia se deje convencer.

—Quizás mi sobrina. Pero, escucha, para mí no es tan importante llevar la falda dorada en el féretro. Me basta con mi esmalte de uñas.

Vuelve a sonar derrotado, de modo que hago una pausa. Aunque estoy familiarizada con la represión a la hora de vestir, no puedo entender el dolor de no poder expresarme plenamente en mi propio cuerpo. Pero eso es un asunto mío. En vez de seguir luchando por lo que yo haría, me echo atrás y escucho a mi cliente. Igual que aprendí del tiempo que trabajé en los servicios legales, con Tash, que una no puede vivir la vida de sus clientes por ellos, ahora sé que tampoco puedo morir la muerte de mis clientes.

—De acuerdo –digo–. Entonces, voy a hacer lo que pueda para que lleves esmalte de uñas azul y púrpura en tu féretro. ¿Te parece bien así?

—Eso me llenaría de júbilo. Creía que habías venido por mi cuenta bancaria, no por mis uñas –me dice Ken con una sonrisa cansada.

Para cuando llega el momento de irme, estoy lista para una batalla con la familia biológica de Ken por el tema de las uñas. Son mis primeros días de trabajo como doula de la muerte, pero estoy convencida de que mi papel es defender los deseos de la persona moribunda antes que otra cosa.

Por suerte, no necesito más que un par de llamadas telefónicas. La sobrina de Ken se conmueve con la petición de su tío y habla con los demás miembros de la familia siguiendo mis indicaciones. Le sugiero que les cuente el compromiso que él está dispuesto a aceptar para tenerlos contentos. Finalmente, capitulan bajo la condición de que se le deposite en el féretro con las manos en los costados en vez de cruzadas sobre el pecho, de manera que las uñas no estén demasiado a la vista durante el velatorio, cuando el féretro esté abierto. Es otro pequeño desplante contra su anhelo de ser visto en su gloria, pero Ken está satisfecho y, por tanto, yo también. Llamo a la funeraria para ver si eso será posible y me dicen que sí.

Ken muere alrededor de dos semanas después de nuestra conversación sobre las uñas. Su cuerpo no entra en combustión espontánea en la iglesia, de modo que entra triunfante entre las llamas del crematorio con sus uñas esmaltadas en azul y púrpura.

El hecho de saber que Ken logró lo que quería me proporciona mucha paz, y descubro que todavía puedo ser útil defendiendo los deseos de alguien en situación de necesidad, como hacía en Ayuda Legal. Aquello en lo que ayudé a Ken puede parecer insignificante para otra persona, pero para mí es inmenso. He podido ayudarle a sentirse la versión auténtica de sí mismo, algo que eché de menos en mi propia vida durante mucho tiempo y que ahora puedo ayudar a otros a hacerlo cuando más importancia tiene: cuando ya no disponen de tiempo para cambiar de rumbo o para marcar huella en sus propios términos.

Las doulas de la muerte honran la totalidad de la experiencia humana, sea cual sea la identidad de la persona, no sólo de aquéllos con quienes nos relacionamos o a quienes podemos comprender. Las personas de colectivos marginados, especialmente, merecen disponer de alguien que abogue por ellas al final de la vida. Hay veces en la que simplemente es imposible darle al moribundo lo que desea, como la oportunidad de reafirmar su identidad ante un miembro de la familia distanciado. Pero suele ser de ayuda centrarse en el espíritu de la petición, más que en la letra. Si un tipo concreto de flor no está disponible para el funeral, nos adaptamos y elegimos algo de la misma familia floral o del mismo patrón de color. Pero cuando hablamos de cuerpos a los que les cambian el género o el nombre al morir, estoy dispuesta a ir a la guerra con tal de que se cumplan los deseos del cliente, siempre y cuando ellos así lo manifiesten. Es su muerte.

Con demasiada frecuencia, aspectos de una persona se borran con la muerte porque la familia biológica no perdona ese aspecto o no la apoya, o bien porque quieren mantener eso en secreto. Pero todos los aspectos de nuestra identidad mueren junto a nosotros. Enterramos a la persona en su totalidad. Si en la muerte pudiéramos honrar a todo el mundo exactamente por lo que fueron en la vida, podríamos derribar las barreras que nos separan a unos de otros y que nos separan de nuestra complicada humanidad. Y si en la vida pudiéramos vivir a voz en grito la identidad que llevamos y las expresiones que se manifiestan a voz en grito desde nosotros, también podríamos irradiar luz y amor sobre aquellos aspectos que los demás optan detestar. Que se jodan. Hazlo, cariño.

Capítulo 11

Un atisbo de libertad

Unos ocho meses antes de que mi vida tocara fondo, llegué al trabajo un martes tras un largo fin de semana de viaje por el desierto de Mojave. Sinceramente, casi no me acuerdo del viaje. Lo que sí recuerdo es el pavor que sentí cuando me senté ante el parpadeante botón rojo del buzón de voz del teléfono de mi despacho. En cuanto escuché la voz de mi vieja amiga Silvia pidiéndome que la llamara, sentí los latidos de mi corazón en los oídos. Silvia era entonces la directora ejecutiva de Ayuda Legal, y había estado capeando una brutal serie de recortes presupuestarios. Yo había estado observándolo todo con temor, mientras se movía a mis colegas como piezas de ajedrez y los abogados de mayor edad tenían que jubilarse. Yo tenía la sospecha de que pronto me llegaría el turno. Con la puerta del despacho cerrada, me cambié rápidamente la ropa de ciclista por el batiburrillo del atuendo de abogada, respiré profundamente varias veces para calmarme y la llamé.

—Alua –dijo Silvia con un tono en el que ya parecía disculparse.

El estómago me dio un salto.

—No –dije de inmediato–. Por favor, no, Silvia.

Ella era mi amiga, de modo que no tenía inconveniente en hablarle a mi jefa como una niña petulante. Pero Silvia hizo lo que tenía que hacer.

—Sabes que ha habido un montón de recortes en los presupuestos y que nuestra recaudación de fondos se ha ralentizado. He intentado por todos los medios encontrar la manera de que te quedes en tu puesto, porque sé que te proporciona cierta libertad, pero ya no puedo seguir haciéndolo. Podemos mantenerte en Ayuda Legal, pero tendrás que empezar a trabajar en el Centro de Autoayuda del Juzgado de Inglewood. Serán sólo seis meses, pero tendrás que trabajar a tiempo completo. Después de eso veremos si puedes volver a tu actual posición.

Durante el transcurso de una breve llamada telefónica, los últimos pedacitos de una vida que podía tolerar se vinieron abajo. Tal y como estaban configurados mis préstamos por estudios de la universidad, abandonar el empleo sin perspectivas de trabajo no era una opción, pero lo consideré seriamente en ese momento.

Me quedé mirando la alfombra gris parda mientras las lágrimas brotaban de mis ojos. La alfombra parecía el pozo de arenas movedizas en el que sentía estar cayendo. «Puedo hacer seis meses de trabajo, ¿no es cierto? ¿No es cierto?».

Silvia continuó, intentando inyectar un poco de luz en la conversación.

—Sé que no es lo que quieres. Lo siento. Pero, quién sabe, hasta puede que sea una bendición a la larga.

Tenía razón, pero no en la manera en que ella pensaba. A veces, las mejores cosas parecen las peores, hasta que dejamos que la vida revele lo que es realmente mejor. Yo no sabía eso entonces. Yo estaba ya atrapada, y a punto de estar aún más atrapada.

Mi nuevo rol consistía en supervisar a abogados voluntarios y estudiantes de Derecho. No habría un contacto directo con el cliente, que era el único aspecto de mi trabajo que aún me alimentaba. Un horario estricto y la ausencia de interacción sería, en el mejor de los casos, un problema. En el peor, sería un toque de difuntos para mi espíritu. En cuanto colgué el teléfono, me puse a sollozar como una niña.

Últimamente, lloraba mucho más. Yo suelo expresar mi intensa emocionalidad, incluso la alegría, a través de las lágrimas, pero ahora lloraba por cualquier motivo. Un día, pocos meses atrás, había llorado porque se me había deshinchado la rueda de la bicicleta cuando iba de camino al trabajo. Estaba decidida a seguir adelante y fingir que no me pasaba nada, pero las cosas estaban empeorando. Me daba cuenta de que estaba irritable a todas horas, y me sentía muy sola, incluso cuando estaba con mis amigos.

Con la recalcitrante aversión a la terapia propia de una mujer negra fuerte e hija de inmigrantes, decidí, no obstante, y no sin reparos, buscar «ayuda profesional». Pensé que quizás lo que necesitaba era desahogarme, quejarme, sacar todo aquello de dentro.

Al cabo de tres sesiones, la terapeuta me diagnosticó una distimia, una depresión suave, pero persistente. Rechacé el diagnóstico. Tenía 100 000 dólares de deuda por el préstamo de estudiante, y ganaba 30 000 dólares al año, era negra en Estados Unidos y me enfrentaba a la insidiosa infraestructura de la opresión. ¿Quién *no iba* a estar deprimida? Había estado enamorándome y desenamorándome una y otra vez recientemente, y pensé que me había hecho aquel diagnóstico debido a mi angustia y a su incomprensión.

Evidentemente, no había entendido nada, pero yo pensaba que nadie podía entenderlo. De modo que, a pesar de todo, seguí trabajando con ella mientras pretendía que mi necesidad era temporal, y que mi diagnóstico era situacional.

Al cabo de tres meses, la terapeuta elevó el diagnóstico a un episodio depresivo grave.

Yo *seguía* pensando que no sabía de lo que hablaba.

Negándome a mí misma de la manera más cruda, sobreviví a mi estancia de seis meses en el Centro de Autoayuda, pero casi no lo consigo.

Terminé poniéndole el nombre de la Mazmorra a mi despacho; eso sí, afectuosamente. A los días perdidos en la Mazmorra le seguían noches en el sofá de casa, bebiendo Cabernet Sauvignon y fumándome un porro de hachís tras otro yo sola. La combinación me desconectaba del cerebro y de las emociones, adormeciéndome lo suficiente como para no pensar en mi vida.

Todas las mañanas me despertaba llorando en cuanto apagaba la alarma. Maldiciendo mis lágrimas y el insomnio persistente a pesar del hachís, me levantaba de la cama con resaca y me arrastraba hasta la ducha. Me importaba un pepino estar limpia, pero no quería oler mal. Soy demasiado vanidosa para oler mal, aunque estuviera deprimida. No podía controlar mi cabeza, que me decía que era un completo fracaso y que no merecía sentirme feliz, pero al menos podía controlar mi olor corporal. Las lágrimas se mezclaban con el agua de la ducha. De pie delante del armario, sin saber qué ponerme, me quedaba sin energía intentando aparentar.

Demonios, me quedaba sin energía con cualquier idiotez. Los platos sucios se derramaban desde el fregadero sobre las encimeras y por el suelo de la habitación. Llevaba las uñas rotas y melladas. En el frigorífico tenía bolsas de verduras en putrefacción, ofreciéndome un reflejo de lo que estaba ocurriendo en mi espíritu. Y sólo las sacaba de allí porque se burlaban de mí y me recordaban mi ineptitud. Las ventanas llevaban semanas cerradas, y la única luz que entraba venía de las persianas rotas, de las que ni siquiera le había dicho nada a mi casera. Agarraba la prenda de ropa más simple de color oscuro que podía encontrar en las montañas de ropa que tenía por el suelo, me recogía el pelo detrás, pillaba una banana supermadura de la encimera y me iba a trabajar a la Mazmorra. No me ponía música en el coche. Lo único que se escuchaba eran mis sollozos y el ruido del tráfico. Muchas personas iban a trabajar en los automóviles que me rodeaban. Si, de alguna manera, ellas se las ingeniaban para arreglarse, conducir, ir a la oficina, alimentarse y no detestar su vida, ¿por qué yo era incapaz de hacer algo tan simple para cualquier otro ser humano?

Llegando en torno a las ocho de la mañana, me metía con el coche en un estacionamiento de hormigón, pasaba por los detectores de metales hasta el edificio de hormigón y me iba directo al sótano, donde me sentaba tras un escritorio en una minúscula oficina. Después, me ponía una gran sonrisa. No había ventanas a través de las cuales ver el mundo exterior. Ni entraba la luz del Sol. Todas las plantas que me llevaba allí se morían. ¿Cómo iba a florecer yo? Llevaba una cuenta atrás de los días que me quedaban hasta que pudiera irme de allí, utilizando el calendario como una zanahoria. Cada día que sobrevivía estaba un día más cerca de la partida.

Dejé de quedar con mis amigos, poniendo como excusa el horario del nuevo trabajo como el motivo por el cual no estaba disponible, cuando lo cierto era que no disponía de energía para nadie, y no quería que me vieran así: rota, triste, abatida y avergonzada. Y, al mismo tiempo, abrumada e idiotizada por los ruidos, las imágenes y las personas.

Cualquier conversación se me antojaba un discurso de ingeniería espacial. Por mucho que me concentrara, a mitad de conversación estaba confundida con lo que la gente pudiera estar diciendo, malinterpretaba las señales sociales y tartamudeaba para responder de manera adecuada. No tenía nada interesante que decir ni nada alegre que aportar. En mi cabeza, pensaba que nadie querría pasar el rato conmigo debido a que yo era el equivalente en humano a un paño de cocina húmedo y sucio. Ver películas y la televisión siempre me había aburrido, de modo que me quedaba mirando al vacío, me fumaba unos cuantos porros y lloraba. No lloraba de tristeza. Lloraba de desesperación.

Hasta aquel momento, mi vida hubiera parecido bastante buena, al menos vista desde fuera. Un trabajo con sentido, un horario flexible, viajes internacionales, ropa bonita, una salud aceptable, una gran vida social, novios divertidos. La fotografía me proporcionaba una salida creativa y la bicicleta me daba la salida física. Mi asequible apartamento en el último piso de una casa de huéspedes dúplex en medio de Los Ángeles estaba junto a las frondas de naranjos y magnolios. Era como estar en una cabaña en un árbol. Mis amigos eran eclécticos, ingeniosos, revoltosos, guapos. Y, sin embargo, me faltaba algo enorme, que no sabía precisar.

A los 34 años todavía estaba esperando a que mi vida empezara, negándome a creer que ya la estaba viviendo. Y cuando me di cuenta de que *eso* era mi vida, me quedé conmocionada y me sumí en la tristeza. ¿Cómo me había convertido en aquello? Una cáscara de ser humano esperando un día distante en el futuro en que pudiera disfrutar de la vida. Yo siempre me había visto a mí misma como una persona alegre, conectada, vibrante y comprometida. Quería una vida que me hiciera salivar, que goteara de amor y de magia, en la que pudiera extasiarme con la belleza de una oruga abriéndose camino en una vid. Pero mi vida era todo lo opuesto a eso. No tenía claro por qué estaba viva. ¿Para qué todo aquello?

Había *creído* que la clave estaba en llevar una vida de servicio. Mi padre y mi madre habían consagrado su existencia al servicio de Jesucristo, desarraigando a sus hijas una y otra vez para ir adonde se les pedía que difundieran el evangelio. El servicio era uno de los valores centrales que nos habían inculcado a mis hermanas y a mí, simplemente a través de su ejemplo. Y supuse que trabajar en Ayuda Legal me permitiría realizar esa visión. Si hubiera sabido que ligar el sentido de mi vida al servicio me iba a llevar a pasarme el día llorando, cada maldito día, al menos habría elegido no vivir sin un céntimo. Me parecía todo tan vacío. Yo estaba tan vacía.

Para la última semana de mi permanencia en la Mazmorra aproveché mis vacaciones y la poca energía que me quedaba para ir al Festival del Burning Man. Nunca había estado y necesitaba ir desesperadamente. Había sido una antisocial durante meses, pero los amigos que no habían pasado finalmente de mí llenaron cuatro vehículos con equipamiento para acampar, toldos, tiendas de campaña, barras de refuerzo, agua, comida y nuestra ropa favorita más estrafalaria.

El Burning Man es una ciudad experimental que se construye en Nevada una vez al año durante nueve días en medio del lecho de un lago seco. Se construye a partir de la nada cada año, incluso se levantan enormes instalaciones artísticas, carreteras, indicadores de calles, hogares, pistas de patinaje, una oficina de correos, consultorios médicos y un cuerpo de policía falso. Y, cuando acaba el festival, todo desaparece. Es una inspiradora celebración de humanidad, expresión artística, comunidad y libertad pura. Baste decir que, en un desierto donde no crece nada, el Burning Man es una especie de patio de recreo microcósmico donde vas a encontrar exactamente aquello que estás buscando, pero quizás no de la forma que tú te imaginabas.

En 2012, en el primer año de los siete años que he participado en el Burning Man, más de 75 000 personas bajaron hasta el desierto de las Rocas Negras con los principios compartidos de inclusión radical, autosuficiencia radical, expresión radical, no dejar rastro e inmediatez. Existe una magia inherente en el hecho de reunirse con personas que están comprometidas también con su libertad personal y con el éxtasis colectivo. Habiéndome olvidado del suplemento nutricional del metilsulfonilmetano (MSM) que tomaba a diario, en la primera noche escuché por casualidad a nuestros vecinos de campamento comentar que ellos habían traído de sobra, y lo compartieron conmigo. Olvidando mis complejos sobre el peso —que seguía teniendo a pesar de mi rápido adelgazamiento—, dejé que un hombre menudito llamado Twilight me levantara por encima de él sólo con sus piernas en acro yoga libre, retorciendo mi cuerpo de maneras que antes no había creído posibles. Cada noche, la ciudad se iluminaba con atrevidas luces de colores brillantes en bicicletas, automóviles artísticamente decorados y seres humanos con atuendos etéreos que se ponían por puro placer. Sombreros y tocados, botas enjoyadas, abrigos decorados con luces para las noches frías. Bailaba todos los días hasta el amanecer, reía en el templo reservado al dolor, lloraba en las hamacas y salía de fiesta como si fuera 1999, aunque fuera 2012.

Había tantas curas para la desazón en el Burning Man que tuve que priorizar el descanso. De otro modo, habría dicho que sí a todas las ofertas que me ponían delante, metiéndome en aventuras que podían durar todo el día y toda la noche. Después de todo, parte de la belleza del Burning Man se halla en la impermanencia. Si querías ver una inmensa obra de arte, tenías que ir. El viernes comenzaron a quemar las estructuras más grandes y, para cuando terminó todo, no quedaba nada. Sal, ve a ver, ve a jugar y aférrate al gozo que se te pone delante, porque pronto desaparecerá para siempre.

Una noche, alrededor de las tres, mientras fumaba junto a mi bicicleta en el exterior de una fiesta desenfrenada, conocí a un ciclista mensajero negro llamado Pascha y me encapriché de él. Estuvimos dando vueltas por la «playa» hasta que salió el Sol. Al día siguiente, regresó a por más aventuras y nos separamos para cenar y para que él se pusiera algo de ropa, pues había ido todo el día desnudo salvo por un cinturón de herramientas que llevaba. Tenía que venir a buscarme más tarde, pero se levantó una tormenta de polvo que impedía ver nada que estuviera a más de un brazo de distancia. Ya no apareció, y me quedé destrozada.

No obstante, por vez primera en años, me había sentido viva. La chispa de mi curiosidad, que se había ido apagando peligrosamente, había vuelto a brillar. Allá donde miraba había cosas que despertaban mi curiosidad: ¿cómo han hecho esa impresionante y bellísima estructura? ¿Qué demonios lleva puesto esa persona? ¿Podré trepar por esa enorme obra de arte? ¿Qué significará el nombre de ese campamento, Porn & Donuts? (Resulto ser que servían donuts calientes y proyectaban películas porno de la época del cine mudo entre medianoche y las dos de la madrugada. Me encantan los donuts, de modo que me quedé a ver el espectáculo).

Pero, por encima de todo: ¿quiénes *eran* todas esas personas, que parecían estar tan cómodas en su piel, en esta vida? ¿Y dónde se metían en el mundo predeterminado? Tuve la sospecha de que muchas iban allí porque era uno de los únicos lugares en los que se sentían lo suficientemente cómodas para ser exactamente quienes eran. No habían ido a ondear su bandera friki, porque allí nadie era friki. Éramos normales. Y no había nada malo ni equivocado en ninguno de nosotros; simplemente vivíamos en una sociedad que no encajaba con nuestros ideales.

En el Burning Man, estaba comenzando a comprender que la pregunta que me había estado haciendo a mí misma —¿qué es lo que me pasa? ¿Qué estoy haciendo mal?— no era la pregunta correcta. Y no lo era porque el problema no estaba en mí. El problema estaba en la sociedad. Estaba perfecto que yo no pudiera llevar una vida basada en los ideales de la sociedad. Pero es que no eran mis ideales. Al igual que las gloriosas estructuras que acababa de ver arder y convertirse en cenizas, sólo para volver a elevarse al año siguiente, yo también podía empezar de nuevo.

Durante las dieciséis horas de automóvil de regreso a Los Ángeles, después del Burn, fue cuando puse en marcha mi teléfono por vez primera en una semana. Una notificación del buzón de voz apareció de inmediato; era del departamento de recursos humanos de Ayuda Legal.

Me necesitaban en la Mazmorra para entre tres y seis meses más.

El tiempo se detuvo. Se me secó la boca. Las hormonas de lucha-huida se dispararon. Tuve la sensación de que un yunque me había caído en el pecho. Me quedé helada. Y, entonces, una voz en mi interior... «No», me dije a mí misma. No podía aceptar de ninguna de las maneras. De hecho, de ninguna de las maneras iba a volver allí.

Sin pensármelo dos veces, murmuré en voz alta ante mis somnolientos y dormidos amigos del coche:

—Nunca volveré a poner un pie en ese lugar. Moriré si lo hago.

Y lo dije en serio. Entonces que había tenido un atisbo de lo que la vida podía ser, no podía volver atrás. Ni siquiera sabía qué iba a hacer con mi vida, pero tenía que confiar en que la vida me sostendría. No había elección. Mi vida dependía de no regresar a Ayuda Legal como abogada.

Dora tiene sesenta y bastantes años y está calva cuando nos conocemos. Sexta generación de estadounidenses de origen mexicano, corpulenta, con gruesas gafas de carey, está confinada en su cama en un lujoso rascacielos de Los Ángeles, y tiene un cáncer de vejiga incurable. Las paredes de su dormitorio están decoradas con obras de arte caras en elegantes marcos negros: el sueño de un minimalista, al igual que el resto de su casa, llena de líneas puras, colores contrastantes, espejos y un montón de objetos de cristal. Es el tipo de casa que dice «No tengo que lidiar con niños pequeños».

Los planes de Dora para el final de su vida están ultimados. Ha compartido la información financiera con sus hijos, ya mayores, así como la ubicación de sus últimas voluntades y su contenido. Ha declinado el tratamiento médico, y sus hijos saben que da prioridad a la calidad de vida, no a la cantidad, a la hora de tomar decisiones acerca de su cuidado. Ha dejado claro que quiere morir en casa, de forma tan pacífica como el cáncer de vejiga se lo permita. Los planes sobre la disposición de su cuerpo están establecidos, así como el atuendo que llevará en su funeral. Ha tachado casi todos los puntos que se había marcado en la lista de planificación para el final de su vida, de modo que me pregunto qué le queda por hacer en la vida y por qué me ha hecho venir. Cuando le planteo esta pregunta, Dora me pide ayuda en «cualquier cosa que se me pueda haber pasado por alto en mis preparativos para la muerte».

Me siento en la silla de acrílico transparente que hay junto a su cama, que está frente a una balconada majestuosa. Habiendo sido la primera mujer ejecutiva en una agencia de publicidad de mediano nivel, se ha pasado la mayor parte de su vida en la oficina, en vez de estar con sus hijos, los típicos niños «solo en casa» de la década de los ochenta. Parece confundida mientras me cuenta todo esto, recurriendo repetidamente a términos como «malgastar» y «gastar» haciendo referencia a su tiempo. Es una evidencia de la visión del mundo que está a punto de dejar atrás.

Me he dado cuenta de que en el idioma inglés se utilizan los verbos *spend*, «gastar», *waste*, «malgastar», y *save*, «ahorrar», cuando se habla de dos cosas: de tiempo y de dinero. Pero el tiempo no es la única moneda real que tenemos. El verdadero coste de algo es cuánta vida ponemos a cambio de ello. Intercambiamos tiempo por dinero cuando vamos a trabajar. Lo intercambiamos por amor cuando liberamos oxitocina con aquellas personas que nos hacen segregarla. Intercambiamos tiempo por logros cuando terminamos un rompecabezas que ha estado guardado en el armario. Es un recurso finito, del que no sabemos cuánto nos queda. En cuanto a Dora, ahora que está en el final de su vida, la pregunta que se hace es si ha intercambiado su tiempo por algo equivocado.

—Yo nunca quise tener hijos —se sincera Dora con un suspiro—, y esto es algo que nunca le he dicho a nadie.

Estamos solas. Estoy revisando el documento de planificación previa de Dora para ver si hay algo que aclarar.

Su revelación sale de la nada, y tengo cuidado en controlar mi expresión facial. No me sorprende que no quisiera tener hijos. Lo que me sorprende es que lo admita. De los tabúes que aún quedan, admitir que no querías tener hijos sigue siendo un potente tabú.

—Obviamente, los amo y estoy encantada de que estén en el mundo, pero los tuve porque se suponía que yo debía tener hijos. No tenía demasiadas opciones —añade, y hace una pausa antes de continuar—. Lo siento, no debería haber dicho eso.

No parece sentirlo. De hecho, se la ve notablemente más ligera.

—Está bien —intento tranquilizarla—. Si eso está en tu corazón, será mejor que lo digas ahora a que no lo digas ya. Y estoy agradecida de que te hayas sentido lo suficientemente cómoda conmigo como para decírmelo. Supongo que no te ha sido fácil confesarlo.

No voy a juzgar sus decisiones como ser humano, y creo también que hay muchas más personas que tienen hijos que sienten lo mismo y, sin embargo, nunca lo dirán.

Hablamos durante unas cuantas horas. Dora me cuenta que su intención era quedarse en casa para criar a sus hijos una vez que los tuviera. Después de todo, ella nació a finales de la década de 1940, y eso es lo que hizo la mayoría de las mujeres de su generación. Pero un exmarido alcohólico ausente se lo hizo imposible. Dora quería que sus hijos dispusieran de oportunidades para convertirse en personas cariñosas y de éxito que aportaran mucho a la sociedad. Quería darles la oportunidad de ser ellos mismos, de modo que optó por el tipo de mujer del que se había enamorado mientras crecía, la mujer que lleva los pantalones y va a la oficina todos los días. Por entonces, a las mujeres se les acababan de abrir las puertas a puestos de trabajo de carácter ejecutivo, y la idea resultaba muy emocionante para Dora.

Y resultó ser muy buena en eso.

Dora no estuvo presente durante gran parte de los primeros años de vida de sus hijos, satisfecha como estaba con su empleo y con haberse convertido en uno de los primeros modelos femeninos de logro, de madres solteras trabajadoras, que eran casi inexistentes en aquella época. Crio a sus hijos en un bonito vecindario, en una casa espaciosa, con innumerables actividades extraescolares y clases particulares, cosas que sólo eran posibles con un empleo bien remunerado. Dora está orgullosa de ello.

Echando un vistazo a su casa y a su pulcro y detallado plan mortuorio, me hago una idea de lo que ella aportó a su trabajo, así como de lo que su empleo le aportó a ella. No obstante, no parece estar dispuesta a enorgullecerse de ello sin darle más vueltas, ni siquiera es capaz de ello, y expresa su culpabilidad por no haber dedicado más tiempo a sus hijos.

Dora y yo charlamos acerca de las expectativas sociales de las mujeres y las personas con útero para tener hijos. Existe una desconfianza y unas sospechas inherentes en aquéllas de nosotras que no tenemos hijos o en aquéllas otras que no se centran en ellos. ¿Estamos mal de la cabeza? ¿Somos egoístas? ¿Avariciosas? ¿Asesinas en serie? De las personas con útero se espera que queramos usarlo para generar más vida. Pero ¿qué ocurre si el propósito de la vida para una persona con útero no es exclusivamente hacer uso de él para dar a luz? Quizás yo me dé por satisfecha sangrando mensualmente durante cuarenta y tantos años porque me fascina y porque soy capaz de maravillarme con el diseño de mi cuerpo, que marca los ciclos de la Luna a través de la sangre.

No sin cierta precaución, le pregunto a Dora por qué tuvo hijos y qué le proporcionaron los hijos a ella. Incluso con el permiso para hablar con franqueza, no deja de ser una conversación delicada. Cada vez que alguien me pregunta, como mujer sin hijos, por qué no he tenido hijos todavía, le devuelvo la pregunta, reconociendo que mi decisión me sitúa en la categoría de una mujer que no tiene tanto valor como las que han parido a algunas personas. Una mujer que conozco sugirió a modo de broma en cierta ocasión que yo atravieso con mi bici los cruces con mucho tráfico antes que ella porque yo no tengo hijos. No le encontré ninguna gracia.

—No lo sé –responde Dora–. Pero tenemos muy buenas relaciones, de modo que no sabría responder a eso.

Parece que Dora no quiere seguir tirando del hilo, pero me inclino hacia ella como si estuviera escuchando con todo mi cuerpo, y eso la anima a continuar.

—Pero ellos no lo eran todo para mí. No eran suficiente. Me siento terrible diciendo esto, pero no lo eran. Me siento mal por no haber estado ahí con ellos cuando crecían, pero me siento mal exclusivamente porque yo no quería estar ahí. Y salieron bien. Conmigo o sin mí –dice mirando por la ventana, y confiesa–. No eran el centro de mi vida. Llevo décadas escuchando a mis amigas hablar casi exclusivamente de sus hijos. Y yo me uno a la cháchara porque creo que parecería un monstruo si no lo hiciera.

Dora está intentando comprender mejor su estancia en la Tierra. Tenía intereses que no llegó a explorar, curiosidades que no llegó a satisfacer, potenciales que no llegó a desarrollar. Me dice que, aparte de su trabajo, dejó de lado muchas cosas que le hubiera gustado hacer por causa de sus hijos. Y ahora, al final de la vida, lo lamenta.

Mientras charlamos, me doy cuenta de que a Dora le está pasando algo. Ha enderezado la espalda y, aunque está débil por la enfermedad, se la ve cada vez más animada. Casi puedo ver cómo el peso de cada expectativa social abandona su cansado cuerpo, poco a poco.

En su corazón, no está avergonzada del modo en que decidió emplear su tiempo.

Lo que la ha hecho sentirse así es una sociedad que no comparte sus prioridades. Me encanta que Dora esté quitándose ese peso de encima antes de morir. Es una prueba más de que las personas se vuelven mucho más sinceras cuando saben que no tienen nada que perder.

Mi trabajo con Dora me ofreció una dimensión más del trabajo con la muerte que las doulas suelen hacer. A veces, los papeleos, los planes y los documentos están ya solventados, y no hay omisiones destacadas. En ocasiones, el cliente necesita alguna otra cosa, algo menos tangible y más difícil de describir, aunque el anhelo por ello esté ahí. Dora quizás no supiera qué era exactamente esa «cualquier cosa» que pudiera haber olvidado cuando me contrató, pero ella tenía la sensación de que estaba pasando por alto… algo. Al final, necesitaba un poco de claridad sobre el propósito de su vida.

Sin embargo, si Dora me hubiera contado eso desde un principio, yo me habría resistido a sugerirle que quizás yo pudiera ayudarle. No tengo tanta arrogancia como para creer que puedo ayudar a la gente a desentrañar su propósito en la vida. Para algunas personas, tener un propósito es algo valioso.

Para otras, la mera experiencia de estar vivas porta en sí suficiente propósito. Y, en última instancia, no es una pregunta que se pueda responder desde el exterior. La muerte puede crear el contexto necesario para que encontremos el significado de nuestra vida, pero tenemos que hacer el trabajo solos, tomando como centro nuestros valores, nuestra curiosidad y lo que nos satisface.

A través de nuestra conversación, Dora ha podido aclarar el propósito de su vida: ir en pos de lo que disfrutaba. Había dejado en el mundo unas personas guays y les había servido de modelo de lo que podía ser una madre que buscaba una vida no definida por los hijos, a pesar de lo que la sociedad le exigiera. Nunca buscó que los hijos le aportaran algo *a ella,* y no sacó mucho provecho de la maternidad. Quería que fueran ellos mismos. Los quería, pero no la llenaron ni la «completaron», y eso está muy bien. Darse cuenta de esto le trae paz a Dora, y eso es lo único que importa.

Dora murió al cabo de pocos meses de que comenzara a trabajar con ella. Sus últimos meses los dedicó a aquellas pequeñas cosas que le proporcionaban gratificación pura. Con las papilas gustativas casi destruidas por los años de quimioterapia, tenía que recurrir al sentido del olfato para obtener algún placer de la comida. Y comía. Mucho. Tanto como su cuerpo le dejaba, dado que estaba enferma y moribunda. En su mayor parte, comida rápida, que había estado evitando durante años por la dieta, pero también suflé de fruto de la pasión y tarta de lima.

Dora estuvo haciendo mentoría con una joven ejecutiva de publicidad que había estado haciendo prácticas con ella cuando aún trabajaba, ayudando a la joven madre a reconciliar el hogar con la profesión. Dora empezó a leer cosas sobre los hongos y descubrió con sorpresa hasta qué punto la red de micorrizas de los hongos proporciona el sustento para que el mundo natural sobreviva y prospere.

Y pasó tiempo con sus hijos, que estuvieron mimando a la madre moribunda que tanto había trabajado durante su vida para proporcionarles oportunidades. Dora murió teniendo claro el propósito de su única vida.

Muchas personas llegamos al final de nuestra existencia sin saber el motivo particular por el cual hemos existido: nuestro porqué, nuestro «proyecto héroe», como explicaba Ernest Becker en su libro *La negación de la muerte,*[10] o el «instante ajá» de Oprah. «Los dos días más importantes de tu vida son el día que naciste y el día en que descubriste por qué», dijo una vez Mark Twain, y un millón de estudiantes de bachillerato lo han escrito en las páginas de sus anuarios desde entonces. Sin embargo, ¿cuántos de nosotros vivimos con las palabras de Twain lejos, a gran distancia, simplemente esperando que el propósito de nuestra vida nos cruce la cara de un bofetón?

Así es como funcionaba yo. Buscaba con tanto empeño mi propósito que llegué a pensar que me lo entregarían en una bonita caja envuelta en papel de regalo. Estaba convencida de que estaba ahí afuera esperando a que yo lo encontrara, como en una búsqueda del tesoro. Confundí el propósito con mi trabajo (hola, capitalismo), lo busque en Kip, y supe que no quería que saliera de mi vagina. Con el tiempo, he llegado a pensar que mi vida no tiene un propósito *en particular.* Quizás la tuya tampoco lo tenga. La búsqueda de propósito en sí –el culto a un futuro glamuroso donde de pronto todo cobre sentido– puede llegar a cegarnos. En mi caso, yo estaba tan obsesionada buscando mi propósito que no podía verlo.

______

10. Publicado en castellano por Editorial Kairós, Barcelona, 2003.

Sí, ahora que soy una doula de la muerte, tengo un trabajo que me hace sentirme más plena de lo que yo hubiera podido imaginar. Doy las gracias por ello cada día. Pero ese agradecimiento ni se le aproxima al agradecimiento que siento por haberme dado la oportunidad de ser breve, aunque perfectamente humana; de sentir frío y pena, de poder asombrarme y de poder sentir el azúcar en mi lengua, de ver en el Sol los destellos de luz de una bola de discoteca. Esto es importante. Porque mientras vivimos obsesionados por encontrar un significado y un propósito en la vida, nos podemos perder la experiencia de estar vivos. Tenemos que encontrar una razón lo suficientemente buena como para poder explicar una vida que exige soportar despertarse, trabajar, comer y hacer caca durante unos ochenta y tantos años. Si eso te proporciona alegría, dale sentido a lo mundano. Es importante seguir el rumbo que te marcan la curiosidad y la dicha cada vez que puedas encontrarla. Podría ser en cualquier parte.

¿Y qué pasaría si uno de los propósitos de tu vida fuera deleitarte con el sabroso sirope de lavanda y moras de tu jardín? ¿O aprender de una vez a hacer cosas de macramé? ¿Qué pasaría si tu gozo en la vida fuera escuchar a Sisqó cantar de viva voz en el cambio de tono de «Thong Song» o escuchar a Juvenile cantar eso de «Cash Money Records taking over for the '99 and the 2000» justo antes de que entre la batería? ¿Qué pasaría si lo que le da sentido a tu vida es disfrutar de los misterios de la vida y de la simplicidad y la perfección de la naturaleza? ¿Sería eso suficiente?

La mayoría de las personas sabemos lo que nos hace cosquillas. Podemos identificar actividades, o partes de ellas, que nos maravillan y nos aportan una sensación de que todo fluye y es fácil. Y cuando nos encontramos con algo nuevo, escuchamos innegablemente al instinto diciéndonos: «Apóyate en esto», sea una persona, una idea, un lugar o una manera de sentirnos. Sin embargo, somos muchas las personas que no nos atrevemos a dar el paso, demorándonos por toda una vida. Esperamos a mañana, pero nadie te puede garantizar que haya un mañana. Las consecuencias de la espera pueden ser irreversibles.

Capítulo 12

Bajarse de la rueda

En el Burning Man recordé lo que me hacía cosquillas, lo que era sentirme viva. Ya no me interesaba estar esperando nada. Llamé a mi terapeuta por teléfono en una sesión de emergencia SOS y le expliqué entre lágrimas que me habían pedido que regresara a la Mazmorra.

—No puedo volver. Me moriría. No puedo. Me moriría –repetía entre sollozos.

Estaba tirada en el frío suelo del baño, frotando un dedo sobre las juntas de las baldosas hasta que se me quedó en carne viva. Yo sabía que lo que le estaba diciendo era verdad.

Un día después, tenía una baja de noventa días por depresión.

Me aferré a aquella oportunidad como a un clavo ardiendo, con una mezcla de alivio y remordimiento. Es un lujo bajarse de la rueda de hámster del trabajo, pero supone un pesado estigma profesional. Los abogados no se toman respiros, y mucho menos por motivos mentales. Todavía no conozco ni un solo abogado que se haya tomado una baja o haya dejado la profesión por una cuestión de salud mental, aunque muchos de esos abogados sabían que lo necesitaban.

En aquel entonces, pensé que noventa días era excesivo, pues sólo necesitaba un respiro para aclarar mis ideas, tomar cierta perspectiva. Pero prefería que me etiquetaran de depresiva antes que de muerta. Éste es el implacable dilema de la depresión, que me decía que tenía dos opciones: «depresiva» o «muerta». No quedaba espacio para «esperanza». La depresión lo ahogaba todo.

Los chismorreos de la oficina decían que estaba embarazada, que estaba mintiendo o que me había dado de baja para cuidar de algún miembro de mi familia, y me llamaron por teléfono los colegas de Ayuda Legal que se sentían mis amigos, intentando comprender lo que me sucedía. Daba la impresión de que nadie podía creer que mi salud mental se hubiera deteriorado hasta el punto de la incapacidad. Y, sinceramente, yo tampoco podía entenderlo. Ellos no podían saberlo de ningún modo. Había llegado a ser tan buena enmascarando mi enfermedad con sonrisas y desviando la atención que ni siquiera mi familia ni mis amigos podían ayudarme.

Mi depresión se había convertido en un pequeño secreto, un secreto que no pude ocultar del todo a aquellas personas que mejor me conocían. En mi familia intentaban entrar, pero yo les cerraba el paso. Me preocupaba que mis padres pudieran pensar que habían hecho algo mal o que no habían hecho lo suficiente por mí. Éramos muchas niñas, y no había ni demasiado tiempo ni dinero. Yo nunca había querido ser un chico.

Tal vez fuera el síndrome del hijo mediano, un título que comparto con Ahoba, la tercera de las cuatro, algo así como «Estoy bien, no te preocupes por mí. No tengo necesidades ni tengo deseos. No te olvides de mí, pero tampoco te preocupes por mí».

Cada vez que mi madre me preguntaba cómo iba, yo le decía que bien. «¿Sólo bien?» me respondía. Ella sabía que algo no funcionaba. Casi podía escuchar la súplica en su voz para que le contara algo, pero yo escuchaba también el deseo, natural en una madre, de oír que estaba bien o, aún mejor, que estaba genial. Me apresuraba a colgar el teléfono para no acabar llorando, porque sabía que su corazón se estaba rompiendo. Mi padre quería que tuviéramos éxito. Mi madre sólo quería que fuéramos felices. Y yo les estaba haciendo daño a los dos.

Yo razonaba que todo era culpa mía, que «me lo había provocado yo». Mis padres nos lo habían dado todo a mis hermanas y a mí, no sólo la vida, sino una *buena* vida. Seguridad, amor, reconocimiento, conversaciones privadas con mi madre cuando nos había llegado el período, viajes a Disneylandia en el coche de papá. Se esforzaron mucho para asegurarse de que teníamos cuanto necesitábamos, aunque eso supusiera que la ropa nueva procediera de la beneficencia. ¿Por qué, entonces, no iba a ser suficiente? ¿Acaso las mujeres de mi edad que viven en Ghana se pueden dar el lujo de estar aburridas o deprimidas?

Como ocurre en las familias grandes, los chismorreos llegan lejos. Supe que se estaba hablando de mí cuando una de mis hermanas dijo algo que sólo había compartido con otra de mis hermanas. En sus voces notaba su preocupación cada vez que hablábamos, y llevaban la conversación de vuelta a mí cuando yo intentaba cambiar de tema.

Aba era la única que vivía cerca de donde yo vivía, por lo que creo que accedió a ser la emisaria de las demás. Decía que venía de camino para ver cómo estaba y yo le decía que no estaba en casa, sabiendo perfectamente que no había dejado el sofá de mi casa en días. Llegué a dejar estacionado mi coche en la parte de detrás de la manzana por si acaso le daba por aparecer sin avisar. En cierta ocasión la vi mirar por encima de la verja al echar un vistazo a través de las persianas rotas. Yo era demasiado orgullosa para admitir que me dolía y me avergonzaba que lo supieran de todos modos. Pero nadie sabía lo mal que había llegado a estar. Me retiré por completo, manteniéndolas al tanto únicamente de mis planes y de haber llegado bien a los sitios adonde iba, poco más.

Ni siquiera les dije nada de Pascha. A los pocos días encontré al hombre desnudo del que me había encaprichado en el Burning Man y que había perdido en una tormenta de polvo. Había puesto un anuncio clasificado de conexión perdida para mí, y una amiga mía lo había visto: «Hola, tu nombre empieza por A, eres de Ghana. Yo soy de Kentucky y mi nombre empieza por P. Te necesito en mi vida. Espero que encuentres este mensaje y contactes conmigo. Intenté encontrar tu campamento, pero creo que te marchaste durante la ventisca. Me encantó tu presencia y te quiero mucho. Chao por el momento». ¡Ah, una buena distracción de las mías! ¡Y justo cuando tenía que hacerme un autoexamen ciertamente indeseado! Aproveché la oportunidad.

Al cabo de dos semanas de recibir la baja en el trabajo, me marché a Portland con un billete sólo de ida para ver a Pascha por su cumpleaños. Él pagó el tique; yo era su regalo de cumpleaños. La depresión puede ocurrir en cualquier lugar, me dije, de modo que decidí estar deprimida en Portland. Al menos, Pascha y yo tendríamos la oportunidad de conocernos. Como es habitual, yo tenía la esperanza de que su amor me curaría, de que él me salvaría de mí misma. Yo esperaba tener un final de película de Disney, salvo por el desnudo frontal sin tapujos.

En el mundo real, nuestro romance duró cuatro días. Me caí de mi nube rosa del encaprichamiento y me di de bruces con la tierra al cabo de pocos minutos del reencuentro, mientras recorríamos la tienda de comestibles, comprando algo para los días de mi estancia. Fue entonces cuando caí en la cuenta de que no conocía a aquel hombre con el que estaba en una ciudad extraña. ¿Aceitunas negras? ¿Trauma de infancia? ¿Mantequilla de cacahuetes cremosa o crujiente? ¿Antecedentes penales? Llenamos nuestra conversación con trivialidades para encubrir el hecho de que todo cuanto sabía de él era el aspecto que tenía su cuerpo desnudo cubierto del polvo de la playa del Burning Man. No habíamos tenido sexo. Y, sin embargo, me había subido a un vuelo sólo de ida para encontrarme con un hombre desconocido en un lugar desconocido. La lujuria es una droga infernal.

No fue culpa de Pascha. Un chico negro de campo de Kentucky que había recorrido Europa como bicimensajero y tenía cuerpo de bicimensajero: delgado, musculoso y fibroso. Hablaba ruso, alemán, flamenco y español con fluidez, todo en un tono rústico, y había estudiado ruso en la universidad. Y tocaba el chelo. Ya podía dar el asunto por zanjado.

Pero tenía 24 años. Yo había salido bastantes veces con hombres más jóvenes que yo, pero éste era joven incluso para mis estándares. Y dado que era un hombre que se mudaba con frecuencia y no se quedaba el tiempo suficiente en ninguna parte como para hacer amigos, me dolió su ambivalencia respecto a quedarme allí con él. Me dolió mucho. Apenas me hablaba mientras estuve allí. Parecía abrumado con mi presencia, pero luego me rogó que me quedara cuando sugerí que tenía que irme. Yo no estaba por el juego de frío-calor al que parecía estar jugando él. A mí me gusta saber si le gusto a un hombre. Pero él prefería ir a buscar hongos en el bosque solo antes que hablar con seres humanos. Su apartamento tenía el tamaño de una caja de zapatos, y sólo habrían cabido allí mis joyas y su chelo. Demonios, había llevado yo más cosas a Portland en aquel viaje de lo que él había poseído en toda su vida. No podía quedarme a vivir con él, y tampoco podía vivir conmigo misma.

A los cuatro días de mi llegada, me trasladé a un hotel cercano y lloré durante unos cuantos días más, con la esperanza de que mis lágrimas fueran sólo de frustración sexual común y corriente. (*Todavía* no nos habíamos acostado juntos, pues los corazones no conseguían alinearse.) Se suponía que Pascha era otra distracción mía, pero las distracciones ya no funcionaban. Mi depresión se iba profundizando y, por vez primera, no me la podía beber, no me la podía viajar, no me la podía comprar y no me la podía follar.

Pensando que estaría en Portland durante algún tiempo, había realquilado mi apartamento en Los Ángeles. Eso significaba que podía irme adonde quisiera hasta que mi baja médica finalizara. Pero, ¿adónde? Me había llevado ropa suficiente como para flexibilizar mi limitado vestuario: unos caros zapatos Camper de Mallorca y algo con lo cual disfrazarme, por si surgía algún evento que me permitiera ponerme guapa. Después de años viajando con sólo una mochila podía ser minimalista, pero no me agradaba. También me había llevado tres libros, un diario y un cuarzo rosa grande, al cual me aferraba cada vez que me sentía caer en la oscuridad de nuevo. Se venía conmigo a todas partes.

Sin saber adónde ir después, se me ocurrió buscar una sanadora energética, que me dijo que ni se me ocurriera volver a casa. «Sigue adelante», me dijo durante una sesión de reiki. Pero yo estaba al final de mi camino. Yo no sabía quién era yo ni qué quería, y no podía sentir nada; la depresión me había embotado los sentidos. No podía sentirme a mí misma.

De regreso al hotel, después de la sesión de reiki, se puso a llover. Suave al principio, fue incrementando en intensidad hasta convertirse en un aguacero atronador. No me había traído un impermeable y no tenía nada que ponerme sobre la cabeza. Pero no estaba lejos —o eso creía yo—, de modo que aceleré el paso bajo la lluvia… hasta que se terminó la acera.

Con mucha cautela, seguí caminando por el arcén de la autopista con la esperanza de que no llegara un automóvil y me salpicara o, peor aún, me atropellara, y esperando que el hotel apareciera pronto como la Ciudad Esmeralda de *El mago de Oz*. Y, de pronto, en mis audífonos comenzó a sonar el álbum *Soldier of Love*, de Sade, de modo que marché por las calles bajo la lluvia escuchando el álbum, repitiendo una y otra vez la canción del título… «I've lost the use of my heart. But I'm still alive» (He dejado de usar el corazón. Pero sigo viva).

Tras equivocarme en varios giros de calle, el camino del hotel me quedó claro de nuevo. Una vez en el hotel, me sequé, entré en calor, me di dos lingotazos de whisky y me puse a valorar las opciones que tenía. Mi madre había estado rogándome que fuera a visitarla, pero no quería que ella me viera así. Sin duda la mataría. Y lo mismo mis hermanas.

Era la negación de mí misma hablando. Mi familia, tanto entonces como ahora, sólo quiere lo mejor para mí. Pero no quería estar con ellos debido a esa pulsión interior mía para que se sientan orgullosos de mí. Se suponía que yo tenía que tener logros, cumplir con el sueño de unos progenitores inmigrantes con sus hijas de alcanzar la más elevada clase social, de destacar en todo cuanto tocara. ¡Ellos estaban tan *orgullosos* de que yo fuera abogada! Cuando terminé mis estudios de Derecho, me organizaron una fiesta a la que invitaron a todos los ghaneses de Colorado con el fin de compartir nuestro logro. Al fin y al cabo, ahora *todas* teníamos a una abogada, no sólo mis padres. Mi logro era un logro comunitario. ¿Cómo iba a mirarlos a los ojos para decirles la verdad, para decirles que odiaba ser abogada y que la vida de abogada me estaba matando?

Así que, en vez de llamar a mi familia, me levanté y llamé a mi amiga Kristin, que tenía curiosidad por saber cómo me estaba yendo el romance. No podía admitir que me acababa de perder, que estaba aún mojada y que estaba llorando como una cría, pero sí que podía decirle que ahora estaba libre para viajar. Intenté que pareciera que estaba encantada de estar de viaje y no anhelando alguna dirección hacia la cual ir, y Kristin me invitó a que fuera a su casa en Colorado. Acepté ávidamente. Otra aventura; otra distracción. Tendría que enfrentarme a mí misma en algún momento. Pero hoy no. No estaba preparada.

La depresión miente. Te dice que no hay esperanza, que mañana va a ser exactamente como hoy, que eres una carga, que es contagiosa, que a nadie le importas, que es culpa tuya; que, dado que no tienes la fuerza suficiente para superarla, tampoco tendrás la fuerza suficiente para ponerte bien; y que tú no sabes lo que es estar «bien», que no te lo mereces.

Pero, sobre todo, la depresión te dice que nadie puede comprenderte y que nadie puede ayudarte. Ni siquiera –o, sobre todo– las personas más cercanas a ti, a las que más quieres.

Cuando Martha me llama, no está en condiciones de hablar. Respondo al teléfono mientras estoy limpiando mi apartamento, un martes por la tarde, y se me cae la fregona cuando escucho un llanto desgarrador al otro lado. Me siento en el suelo. No esperaba una llamada como ésta, pero las doulas de la muerte estamos normalmente listas para gestionar emociones difíciles sin previo aviso. Entre sollozos ahogados, me dice que a su hijo Sean lo acaba de encontrar muerto su compañero de apartamento. Estaba en el suelo de su habitación. Al parecer se ha suicidado de un disparo en la cabeza.

Tenía 31 años.

Comprensiblemente, Martha no puede entender lo que ha escuchado ni lo que significa realmente. Sean era su único hijo. Se había ido a vivir a Utah un par de años atrás para dedicarse a los deportes al aire libre y para llevar un ritmo de vida más tranquilo que en Los Ángeles.

—Lo siento. Creí que lo estaba haciendo mejor –dice Martha, tragando saliva con cada frase que dice.

Es como si estuviera intentando tragar canicas. Hace sólo unas horas que el compañero de apartamento de Sean la ha llamado. Puede incluso que el cuerpo de su hijo aún esté en el piso, esperando al levantamiento del cadáver por parte de la oficina del forense. Le recuerdo a Martha que la muerte de Sean es demasiado reciente como para haber tenido tiempo de asimilar la noticia: su hijo está muerto y probablemente lo está por su propia mano. ¿Cómo va nadie a tener la cabeza en su sitio con algo así, ni siquiera décadas después de sucedido, mucho menos cuando sólo hace unas horas? Me sorprende que Martha no esté incluso comatosa, sentada en un sillón y con los ojos perdidos en la nada. Y, sin embargo, me ha llamado buscando apoyo.

Hay personas que quedan arrasadas cuando les llega la noticia de la muerte, en tanto que otras actúan. Martha es claramente de las últimas. En cuanto la llamó el compañero de apartamento de Sean, ella llamó al padre de Sean, del cual se había divorciado décadas atrás, así como a sus propios hermanos. Uno de ellos les sugirió que buscara apoyo, y Martha buscó en Google hasta que me encontró. La mía es su quinta llamada telefónica.

Una doula de la muerte no es, probablemente, la primera persona en la que pensarías tras una muerte repentina, dado que la mayor parte de nuestro trabajo lo hacemos con personas que son conscientes de que la muerte se aproxima. Y dado que trabajamos con los moribundos y su entorno, nuestros servicios resultan valiosos para todos los que se ven afectados por la muerte, aunque se trate de una muerte súbita. En el peor de los casos, podemos ser esa persona de apoyo que no emite juicios y que te acompaña en el viaje. Unas cuantas respiraciones profundas juntas más tarde, Martha está en disposición de actuar.

—Okey, entonces, ¿qué tengo que hacer ahora? –pregunta.

—¿Necesitas un día o dos para asimilar la noticia antes de intentar hacer algo? –sugiero.

—No. No lo necesito.

La escucho alto y claro. Puedo apreciar a una mujer que se conoce a sí misma, a pesar de lo que yo pueda creer que es mejor. Le pregunto si quiere ir a Utah o prefiere quedarse en Los Ángeles. Comprensiblemente, Martha quiere ir para estar con su hijo, identificar su cadáver y recoger sus cosas. Su voz se rompe cuando me dice que quiere ver sus obras de arte. Y habla rápido y furiosa de la pistola. Ella no sabía que tenía una pistola.

Le pregunto cómo quiere proceder. El tipo de trabajo que hagamos juntas después de esta llamada telefónica dependerá de cuánto quiera hacer Martha por sí misma, dado que el trabajo de resolver asuntos se puede hacer con una mínima implicación por su parte. También puedo asesorarla por teléfono, organizando un calendario de consultas para responder a sus preguntas, o bien para ponerla en contacto con un graduado del programa de formación de doulas de Going with Grace que esté en Utah a través de un servicio de asignación de doulas en la zona.

—Necesito hacerlo todo. No me puedo quedar aquí sentada. Sólo necesito a alguien que me diga qué tengo que hacer, alguien que me apoye mientras lo hago. ¿Te parece bien? ¿Puedes tú hacer eso? ¿Puedes sujetarme?

Su voz se ha vuelto fina, tensa y aguda, suplicante.

—Haré cuanto pueda.

«Espalda fuerte, pecho suave»: éste es el lema que me enseñó mi maestra Olivia.

Colgamos después de programar consultas por teléfono para el mes que viene. Quiero esperar unos cuantos días para que Martha reflexione sobre nuestro acuerdo, pero ella me asegura que va a sentir lo mismo dentro de dos días. Tras un fallecimiento se suelen tomar decisiones precipitadas, y yo quiero que Martha tenga la cabeza lo más clara posible antes de firmar un contrato. Intento recordar esto a todos mis clientes, dado que suelen tomar decisiones rápidas y excesivamente caras con las funerarias, por ejemplo, poco después de un fallecimiento. No hay prisa. Deja que la muerte se cueza a fuego lento. Los servicios estarán ahí, y el dolor también estará ahí todavía.

En las semanas que siguen a la muerte de Sean, Martha subarrienda un apartamento durante un mes en Salt Lake City, a menos de un kilómetro del apartamento de Sean, encuentra una funeraria que le reconstruya el rostro a su hijo para que ella pueda ver su cadáver y acuerda el funeral. También contacta con el departamento de policía para asegurarse de que se queden la pistola que Sean utilizó para acabar con su vida y la destruyan. Antes de llegar, encuentra un servicio de cuidado de alfombras que lo deje todo inmaculado para que no tenga que ver manchas de sangre en el suelo. Mete en cajas la ropa y los libros de Sean, reenvía su correo, vende su equipo de escalada y su bicicleta de montaña, y enmarca sus dibujos para conservarlos. El compañero de apartamento de Sean le ayuda y le dice cuáles del resto de pertenencias de Sean quiere quedarse él. El resto lo dona. Hay personas a las que el dolor les proporciona energía, a otras las aniquila. En lo referente a la lista de comprobación de «asuntos por resolver», Martha va viento en popa. Emocionalmente, sin embargo, está en aguas revueltas.

—No puedo dejar de preguntarme si hubiera podido detenerlo. ¿Es esto normal? –pregunta de pronto mientras estamos hablando sobre la posibilidad de cerrar las cuentas de Sean en redes sociales.

Martha pudo iniciar sesión utilizando la contraseña de su teléfono móvil, que encontró en su ordenador, que no disponía de clave de entrada. Ésta es una pequeña victoria. Martha descubre una lista de mensajes directos, entre ellos los de una mujer que hace alusión a una ruptura reciente. Ella no tenía ni idea de que Sean pudiera estar saliendo con alguien. Como sería de esperar, está intentando que su cerebro comprenda cómo pudo su hijo tomar una decisión tan drástica. No encuentra pistas, ni respuestas. Todas las respuestas se fueron junto con Sean.

Sean era un chico un tanto melancólico, que era bien querido por sus amigos hasta que comenzó la enseñanza secundaria. Allí sufrió de un inmisericorde acoso por parte de sus compañeros debido a su constitución delgada y larguirucha, a su acné y a su amor por la tierra, las rocas y los animales de granja. Habiendo sido un buen estudiante hasta entonces, sus notas se vinieron abajo. Dejó de hablar con Martha, se pasaba durmiendo los fines de semana y comunicaba sus deseos entre murmullos. No comía nada que ella le preparara y comenzó a beber agua directamente del grifo. Ella pensó que o bien su cuerpo estaba anegado de hormonas de la pubertad o bien estaba deprimido. En algunos casos, esto es indistinguible, de modo que decidió esperar un poco.

Por lo que Marta sabía, aquella fase «la había superado». Tras unos años en un colegio mayor, se enamoró del anime y de la escalada, e incapaz de ganarse la vida como artista visual, estuvo trabajando en cocinas de restaurantes para pagar las facturas, con el fin de continuar dibujando, y escalando cuando el tiempo lo permitía. Recientemente había perdido su trabajo, pero le dijo a su madre que todo estaba bien y, desde la distancia, lo único que pudo hacer ella fue confiar en su palabra. Sentí una punzada al escucharla, al acordarme de la voz de mi madre por teléfono, preocupada por mí y repitiendo impotente «¿Sólo bien?». Aunque Martha hubiera estado allí, Sean probablemente habría enmascarado delante de ella hasta qué punto estaba mal. Es una habilidad que tenemos las personas que forcejeamos con la salud mental.

Tomando una cerveza una noche, el compañero de apartamento de Sean le cuenta que, después de que éste se quedara sin trabajo, se pasaba la mayor parte de los días en el sofá con los videojuegos, que inspiraban en gran medida su arte. Se iba a dormir muy tarde, dormía hasta bien entrada la tarde y se ponía de nuevo cara a la pantalla con los videojuegos hasta altas horas de la madrugada. Dejó de salir con sus colegas de escalada y los platos se iban acumulando en su dormitorio. Su compañero de piso se estaba empezando a cansar de la falta de limpieza, pero no le dijo nada porque estaba claro que Sean «estaba atravesando algo».

—¿Pero cómo iba a saber yo que se iba a suicidar? –me dice Martha exasperada.

—Exactamente. No podías saberlo.

¿Cómo puede saberlo nadie?

Dadas unas circunstancias particulares, el aislamiento y la falta de apoyo en materia de salud mental, creo que bastantes personas serían capaces de hacer esto mismo, incluidos los que no lo parecen… incluida yo misma. Todos aparentamos ser inmunes a ese grado de desesperación, pero no lo somos. Estamos todos a una llamada de teléfono, a un diagnóstico, a un desequilibrio hormonal, a un concurso de acreedores, a un accidente de la discapacidad física o mental que puede llevarnos a no querer seguir viviendo.

No hay mucho que pueda ofrecerle a Martha en términos tangibles. Su mente racional sabe que no hubiera podido detener a Sean, pero su corazón de madre cree que debería haber sabido que su hijo estaba mal. También se siente culpable por estar enfadada con Sean por suicidarse. Lo único que puedo hacer es escuchar, validar sus forcejeos, ofrecer recursos y ser testigo de su dolor y su confusión.

En sus momentos más reflexivos, Martha me confiesa su vergüenza. El sonido de estar tragando canicas vuelve. Le avergüenza que su hijo haya muerto de esta manera y le preocupa el estigma que supone. «¿Qué tono debería adoptar el funeral?»; «¿Deberíamos reconocerlo?»; «Todos los que van a venir lo saben ya»; «¿Deberíamos mencionarlo en su obituario? Entonces lo sabría todo el mundo».

Me resulta imposible responder *por* Martha a preguntas como éstas. Sus niveles de aceptación respecto a la salud mental difieren de los míos, de modo que será mejor que ella respete sus propias necesidades. La animo a centrarse en sí misma y en Sean a la hora de tomar decisiones, dado que el ritual del funeral suele ser tanto para los vivos como para honrar la vida de la persona que ha fallecido. ¿Qué sería mejor para ella? ¿Qué le perjudicaría? ¿Bajo qué circunstancias querría ella que la gente supiera cómo murió Sean? ¿Y por qué? ¿O por qué no?

Me entristece pensar que una decisión como la del suicidio sea una decisión que haya que ocultar. Le recuerdo a Martha que la muerte de Sean, aunque fuera por su propia mano, sigue siendo una muerte digna del dolor, de la sensación de pérdida y de la reverencia que prestamos a otras muertes. Si Sean hubiera muerto por una enfermedad que hubiera avanzado sin tratamiento alguno hasta darle muerte, no habría esa sensación de vergüenza. Nos apresuramos a decir de alguien que ha muerto tras una dolorosa enfermedad que «se ha liberado al fin del sufrimiento y del dolor», pero no decimos los mismos tópicos tras una muerte por suicidio, aunque sea igualmente cierto. Sean tenía una enfermedad de la mente que, en plena depresión, rara vez se siente como una enfermedad. Se siente como una verdad. Lo que mató a Sean fue una depresión grave. La mayoría de los suicidios son el resultado de una enfermedad, pero no nos lo planteamos como tal.

No todo lo que tiene que hacer una doula de la muerte es amoroso y luminoso. El trabajo de la muerte se ocupa también de muertes duras, descarnadas, aterradoras y dolorosas. Hay bebés que mueren, y hay homicidios sangrientos, sobredosis, accidentes que se podrían haber evitado, circunstancias devastadoras. La gente muere de todo tipo de cosas, no sólo de enfermedades, en las cuales tenemos la oportunidad de despedirnos y contemplarlo todo como un proceso natural del cuerpo. Toda forma de muerte exige atención, duelo, suavidad y misericordia. Y todas son sagradas, merecedoras de honor y sacralidad.

Hasta hace poco, el lenguaje habitual que se utilizaba para hablar de una muerte por suicidio era que la persona había «cometido» suicidio, porque se tenía por un acto criminal en muchos lugares del mundo, y todavía lo es en Ghana. Obviamente, no es castigable porque, si logra su objetivo, no hay nadie a quien castigar. El suicidio ya no se considera un delito en los Estados Unidos, al menos en términos legales —aunque en algunos estados todavía tienen leyes de «tentativa de suicidio» en los libros—, pero la mancha permanece. «Muerte por suicidio» sería una forma más precisa de expresarlo, como otra manera más en que la gente muere, en gran medida igual que la muerte por cáncer, la muerte por ahogamiento o la muerte por toro enfurecido. No es un delito. Es una manera de escapar de una vida dolorosa.

Socialmente, hemos interiorizado algunas de las mentiras de la depresión, como que la tristeza es un error, que es mala, que no es valiosa... que hay que «mejorar». Celebramos el bienestar y no dejamos espacio para el pesar, el malestar, la pena ni cosa alguna que no sea el «Estoy bien», cuando la verdad es que la vida es complicada, dolorosa y difícil. Los seres humanos integrales sienten un rango integral de emociones, pero sólo aplaudimos la mitad de ellas, ocultando las emociones que percibimos de forma negativa por miedo a que nos juzguen. Y ahí es donde se pudren y se hacen grandes, lo cual nos lleva a intentar ocultarlas aún con más ahínco.

La gente dice «no estás solo» constantemente, pero la soledad de la depresión es cavernosa, envolvente, ensordecedora, sobreponiéndose incluso a las voces que nos llegan del exterior. Paradójicamente, *todos* nos sentimos solos en nuestros momentos más bajos, de modo que ocultamos, ocultamos, ocultamos. Ocultamos hasta que ya no podemos escuchar las voces interiores, hasta que nos convertimos en muertos vivientes, hasta que tocamos fondo, hasta que alguien ve lo mal que lo estamos pasando, hasta que les dejamos que nos ayuden, o hasta que no les dejamos y morimos.

Capítulo 13

Legados turbulentos

Las cosas que intentamos ocultar en vida salen a la luz en la muerte: conflictos no resueltos, remordimientos enquistados, oscuros secretos… Por mucho que huyamos de estos demonios, siempre encuentran la manera de alcanzarnos para atormentarnos en nuestro lecho de muerte. Si morimos con un asunto por sin concluir, se convertirá en una carga que les dejamos a los que quedan atrás. Las heridas generadas por los moribundos no se borran con su muerte. De hecho, a veces se hacen más profundas. La urgente necesidad que sentimos por huir de nuestros secretos lo único que demuestra es el poder que éstos tienen sobre nosotros.

¿Y si nos atrevemos a hablar de aquello que nos da miedo, a responsabilizarnos de nuestras mierdas, a enfrentarnos a los problemas? Es un arduo trabajo que no conviene dejar para cuando estamos en el lecho de muerte, de modo que ¿por qué no aprovechar las oportunidades que nos presenta la vida? Una buena parte de lo que supone abrazarnos a nuestra mortalidad significa reconciliarnos con nuestras relaciones. Cuando te imaginas a ti mismo en tu lecho de muerte, ¿quiénes están a tu alrededor? ¿Quiénes han decidido estar ahí? ¿Quiénes han decidido *no* estar ahí y por qué? Es importante reconocer las relaciones difíciles que hemos tenido y las complicadas emociones que nos han generado. Reconocer nuestros sentimientos: el resentimiento, la ira, el sentimiento de haber sido traicionados o de rechazo hacia nosotros mismos es un buen punto de partida. Y todavía será mejor si podemos abordarlo con las personas que causaron esos sentimientos o los recibieron. Hay veces en que es demasiado tarde. Cuando se acerca el final de la vida, he observado que a la gente les suelen preocupar tres cuestiones principalmente:

¿A quién quise o amé?

¿Cómo fue mi cariño o amor?

¿Fui querido o amado?

Las respuestas son tan variadas como las propias vidas de las personas. Pero esas respuestas apuntan a la verdad. Desde el momento en que se nos reconoce como seres humanos –sea en la concepción, en el vientre materno o al nacer– comenzamos a dejar un legado, una herencia. Dejamos un legado con cada palabra, con cada sonrisa, con cada acción y cada inacción. No es opcional. Nuestros legados pueden ser grandes o pequeños. Lo que importa es que siempre vamos a alcanzar a alguien. El modo en que lo hagamos dependerá de nosotros.

Cuando muramos, ese legado será revelado, y los resultados no son siempre positivos.

Hace unos años, leí un obituario que me cortó la respiración. Los hijos de una mujer que había muerto pusieron a su madre de vuelta y media para que todo el mundo se enterara de quién había sido. Había sido una mujer tortuosa durante toda su infancia y, más tarde, había estado abusando de ellos siendo ya adultos, sometiendo a todas las personas que conocía a su maldad, su violencia, sus actividades criminales, su vulgaridad y su «odio al espíritu humano gentil y amable». En el obituario decían que, de algún modo, «celebramos su muerte en esta tierra y esperamos que, en la otra vida, reviva cada gesto de violencia, crueldad y culpabilidad que tuvo con sus hijos». Nunca había leído algo tan mortificante ni tan enraizado en una agonía tan profunda.

El obituario apareció impreso y en Internet por muy poco tiempo, pues lo quitaron rápidamente. Nunca podré saber por qué lo quitaron, pero me pregunto si, habiéndolo hecho público, aunque fuera temporalmente, aquel obituario pudo cerrar heridas y proporcionar algo de paz a los hijos de esa mujer, como una señal de que la pesadilla había terminado. Quizás lo retiraron por la naturaleza cáustica de sus sentimientos, que tocaban de lleno un tabú social: que no podemos hablar mal de los muertos. Si no podemos decir algo bonito, se nos enseña a no decir nada en absoluto. Pero esto supone reprimir la necesidad, tan humana, de hacer duelo por una relación dificultosa.

Y en tanto que yo he visto, ciertamente, unas cuantas relaciones así en mi trabajo como doula de la muerte, también debo decir que es raro que las personas acepten bien su muerte, sabiendo que han hecho daño a los demás, sin intentar enmendarlo de alguna manera. Por desgracia, a veces es demasiado tarde.

También he estado hablando con clientes que me han confesado entre lágrimas que no sabían qué hacer con sus sentimientos respecto a un miembro enajenado de la familia que estaba muriendo, aunque hubiera un intento de reconciliación. Se preguntaban: «¿Cómo vamos a hacer duelo por alguien que va a dejar la tierra con un legado tan turbulento?».

Cuando Janet me llama por primera vez, se muestra desenfadada y profesional, y va directa al grano. Es evidente que quiere gestionar algunos temas, y me sorprendo cuando me entero del alcance del asunto. Tras haber sido remitido a cuidados terminales, su moribundo padre, James, le ha dicho que tiene otros cinco hijos de los cuales ella no sabía nada. Como hija única de su madre y de su padre, que habían estado casados, Janet, de 42 años, se siente frustrada, herida y furiosa. Y ahora James quiere que Janet trabaje con sus recién descubiertos hermanos y que se coordinen para resolver sus propias necesidades —las de James— al final de su existencia.

Mi reacción se puede resumir en una palabra: «¡Huy!». Nunca me habían llamado para dar apoyo en unas dinámicas familiares tan densas, y tengo la sensación de que esto está *muy lejos* del alcance de mi trabajo. Es trabajo para un mediador o un terapeuta familiar más que para una doula de la muerte. Siempre hay disputas familiares al final de la vida, pero, hasta este momento, nunca había tenido que tratar con hermanos desconocidos, amantes secretas y familias ocultas.

Todos los hermanos son conscientes de que James morirá pronto. Janet dice que James quiere paz, tanto en su interior, por los secretos que ha estado ocultando durante su vida, como entre sus hijos. Paradójicamente, su necesidad de paz ha provocado un terremoto en Janet.

Ella tenía asumido que sería la única en tener que lidiar con las decisiones del final de la vida de su padre, quien tendría que gestionar sus finanzas y planificar su entierro y demás servicios. Pero ahora tiene que coordinarse con cinco extraños hacia los cuales no puede sentir otra cosa que cierta animosidad, aunque no tengan la culpa de nada. Janet también está agradecida de no haber tenido que discutir nada de todo esto con su madre, que murió nueve años antes. Está furiosa con su padre, que ha intentado explicarle su decisión, pero, comprensiblemente, nada de lo que él diga puede calmarla.

—No sé cómo voy a hacer esto, Alua. Él se está muriendo y ahora yo tengo que poner orden en sus jodidos líos.

Hasta aquel punto de nuestra conversación, Janet se ha mostrado fría y comedida acerca de la situación en la que se encuentra, pero la fachada se le ha caído.

No tengo ni idea de qué decirle. «Reconoce y valida», me recuerdo a mí misma. Intento imaginar lo que yo sentiría si me ocurriera lo mismo, y me doy cuenta de que no puedo hacerlo. De modo que, en vez de recurrir a la empatía, opto por la compasión.

—Es totalmente comprensible –digo por fin–. Es una situación muy difícil.

—Tengo que hablar con ellos, pero no sé cómo –continúa Janet–. No quiero tener nada que ver con ellos y, en estos momentos, no quiero tener nada que ver *con él*. Pero no tengo elección. No puedo abandonarle en su lecho de muerte. ¿Cómo vamos a hacer esto?

Incluso en su cólera y su frustración, no deja de utilizar el *nosotros* para incluir a todo el mundo, y creo que eso también me incluye a mí.

En esta situación, me siento totalmente sobrepasada. Me ofrezco para encontrarle un mediador o un terapeuta familiar, pero Janet insiste en que quiere trabajar conmigo, de modo que le ofrezco las herramientas de las que dispongo.

—¿Crees que serviría de ayuda si os explico a todos juntos las cosas que hay que hacer cuando un familiar está al final de su vida y os ayudo a decidir cuáles de ellas os gustaría asumir cada uno?

—Sí –responde y, tras una pausa, añade–. Creo.

Organizamos una reunión *online* de hermanos en la que les informaré de las distintas cosas que hay que hacer para acompañar a un moribundo y determinar quién se va a encargar de cada cosa. En mi estupidez, programo sólo una hora para el sábado por la tarde para lo que podría ser un trabajo de toda una vida.

Los objetivos de la reunión son educativos y colaborativos, y comenzamos con las presentaciones. Algunos de los hermanos se conocen entre sí y algunos de ellos se han encontrado personalmente con anterioridad, pero no parece haber vínculos de afecto. Haciendo un cálculo rápido, discierno que unos estaban naciendo cuando otros estaban en el útero o eran muy pequeños. Los rangos de edad van desde los casi cincuenta años hasta los treinta y tantos. Todos nacieron durante el matrimonio de James con la madre de Janet. Es, hasta en el más rebuscado sentido de la palabra, un follón.

Las tensiones se disparan antes incluso de que todo el mundo haya tenido la oportunidad de hablar. Muchos resoplidos y muchos ojos en blanco. Las Olimpíadas de la Aflicción han comenzado. Las Juegos Olímpicos de la Aflicción tienen lugar cuando alguien insiste en que la muerte del ser querido le duele más que a algún otro debido a distintas circunstancias. Normalmente, comienzan con «Al menos tú…».

Al menos tú no le tuviste tanto tiempo como yo.

Al menos tú lo tuviste para algo más que cumpleaños y algunas vacaciones.

Al menos tú sabías quién era.

Al menos tú no tuviste que descubrir que no era quien creías que era.

Al menos tú pudiste vivir con él.

Al menos tú no tuviste que ver cómo se iba apagando.

Al menos tú sabías que estaba enfermo.

Es un orfeón del resentimiento, en el que cada uno canta el estribillo más fuerte. Desde mi perspectiva, la de una persona externa, todos ellos tienen derecho al dolor que sienten. Todos y cada uno. En el dolor, no hay medallistas olímpicos. Con el fin de reagruparse y reiniciar la energía, pido que hagamos un receso. Llevamos sólo 20 minutos de reunión. Se está yendo todo a pique rápido.

Llamo a Janet de inmediato y le ofrezco el número de teléfono de un mediador al que he recurrido antes en caso de que quiera pasar de todo. Tengo la sensación de estar de mirona y éste no es mi trabajo, pero no puedo dejarlos así. El dolor colectivo va más allá de lo que yo sé gestionar, y temo estar empeorando la situación. Janet está en total desacuerdo y quiere que continúe en la conversación. Quiere saber cómo se siente cada uno en relación con la muerte de su padre. Quiere gestionar lo que su padre no gestionó en vida. No quiere llevar su muerte ella sola. Y cree que yo puedo sostener el grupo. Treinta malabarismos más tarde, volvemos a la videollamada con un plan de juego.

Nada más empezar, pido a cada uno de los hermanos que recuerde que todos y cada uno de los demás también está sufriendo, y que tenemos un objetivo común. Después, paso la palabra a Janet, que les da las gracias por su presencia y admite que ha tenido cierto sentimiento de superioridad por haber sido el único descendiente «legítimo». Los Juegos Olímpicos de la Aflicción amenazan con comenzar de nuevo cuando el mayor de los hermanos reclama su posición por haber sido el que ha tenido una relación más larga con el padre, pero Janet lo desarma pidiéndole perdón: toda una heroína. Las tensiones remiten. Janet habla de su tristeza ante la inminente muerte de James, pero señala también el alivio que siente al saber que no va a estar sola en la responsabilidad de todo lo que supone su muerte. Los hijos únicos tienen que soportar una carga muy especial cuando los progenitores fallecen. Poco a poco, cada uno de los hermanos comparte su dolor por no haber podido relacionarse antes con los demás, así como su frustración con el padre por no haberlos presentado antes. Por fin han encontrado un terreno común. Al cabo de una hora y veinte minutos de reunión, encontramos finalmente una vía para empezar a discutir aquello para lo que nos habíamos reunido.

Todos tienen claro que quieren respetar la decisión de James de morir en casa. Dado que Janet ha tenido largas conversaciones con él acerca del tratamiento médico y vive en la misma ciudad, se acuerda que se le asignen a ella los poderes médicos notariales. Ella se establecerá en la casa de su padre y cuidará de él, recibiendo relevos de una hermana que vive en una ciudad vecina. Cuando aparece el tema de los poderes económicos notariales todo el mundo se eriza, hasta que se acuerda que el hermano contable sea el que figure en los papeles, aunque todas las decisiones financieras se tomarán de común acuerdo. No me ofrezco para facilitar estas reuniones porque valoro mi paz mental.

Finalmente, a las dos horas y media de reunión, estamos haciendo progresos, aunque hay multitud de pequeñas tareas pendientes por repartir.

En la fase final de la reunión, uno de los hermanos pregunta si a su madre se le permitirá ir al funeral. Ella tuvo una relación romántica con James y quiere despedirse de él. Janet está que echa humo. Apenas está comenzando a reconciliarse con la idea de que tiene hermanos y no quiere tener que verse cara a cara con esas mujeres que no son su madre. Tras un intercambio de palabras tensas, acuerdan que las madres pueden venir si así lo desean, siempre y cuando todo el mundo se comprometa a mantener una actitud pacífica. Esto es especialmente doloroso para Janet, dado que su madre ya no vive. Sin embargo, también se siente aliviada por el hecho de que su madre no tenga que sufrir viendo las representaciones físicas de las infidelidades de su marido. Eso hubiera sido un duelo tras otro y tras otro.

Tras casi cuatro horas y un buen número de tentempiés y descansos para estirar las piernas, la despedida es tan suave como un estropajo de aluminio, pero al menos lo hemos conseguido. Me sorprende que nadie haya abandonado a mitad de la reunión.

Cada uno de los hermanos y hermanas tiene ahora por delante su duelo personal que trabajar, además de las funciones que hemos asignado a cada uno durante la reunión. Cada uno tiene también que empezar a reconciliarse con los secretos que su padre guardó a lo largo de su vida y con su sendero individual de perdón. O no. La muerte de una persona no implica necesariamente que la perdonemos si eso no nos sirve, siempre y cuando estemos en paz con la decisión tomada, que es lo que realmente importa.

Dos semanas más tarde, Janet me llama para decirme que su padre murió rodeado por el amor y las risas de cuatro de sus seis hijos en torno a su lecho de muerte. No tuvieron demasiadas oportunidades de hacer papeleos ni de resolver asuntos, pero comenzaron a establecer relaciones. Janet se sorprendió al ver a uno de sus hermanos caminando del modo en que lo hacía su padre, y accedió a hacer de tutora de un sobrino. Juntos acompañaron a la muerte al hombre que les había dado la vida.

Cuando muere alguien que nos ha hecho daño, es difícil gestionar a un tiempo el dolor y la ira, o el pesar y el alivio. O simplemente darte permiso para sentir esas cosas en diferentes grados. No todo el mundo está triste cuando alguien muere. Hay quien se siente aliviado. No toda pérdida es una verdadera pérdida, y el dolor no siempre tiene el aspecto de la tristeza. Conviene dejar espacio para otras respuestas ante la muerte, no sólo tristeza y desesperación, si queremos honrar la exuberancia de la experiencia humana.

Los legados dolorosos y penosos no siempre tienen el mismo aspecto. Por ejemplo, mi cliente Jack, de 88 años, era un racista furibundo. Pero también era querido por su familia, que son quienes en última instancia me contrataron.

Los hijos de Jack, Andrew y John, me llaman por causa de su desacuerdo acerca de si su padre necesita medicación adicional para el dolor. Sus esposas son las que les animan a buscar mi opinión.

Jack viene quejándose de cierto dolor a John, que lo único que quiere es que se sienta cómodo. Sin embargo, dado que Jack no presenta señal alguna de dolor, Andrew dice sentirse preocupado ante una potencial adicción a los opiáceos. Ambos parecen auténticamente preocupados por su padre, y se tratan mutuamente con respeto, pero ninguno de los dos da su brazo a torcer. Durante la llamada telefónica, se puede escuchar de fondo a Jack gimiendo de frustración.

Tras asegurarme de que Andrew y John tienen claro que las doulas de la muerte no administramos medicación contra el dolor porque eso es un tratamiento médico, y que yo me atendría a lo que dice el médico, ellos insisten en contratarme. Quieren que les ayude a comprender las siguientes etapas del proceso, y quieren «leer la misma página» para ir los dos a la vez. Accedo a reunirme con ellos. Andrew me recibe de manera amable, con una camisa azul claro y unos pantalones caqui, en el exterior de la valla metálica de la casa de Jack. Su mirada avergonzada me pone en alerta de inmediato.

—Debería haberte dicho antes de venir —me dice— que mi padre es un poco racista.

Le miro atónita y trato de asimilar el jodido «detalle» que olvidó mencionar. Él sabe que soy negra. Podría haberme ahorrado la hora y media de automóvil para salir de Los Ángeles y toda la gimnasia emocional que voy a tener que hacer para afrontar esto.

—¿*Un poco* racista? –pregunto–. Un poco racista es un racista integral por lo que a mí respecta. No fue esto lo que acordamos.

Mi tiempo en la Tierra es limitado y prefiero no pasar *ni un solo instante* de ese tiempo con personas para quienes mi mera existencia les hace sentir odio.

—Lo sé. Lo siento –parece sinceramente apenado–. No sabíamos qué otra cosa hacer y no sabíamos de nadie más que pudiera ayudarnos. Además, tú sólo vas a hablar con *nosotros,* ¿no es así?

Aprieto los labios, respiro profundamente y hago balance. Tiene razón en que estoy aquí para dar apoyo a los hijos, y el caso es que me he hecho todo el camino hasta aquí desde Los Ángeles. Estoy furiosa, pero accedo a entrar *exclusivamente* para hablar con Andrew y John. Jack está durmiendo en el salón, de modo que Andrews sugiere que entremos por la puerta trasera, cosa que me recuerda a los tiempos, no demasiado lejanos, en que se hacía entrar a los asistentes por la puerta de detrás.

—¡De ninguna de las maneras! No estamos en 1929. Voy a entrar por la puerta delantera –digo secamente, arrepintiéndome ya de haberme quedado.

Retorciéndose, Andrew reconoce su error y pide disculpas.

Apenas recuerdo su casa. Me salen dagas de los ojos en cuanto veo la cama en el salón de la casa nada más entrar, hiperconcentrada en ese anciano que odia a toda persona que tenga mi aspecto. Hay quien cree que las doulas de la muerte huelen a lavanda y llevan encajes, pero no es mi caso. Yo soy más de lapislázuli y lamé. La gente cree que somos ángeles por el trabajo que hacemos, pero mis hermanas y mis antiguos novios se les reirían en la cara en cuanto dieran a entender que soy un ángel. Si tú no me jodes, yo no te jodo. Así de simple. Te mandaré amor, pero desde lejos. Sigo siendo humana.

Ya en la cocina, me siento ante la mesa, junto a la ventana, e intento no enfadarme. Me ofrecen té, pero rechazo la oferta. Estoy aquí para hacer el trabajo, después de todo, y largarme. La mesa está cubierta con un mantel estampado con limones y hay un cuenco en el centro con fruta pasada; también hay papeles, blocs de notas y frascos con píldoras. Es la mesa que podrías encontrar en cualquier hogar en el que hubiera una persona gravemente enferma y moribunda: todo el mundo se encarga de las tareas a mano y casi se olvidan de comer. John, vestido como si fuera el hermano gemelo de Andrew, pero con la camisa de color blanco, está contento de verme y me ofrece unas disculpas igualmente vacías. Sabe que lo que han hecho es reprobable. Me han invitado a venir a un lugar que es violento para mí, en provecho propio y sin preocuparse por mí. O nunca han oído hablar de consentimiento o es que no les preocupa. Éste es el talante de los blancos en su forma más oportunista.

Intento ir directo al grano para poder salir cuanto antes de la cocina del infierno. Me dicen que el médico está de acuerdo con la idea de darle a Jack medicación adicional. Pero está tomando ya una alta dosis de opiáceos, y Andrew está preocupado con la posibilidad de que desarrolle una adicción. Les hablo del análisis de riesgos de coste-beneficio; es decir, el riesgo de una adicción (muy bajo) frente a un mayor dolor (alto), complicaciones frente a confort. La enfermera de cuidados terminales acaba de llegar y me pregunto si ella dispondrá de alguna información que no me hayan proporcionado los hermanos.

Después de que Andrew obtenga el permiso de Jack para que la enfermera y yo podamos hablar, ella me dice que Jack tiene una obstrucción intestinal que podría ser la causa del dolor. Observo en silencio mientras ella palpa su abdomen, pero Jack apenas hace una mueca de dolor. Ella mueve las manos y presiona con más fuerza. No hay muecas, no hay quejidos. Ella le pregunta cómo está. Él dice que está bien, pero pregunta de inmediato cuando le darán sus opiáceos. Esta manera de hablar me resulta extraña. La mayoría de las personas hubiera utilizado la palabra «medicina».

La enfermera le pregunta en cuánto estima su nivel de dolor, y Jack le dice de inmediato que nueve sobre diez. Me sorprende, porque la verdad es que no parece que el racista esté sufriendo. Sin embargo, nadie puede juzgar la experiencia subjetiva de dolor de otra persona. El dolor existente es el que dice tener la persona dolorida. No creerse los informes de dolor es uno de los principales factores que llevan a que las personas negras carezcan de acceso a la gestión del dolor y también a una mayor mortalidad de madres negras. Cuando alguien dice que le duele algo, sea de carácter emocional o físico, créele. Así pues, yo opto por creer a Jack.

La enfermera se afana en preparar los parches transdérmicos para el dolor y le limpia a Jack la zona del abdomen en la que se los va a fijar. Desvío la mirada para proporcionarle algo de privacidad, pero por dentro desearía verlo expuesto como cuando exhibían a la Venus hotentote. Y aunque sólo accedí a hablar con los hijos, ahora ya estoy dispuesta a ayudar, de modo que me comprometo a hacer mi trabajo del modo más completo posible. En contra de mi buen juicio, esto significa hablar con Jack. Cuando la enfermera ha terminado, se va a la cocina para hablar con Andrew y John y proporcionarnos algo de privacidad. Les oigo hablar entre susurros.

Jack tiene los ojos inyectados en sangre y tiene las mejillas enrojecidas debido a años de alcoholismo y a la propia enfermedad. Tiene la piel salpicada de manchas hepáticas de color marrón oscuro y púrpura, y tiene los labios agrietados y un poco azulados. Respiro profundamente.

—¿Sabes por qué estoy aquí?

Me mira con desdén y, a continuación, desvía la mirada.

—Sí, pero no sé lo que piensas que podrás hacer por mí.

Tiene la voz de alguien que se ha pasado la vida fumando y bebiendo whisky.

—Mis hijos dicen que has venido para que me den los opiáceos. Pero no sabía que eras una chica de color.

Para ser un tipo con manchas de color rojo y púrpura, los labios azules y el cabello blanco, hace falta tener morro para decir que *soy yo* la que es de color. Yo sólo tengo un color, el marrón chocolate, y lo tengo en todas partes, incluso donde no me da el Sol. Siendo consciente de que, a los 88 años, éste es el lenguaje y la terminología a los que está más acostumbrado, intento ser comprensiva y compasiva. Pero aun así me cabrea. Él lo sabe bien. Debe saberlo.

—Sí, soy negra. Y eso no tiene nada que ver con cómo hago mi trabajo, lo cual no tiene nada que ver con el hecho de si consigues o no la medicina. Yo no soy médico, y la enfermera sólo te ha puesto un parche.

—Entonces, ¿qué haces en mi casa?

«Respira, Alua. Controla la expresión de tu cara, Alua». Estoy intentando aparentar calma por fuera, pero por dentro estoy pegándome con él.

—Tus hijos y la enfermera me dicen que tienes un intenso dolor, cosa que lamento.

Es mentira. En realidad, desearía que le clavaran un millón de agujas en los globos oculares mientras un burro le da una coz en las rótulas.

—También me han contado que te estás muriendo. ¿Piensas mucho en eso?

—¿Tú qué crees? –dice en tono burlón–. No puedo ir a ninguna parte y no puedo hacer nada. Me paso el día aquí tumbado sin hacer una mierda, pero pensando que voy a morir. Eso es algo por lo que todo el mundo va a pasar en algún momento, y parece que me ha llegado el turno. Pero tú ya deberías entender eso.

Va soltando las palabras como si yo fuera una niña de cinco años. Aún no me ha vuelto a mirar.

«Respira, Alua. Controla la expresión de tu cara, Alua».

—Claro que lo entiendo, pero también entiendo que el hecho de saber que te estás muriendo trae consigo un montón de emociones, y algunas de ellas no son precisamente agradables. ¿Tienes algo de esto?

—¿Qué es esta mierda de mirarse el ombligo? No quiero pensar que me estoy muriendo, ni quiero que me preguntes nada sobre la muerte. No quiero hablar de ello. Y no quiero hablar contigo. Sólo quiero mis opiáceos…

«Ahí está la palabra de nuevo».

—Si no me los puedes conseguir, lárgate de mi puta casa.

La saliva sale volando de su odiosa bocaza junto con sus odiosas palabras, mientras finalmente se gira para mirarme directamente.

«Respira, Alua. Controla la expresión de tu cara, Alua».

Respiro profundamente y reflexiono si debo o no comprometerme. Esto es algo que todas las personas negras que conozco han de sopesar cuando interactúan con la América blanca. Quiero maldecirle en voz alta y decirle que espero que se atragante con una bolsa de pollas en su viaje al inframundo. Pero también quiero preservar mi paz interior, algo que este hombre amenaza con perturbar. Si me voy, ¿le habré dejado ganar? Si me quedo y me comprometo, colérica y vengativa, ¿le habré dejado ganar? No va a ganar. Hoy no, Satanás.

Lo que ocurre con Jack y su anhelo por los opiáceos está claro para mí. Está pasando por un profundo dolor emocional, psíquico y existencial. No quiere estar presente en su muerte. Además, está lleno de odio, y eso le hace más daño a él del que me pueda hacer nunca a mí. El odio se lo está comiendo vivo desde el interior. Si tenemos en cuenta la obstrucción intestinal, Jack está literalmente lleno de mierda.

Sin responderle, me voy a la cocina con Andrew y John, que están sentados delante de la mesa como dos asesores de congresistas que se hubieran perdido. He obtenido toda la información que necesitaba y estoy al límite de mi capacidad para soportar abusos por el día de hoy. Andrew y John se ponen de pie de un salto y me miran alarmados. Tengo la sensación de que no he controlado bien la expresión de mi cara.

—¿Qué ha pasado? –pregunta John espantado.

Las palabras se precipitan por mi boca al máximo de velocidad posible para poder irme.

—Vuestro padre es un hombre detestable e iracundo, y está asustado. Creo que, siendo perfectamente consciente de que se está muriendo, ha decidido que no quiere estar presente durante el proceso. Dijisteis que fue adicto a los opiáceos cuando volvió de la Guerra de Corea, ¿no es así?

Los dos se me quedan mirando, estupefactos.

—¿No es así? –preguntó con más intensidad, y ellos asienten rápidamente–. Es probable que se medicara entonces por el trauma de la guerra con sus opiáceos y que ahora quiera abordar el trauma de enfrentarse a la muerte de la misma manera. Sigue pidiendo «opiáceos» en lugar de medicación para el dolor. Y creo que sabe que la única manera que tiene de conseguir sus opiáceos es diciendo que le duele algo.

Hago una pausa.

—¿Algo más? –digo mientras agarro mi bolso, que está junto al cuenco de fruta, espantando a una docena de moscas de la fruta.

He terminado y estoy enfadada. Estoy enfadada con ellos por haber hecho venir a una negra idiota como yo sabiendo que su padre odia a la gente con mi color de piel. Estoy enfadada con este país. Pero con quien más enfadada estoy es conmigo misma por acceder a hacer el trabajo de todos modos.

—Entonces, ¿deberíamos darle la medicación? ¿No caerá en una adicción? –pregunta Andrew.

—Se va a morir de todos modos –digo levantando las manos–. Yo no puedo deciros lo que tenéis que hacer. Pero os he dicho lo que yo pienso. Y ahora me voy, y me voy por *la puerta delantera*.

En el automóvil, de vuelta a casa, lloro de frustración. Detesto la hipocresía con la que los hijos de Jack me han llevado hasta su territorio y estoy enfadada conmigo misma por no haber marcado mis límites contundentemente. Querer ayudar a los demás no significa que tenga que aceptar cualquier situación en la que pueda ayudar, porque, en ocasiones, esto me hace más daño que otra cosa. Antes de tener que enfrentarme a un cliente racista, yo te habría dicho que no lo iba a hacer ni loca. Pero acabo de hacerlo. Y me pregunto si no me habré hecho pequeña inconscientemente para que los blancos se sientan cómodos, una vez más.

Sacudo la cabeza y me recuerdo que tengo que respetar la sacralidad de mi «no», que es tan poderoso como mi «sí». Jack me obliga a encontrar las aristas y los límites en este trabajo que tanto significa para mí. Es un paso muy importante para cualquier persona que decida trabajar con la muerte.

La esposa de Andrew me llama mientras estoy en la carretera. Me aclaro la garganta y ajusto la voz para que no perciba mi dolor. Me pone enferma que los blancos sepan que me han hecho daño por causa de mi raza. Ella ha hablado con su marido y no deja de pedirme disculpas por lo que su suegro me ha dicho y por ser como es. Me dice también que Andrew y John han acordado darle a Jack medicación adicional para el dolor y que ya se lo han dicho. Al enterarse de que yo le había ayudado a conseguir lo que quería, el racista y colérico Jack se ha puesto a cantar mis negras alabanzas. Ahora dice que soy un ángel y que soy una «chica dulce». Con qué rapidez he pasado de no ser digna de estar en su casa a ser alguien a quien lanzar elogios cuando ha conseguido lo que quería de mí. Típico.

No volví a ver a Jack. Y no he vuelto a aceptar ningún otro cliente cuyas creencias le lleven al odio. No me volveré a hacer daño de esta manera.

Aunque llegué a despreciar a Jack y la forma en que me trató, me doy cuenta de hasta qué punto le querían. Para mí, Jack fue un monstruo. Se me revuelve el estómago sólo de pensar cuánto poder llegó a tener en el Ejército y lo que pudo hacer con ese poder. Pero, para otras personas, fue un padre, un abuelo, un compañero de armas, un amigo y, lo más importante, un ser humano. Su legado es mucho mayor que su odio hacia las personas negras, pero éste es el Jack que yo conocí. Aun con mi animadversión personal hacia él, si me quedara sólo con su odio estaría minimizando la totalidad que fue como ser humano, es decir, su luz y su oscuridad. Y no creo en que haya que desechar a ningún ser humano. La cólera y la compasión no combinan bien, y la compasión me pide que le perdone.

Soy reacia a responder a peticiones así, pero no conozco toda la historia de Jack, su historia, sus cualidades resplandecientes, las palabras de cariño que la gente le dedicó en su funeral y el profundo pesar que sintieron cuando se hubo ido. Sé que la gente que nos hace daño terminará muriendo con el tiempo, y a veces el duelo se enrevesa cuando los queremos a pesar de sus peores cualidades.

Mientras intento comprender estas contradicciones, me pregunto: ¿en qué ocasiones he sido culpable de amar a alguien que quizás haya hecho daño a los demás? Al fin y al cabo, la capacidad para hacer daño a los demás es tan humana como la capacidad para ser dañados. Cada uno de nosotros, en algún momento de nuestra vida, se ha descubierto forcejeando con este complejo amor.

Y ya que hablamos de eso…

Michael Jackson fue mi primer flechazo. Él fue mi primera inspiración, mi primer ídolo. Y su muerte fue también la primera muerte que me impactó profundamente. A veces tengo la sensación de que nunca he sentido un amor tan puro como mi amor de infancia por ese hombre al que llamaron el Rey del Pop.

Michael Jackson pudo hacerlo todo. Flotaba sobre el suelo, que se iluminaba cuando él lo tocaba. Sus melodías eran puras, al igual que su voz, y transmitía amor. Nos llegaba desde todas partes: en la sala de estar a través del televisor, deslizándose por los escenarios, en los centros comerciales, en las camisetas y sonando a todo volumen en los automóviles que pasaban. Parecía estar hecho de magia y la esparcía allá donde iba.

Cuando bailaba, sus movimientos me hacían entrar en trance. A los cinco años, me quedé pegada al televisor viendo el vídeo de Thriller», asustada y exultante, mientras Bozoma se escondía bajo la mesa. Mis hermanas y yo imitábamos los bailes del álbum de *Bad* delante de los amigos de nuestros padres. Intenté aprender la escena de lucha de «Beat It» para endurecer mi yo no violento, pero no funcionó. La única vez que me vi inmersa en una pelea con alguien fue siendo niña. Yo lloraba y le preguntaba al niño que por qué me pegaba. Intentaba comprenderle.

Y, cuando crecí, Michael Jackson venía conmigo. Me acuerdo de Ahoba gritándome al pie de las escaleras en 1992 para que colgara el teléfono porque me estaba perdiendo el inicio de la premier mundial del vídeo de «Remember the Time». Tuve que escabullirme para ver su vídeo de «In the Closet», que mis conservadores progenitores consideraban demasiado sexi, y serpenteaba con la cabeza adelante y atrás imitando los movimientos del baile de «Black or White». Cuando Bozoma se fue a la universidad en 1999, conseguí que el DJ de la radio le dedicara el «You Are Not Alone», por la tristeza que sentía al saber lo sola que se había sentido sin nosotros. A veces me pregunto si mi amor por los músicos no habrá tenido su origen en Michael Jackson.

La primera vez que oí hablar de acusaciones de abusos contra Michael Jackson, en 1993, tenía 15 años. Lo primero que pensé fue, «Bueno, tiene que ser un error… o un malentendido. Es una celebridad». Más o menos, eso razonaba yo. Este tipo de cosas sucedían a todas horas. Mi adoración era demasiado profunda y demasiado ciega como para considerar tal posibilidad. Creo que ni por un segundo se me pasó por la cabeza que aquellas acusaciones pudieran ser ciertas. Y cuando se resolvió el caso, respiré aliviada. «¡Pobre Michael! —pensé—. Los medios de comunicación fueron tan crueles con él».

Fue años más tarde, cuando le vi sosteniendo peligrosamente a su hijo Blanket fuera del balcón, por encima de las cabezas de los *paparazzi,* cuando sentí algo inquietante en mis entrañas. Y, a medida que las acusaciones se iban acumulando, me iba desesperando cada vez más ante la sospecha de que pudieran ser ciertas. Aquello era demasiado feo, y las implicaciones eran demasiado demoledoras. Escondí la cabeza en la arena. Quería preservar la imagen que tenía de mi ídolo. Me resultaba difícil desprenderme de mi actitud defensiva con respecto a Michael como un santo que precisara de mi protección. Nadie había vivido bajo un microscopio tan intenso en toda la historia de la humanidad. Era famoso en todo el planeta de un modo difícil de comprender. Mucho antes de que Chiang Mai, en Tailandia, fuera un destino de viaje popular, tuve que dejar que un vendedor de fruta se chupara el dedo y me lo frotara en la piel para demostrarle que, si me duchara con más frecuencia, no se iba a blanquear el color de mi piel, «Como a Michael Jackson», decía él. (Es el único que se haya sorprendido de que mi piel no cambiara de color).

Cualquier persona sufriría bajo un foco tan brillante. Y los genios suelen tener un punto de locura, ¿no? ¿Acaso iba a ser él perfecto? Tardé años en darme cuenta de lo que aquellas acusaciones podrían significar, tanto para la idea que tenía de él en mi corazón como para las familias afectadas.

El día en que Michael Jackson murió yo estaba en mi despacho de Ayuda Legal, trabajando con una declaración jurada de apoyo a una orden de alejamiento por violencia de género para una de mis clientes. Habíamos quedado en que vendría al día siguiente para firmar los documentos y presentarlos. Mi secretaria, Verónica, entró precipitadamente en mi oficina, que siempre tenía la puerta abierta.

—¿Te has enterado? —me lanzó a bocajarro.

—Enterarme… ¿de qué?

Terminé de escribir mi frase en el ordenador antes de poner toda mi atención en ella.

—Dicen que Michael Jackson ha muerto —me dijo entre susurros, como si me confesara un secreto.

—Michael Jackson… ¿qué? —pregunté incrédula, intentando darle sentido a lo que terminaba de escuchar—. ¿Quién está diciendo eso?

—Está todo en TMZ –respondió, mientras jugaba con su collar de perlas.

No me lo tomé en serio. TMZ es la web de las celebridades, y no es una fuente creíble; por tanto, la noticia tampoco era fiable.

—No son de fiar –dije–. Eso no es verdad. Farrah Fawcett también se ha muerto hoy –añadí, como si dos celebridades no pudieran morirse el mismo día.

No me lo quería creer, de modo que volví a ponerme a trabajar con el ordenador. Tímidamente, Verónica se fue de mi oficina. Pero de pronto me di cuenta de que no podía seguir con el trabajo. Intentaba encontrarle sentido a la posibilidad de que mi ídolo de la infancia hubiera podido morir. No había muerto. No podía haber muerto. Se suponía que era inmortal.

Pero, poco a poco, aquello se volvió real cuando, uno por uno, todos los miembros de mi familia y mis amigos me fueron llamando por teléfono para preguntarme cómo estaba, porque todos sabían lo que Michael Jackson significaba para mí. Ellos corroboraron lo imposible. Michael Joseph Jackson, el hombre con el cual pensaba que me casaría cuando tenía 18 años, el hombre que había compuesto la banda sonora de mi infancia y mi adolescencia, el hombre que convertí en mi ídolo por su arte expresivo, y el hombre al que había visto horrorizada caer en desgracia ante la opinión pública, estaba ciertamente muerto. El estupor que me provocó tan inconcebible verdad me dejó clavada en el asiento de mi despacho.

De repente, tuve la necesidad de salir de mi oficina. Necesitaba sentir aquel gozoso sentimiento de «The Way You Make Me Feel». Despidiéndome rápidamente de Verónica y de una declaración jurada de apoyo sin terminar, me fui al *parking* y me subí en mi Jeep. El equipo de sonido del coche no era muy bueno, pero los altavoces nuevos que había puesto un mes atrás y el *subwoofer* de graves que había puesto en la parte trasera habían mejorado mucho el sonido. El cable auxiliar estaba ya conectado en mi iPod Shuffle rosa chillón, pero la batería estaba muerta. De pura frustración, zarandeé el iPod y, entonces, me di cuenta de la pegatina trasera, que representaba una mariposa… y la melodía de la canción «Butterflies», Mariposas, se introdujo en mi cabeza.

«MICHAEL JACKSON NO».

Bajé el cristal de la ventanilla y puse en marcha el automóvil, con prisas por llegar a casa. Necesitaba escuchar mis canciones favoritas, aunque me hubiera resultado imposible seleccionarlas. Todas eran mis favoritas, y ninguna era adecuada para la gravedad de aquel momento. Entonces, cuando esperaba a que un semáforo se pusiera verde en el centro de Los Ángeles, escuché el rumor lejano de una música. Alguien había puesto «Billie Jean» a todo volumen en su coche, estacionado delante del centro comercial que había a mi derecha. El corazón se me aceleró. Cuando el semáforo se puso verde, me dirigí hacia el oeste, a Washington Boulevard, hacia casa, y vi un montón de gente en el estacionamiento de una oficina de correos en la esquina de Washington con Crenshaw. Las canciones se entremezclaban. Todas de Michael Jackson. Di un frenazo y giré bruscamente para unirme a aquella gente. No sabía lo que estaban haciendo, pero yo quería formar parte de aquello. Es desconcertante que el duelo anhele tanto la soledad como la compañía. El propio duelo es desconcertante.

Mientras llegaba con el coche a través del estacionamiento, los estéreos de los automóviles bramaban. «Rock with You». Yo quería tener el mono brillante que llevaba en este vídeo. «PYT», algo así como un tema musical para mí, ya que yo solía salir con gente más joven que yo. «Man in the Mirror», que normalmente me hace recordar que todo cambio comienza por dentro. La gente deambulaba. No había nadie que entrara o saliera de la oficina de correos, y había algunas personas con el uniforme de correos que estaban entre el gentío. Era como si la gente se hubiera encontrado allí de manera espontánea para compartir unos instantes de duelo, igual que estaba haciendo yo. Estacioné mi coche en el primer espacio que pude encontrar. Había un hombre con su vehículo aparcado justo al lado, con la puerta del conductor abierta y la cabeza entre las manos.

En la radio de su coche se escuchaba a una periodista informando desde el hospital adonde habían llevado el cuerpo de Michael Jackson. El hombre levantó la cabeza cuando me acerqué, la sacudió, se quitó la gorra de béisbol que llevaba y reveló un pequeño desteñido gris necesitado de un corte de pelo.

—Michael Jackson, tía… Michael Jackson… –fue todo cuanto dijo.

Tenía los ojos húmedos y enrojecidos. Ver a aquel hombre negro mayor, sentado en su sedán verde, llorando por la muerte de Michael Jackson, me rompió el alma definitivamente.

—Yo estoy igual –respondí a través de mis propias lágrimas demoradas–. Yo estoy igual.

Y lloré por la pérdida de mi ídolo de la infancia, por la pérdida de la inocencia de quien ya no se siente segura ante la muerte, y por cualquiera que hubiera sobrevivido a un abuso y se hubiera sentido molesto por la glorificación de mi ídolo en las noticias.

Estuve en aquel estacionamiento hasta que se puso el Sol el día en que había muerto Michael Jackson, bailando, cantando, llorando y siendo testigo del dolor compartido de unos perfectos extraños, el duelo por un hombre cuyo legado, para bien o para mal, fue más grande que una única vida.

Hay personas que dejan legados complicados, prados rebosantes de hermosas flores silvestres y toxinas letales. Todos lo hacemos, en mayor o menor proporción. Y ciertamente no tenemos ni idea de cómo nosotros o el paisaje se transformará con el tiempo. El Michael Jackson al que amé hace mucho que se fue, pero lo que él creó permanece y sigue vivo dentro de mí. Estará conmigo hasta que muera, y eso es algo que no puedo negar. ¿Por qué reducimos a la gente a la peor cosa que pudieron hacer? ¿O a la mejor? ¿Cuándo un hombre deja de ser un padre y se convierte exclusivamente en un adúltero?

Normalmente, optamos por recordar a las personas que amamos en sus aspectos más mágicos. Éste es el motivo por el que algunos dicen que el dolor es el precio que hay que pagar por el amor. Pero es mucho más complicado que todo eso. Lloramos abiertamente por todo cuanto amamos y echaremos de menos. Es así con todo el mundo y lo veo a menudo en mi trabajo. Yo sigo aferrada a la magia de Michael Jackson, a pesar de todo lo que sucedió después. Y en tanto que eso nos complica las cosas en el momento del duelo, no por ello aminora el dolor. Él fue un ser humano integral, con historias, penas y gozos que nunca conoceremos, acerca de personas que le conocieron bien y que le llorarán intensamente. No podemos negarles eso. Apuesto a que Andrew y John sintieron algo parecido con su racista padre.

Está bien llorar a la gente en toda su complejidad, honrar su luz, reconocer su oscuridad, aceptar el mensaje con independencia del mensajero. Probablemente, *alguien* seguirá echando de menos lo peor de cada uno de nosotros cuando se vaya. Será apreciado por alguien. Amado por alguien. Recordado entrañablemente por alguien debido a algo. Es la humanidad operando al máximo de su capacidad.

Capítulo 14

Personas que necesitan personas

Llegué al Aeropuerto Internacional de Denver en septiembre de 2012, tras dejar atrás Portland y a Pascha. Estaba agobiada, ojerosa, herida e insegura… A pesar de mi reciente baja médica, no me sentía libre, sino tan sólo dejada de toda mano y a la deriva.

No tenía billete de vuelta a mi casa en Los Ángeles, y no sabía cuál sería mi siguiente parada. Había llegado al aeropuerto de Denver un centenar de veces, normalmente viniendo de algún lugar lejano para visitar a mis padres, que siguieron viviendo en Colorado durante buena parte de mi juventud. Esta vez, iba a visitar a Kristin, cuya fortuita llamada telefónica me había rescatado del borde del colapso en Portland.

Kristin y yo nos conocimos durante mi primer curso en Derecho y conectamos con rapidez. Hicimos un grupo de amigas muy unidas, con Rachel MacGuire, Jenni Cohen, Kristin Bowers Tompkins y Jess Curtis, que siguen siendo las mujeres más inteligentes y más histéricamente groseras que haya conocido jamás. Cuando Kristin y su novio de la facultad rompieron, hicimos un pastel de zanahoria y nos lo comimos entero de una sentada. En la despedida de soltera de Jess, nos echaron de un pub irlandés cuando una mujer en la mesa de al lado me insultó llamándome gorda. El metro sesenta y dos de Kristin (y el metro cincuenta y nueve de Rachel) se subieron sobre la mesa como una exhalación, con las diademas con penes luminosos aún en la cabeza, para patearle el culo a aquella mujer. Y en la boda de Jess, acabamos todas en la piscina con nuestros vestidos de damas de honor, para espanto del resto de los invitados. Cuando Kristin suspendió su boda, lo celebramos en Santa Fe, Nuevo México, vistiéndonos con velos negros, y esa noche admití en voz baja por vez primera que yo tampoco quería casarme. Y, cuando su padre murió, lloré con ella.

En el aeropuerto de Denver, cuando recogí mi enorme mochila en el carrusel de equipajes llevaba una cremallera abierta, pero no hice caso y salí de la terminal nerviosa por ver a mi amiga y por comenzar mi siguiente aventura. Kristin me ayudó a cargar la mochila en el maletero de su coche y, en ese momento, con gesto preocupado, me dijo:

—Estás muy delgada.

Aquélla era una observación que sólo mi madre, mis hermanas y mis mejores amigas pueden hacerme cuando están preocupadas por mi salud.

—Gracias. ¡Estoy bien! –respondí.

Kristin no es del tipo de personas que te felicitan por la pérdida de peso, de modo que supo de inmediato que pasaba algo, pero yo estaba anhelando convencerla de que no estaba tan mal como realmente estaba.

Seria y dubitativa, asintió brevemente con la cabeza y partimos. Hablamos brevemente sobre mi vuelo y sobre mi última aventura en Portland con Pascha. No le sorprendió que tomara un vuelo para ir a ver a un hombre al que sólo había conocido durante unas horas, pero se sorprendió bastante de que no me hubiera enamorado, como había hecho anteriormente una y otra vez.

Una hora más tarde, llegamos a casa de Kristin y me acomodé en la habitación de invitados. Ella y su pareja, Luke, acababan de regresar a Denver después de un viaje de dos años recorriendo parques nacionales y durmiendo en un Chevrolet Suburban que habían equipado para el viaje. En la habitación de invitados había un escritorio lleno de papeles, un colchón al que llamaban Paco y material de acampada en el suelo. Y me habían preparado una montaña de edredones.

—Es todo lo que tenemos por ahora –dijo sin disculparse.

Kristin iba por el mundo sin pedir disculpas, y yo admiraba eso de ella. Me hubiera gustado ser más como ella.

Mientras Kristin y yo charlábamos animadamente en aquella pequeña habitación, empecé a desmontar la mochila y a poner mis cosas en orden. Entonces me di cuenta de que me faltaba una de las zapatillas, unas caras Camper que había traído para el viaje, y me eché a llorar. Sólo me había traído dos pares de calzados: unas sandalias, por sí íbamos a algún sitio donde hiciera calor, y unas zapatillas deportivas, para mantener a raya mi ya deteriorada salud mental con mi carrera diaria. Había estado viviendo con mis ingresos por incapacidad, más los escasos ahorros que había podido hacer con mi trabajo a tiempo parcial en Ayuda Legal, y tener que gastarme 225 dólares por un nuevo par de zapatillas me parecía un derroche excesivo.

Estaba inconsolable. La depresión había nublado mi sentido de la proporción: cualquier menudencia se me hacía enorme, y las cosas enormes se me hacían simplemente insuperables. Aquello me pareció una gran pérdida, y es que yo estaba llorando, evidentemente, por algo más que por una zapatilla. Kristin me escuchaba pacientemente posando su mano en mi espalda, mientras yo intentaba explicarle mi desproporcionada reacción. En Portland, con Pascha, había sido un lío, y no sabía que estaba haciendo allí ni dónde iba a ir después durante mi baja. Había intentado mantener las apariencias de que era capaz de gestionar el viaje en mitad de mi enfermedad, pero una triste zapatilla había echado por tierra toda la fachada.

Estaba fatigada por las dos horas de viaje, pero sólo porque yo ya estaba exhausta. La depresión, en sí, es agotadora. Se extiende sobre el cuerpo como un manto de terciopelo húmedo, silenciando la conexión con el mundo exterior. Paco, el colchón, me llamaba desde el suelo, y Kristin dudaba en la puerta del dormitorio antes de salir.

—¿Estás segura de que estás bien?

Ella nunca me había visto así antes. Nadie me había visto así. Asentí débilmente, consciente de que cualquier pretensión mía por fingir mi verdadera situación se había esfumado. Kristin cerró la puerta y me puse a llorar de nuevo de lo avergonzada que estaba.

A la mañana siguiente, la luz inundó la pequeña habitación. Colorado es famoso por sus 300 días de Sol al año, y yo tenía la esperanza de que aquello me ayudara a salir del hoyo, pero ver la única zapatilla que me quedaba junto a la mochila me recordó lo decepcionante que era yo como persona. Salí de la cama, pero no estaba segura de qué hacer a partir de ahí.

—¡Hola! –dije desde el pasillo, en dirección a la cocina.

—¡Hey! ¿Cómo has dormido? –preguntó Kristin.

Intenté parece alegre.

—¡Genial! ¡Me encanta cuánta luz tiene la habitación!

En realidad, había estado dando vueltas en la cama, enfadada conmigo misma por gastarme tanto dinero en calzado y por ser tan descuidada como para no saber cuidar de él.

Kristin comenzó a caminar hacia mí por el pasillo y quise echar a correr, por miedo a que quisiera hablar de lo ocurrido la noche anterior. Volví la cabeza para que no viera mis ojos hinchados. Pero ella me dijo si quería ponerme una sudadera con capucha de Luke, pues mi mochila no era tan grande como para permitirme comodidades así. Me encanta llevar sudaderas de hombres, porque es como si me abrazara un hombre y, en aquel momento, necesitaba todos los abrazos del mundo. La seguí hasta su armario para que me diera una Quiksilver blanca, que terminaría convirtiéndose en mi segunda piel durante mi estancia con ellos. Delante del armario, me quité la camiseta para echarla a lavar y Kristin ahogó un grito. En sus ojos se veía el reflejo en mi cuerpo de cómo me sentía yo por dentro: una cáscara vacía en la que apenas quedaba luz o vida interior.

En un año, había perdido más de 18 kilos sin apenas percatarme. Aunque la grasa de bebé se vaya eliminando de forma natural durante la edad adulta, nunca había conseguido sobreponerme a mi preocupación por la barriga, por el roce de mis muslos en la entrepierna o por cómo se juntaban los glúteos. Cuando llegó la depresión, mi interiorizada fobia a la gordura desapareció. Estaba demasiado ocupada enfrentándome a la depresión a diario. Mi figura atlética con forma de reloj de arena se parecía ahora a un lápiz. Se me habían deshinchado los pechos y mis caderas habían perdido sus curvas. En los hombros se veían ahora las abolladuras del esqueleto, y se me veían las costillas tanto por delante como por detrás. Los pómulos los tenía más marcados y las clavículas me sobresalían del pecho. Estaba cadavérica. Mi cuerpo era un fantasma.

—Alua –susurró Kristin–. Tienes que comer, por favor, deja que te prepare el desayuno.

—¡Oh, no te preocupes por eso! –respondí, fingiéndome aún alegre–. Ya me inventaré algo cuando te vayas a trabajar.

Era mentira. La idea de hacerme algo para comer me abrumaba, pero Kristin lo detectó, y no estaba dispuesta a dejarme a mi suerte.

—Te voy a hacer algo. ¿Qué quieres?

—¡No, por favor, no lo hagas! Estoy bien –insistí.

Pero ella no cedió.

—Será poca cosa –respondió–. Sólo algo para que mordisquees si te entra hambre.

—No lo hagas, ¿vale? No quiero que lo hagas –dije entornando los ojos, deseando que me dejara sola.

Pero Kristin es gloriosamente terca en lo que considera que es correcto, de modo que se fue a la cocina.

—¿Por qué no te das una ducha? Me habré ido para cuando termines y podrás comer en paz.

Me fui al baño encendida. «¿Por qué intenta forzarme a algo que no quiero hacer?». Sin embargo, al mirarme desnuda al espejo lo comprendí. Era todo huesos y carne flácida. Estaba avergonzada. La maldije en voz alta desde la ducha por conocerme tan bien. Quizás no tenía que haber venido a Colorado a verla después de todo. Aún estaba a tiempo de irme a otra parte donde pudiera seguir oculta a los inquisitivos ojos de la gente que me quería. Malditos sean todos ellos y sus preocupaciones. Yo estaba bien.

Kristin dejó un plato sobre la barra con un sándwich de huevo y queso sobre un panecillo inglés y algunas fresas cortadas. A la derecha había un frasco de salsa picante. A la izquierda, una nota debajo de una manzana. En la nota decía:

8:30 am: ¡Desayuno! Aquí tienes tu sándwich. Perdona, pero no recuerdo si te gusta la salsa picante o no.

10:30 am: ¡Tentempié! Asalta la despensa :)

1 pm: Comida: hay atún en el segundo estante del frigorífico y dos trozos de pan. Hay zanahorias baby en el cajón y patatas fritas en la despensa.

3 pm: ¡Otro tentempié! Cómete esta manzana con mantequilla de cacahuete.

5 pm: ¡¡Pediré una pizza para cenar!!

¡Que tengas un gran día! Te llamaré para ver cómo te va. POR FAVOR, POR FAVOR, COME.

Me estuve paseando arriba y abajo por la cocina azul y blanca, debatiéndome entre comer o no comer. Comer significaba que aceptaba su apoyo. *No* comer sería rechazarlo, y también desperdiciar comida. A pesar de ser africana, mientras crecía, me enseñaron a pensar en todos aquellos niños muertos de hambre de América. No podía hacerles eso. Me comí el sándwich a regañadientes. Si ella era capaz de ver a través de la mujer fuerte exterior, ¿acaso no lo habrían hecho antes los demás? ¿Se habrían dado cuenta de que estaba sufriendo? La mera idea hacía que me avergonzara.

Cuando era niña, mis hermanas y yo aprendimos a priorizar la fuerza y la resistencia; y, por lo que a mí me correspondía, la vulnerabilidad no era una virtud.

Allí sentada, masticando e inquieta, me sorprendió encontrar tanta dureza en mi interior. ¿De dónde salía? No la volcaba en los demás. Como abogada de Ayuda Legal, la clave de mi trabajo consistía en ofrecer apoyo a las personas que lo necesitaban. Nunca había minusvalorado a mis clientes que padecían la violencia de sus parejas. No había juzgado a aquellas personas que no tenían dinero suficiente para comer. Comprendía inherentemente que mis clientes no eran los culpables de su situación. El clasismo, el racismo, sistemas desestructurados y traumas de infancia los habían llevado allí. Y, aun en el caso de que tuvieran alguna culpa de ello, seguían mereciendo que alguien cuidara de ellos y les ayudara.

Y, sin embargo, la depresión me hacía sentir que mi situación era un fracaso personal mío, como si no fuera lo suficientemente fuerte para mantenerme feliz y saludable. Había fallado en la prueba definitiva. No había sido «fuerte».

El ser «fuerte» forma parte de mi constitución genética. Mi madre es un pilar absoluto. Ella permanecía en casa cuidando de mis hermanas y de mí cuando viajábamos para difundir la palabra de Dios, hasta que mi padre perdió su empleo en Colorado Springs. Sin una educación formal avanzada, la única opción de mi madre estuvo en aceptar un trabajo en el último turno de una acería. A veces llegaba a casa a las 11 de la noche, con quemaduras en los antebrazos, y se levantaba pronto para asegurarse de que desayunábamos y de que los proyectos escolares estaban en orden. Se quedaba despierta toda la noche para hacer las maletas en cada uno de nuestros viajes, preparaba banquetes para nuestros amigos por cualquier pequeño motivo o por ninguno, y se hacía más de 20 kilómetros a pie simplemente porque podía hacerlo. Rara vez la veías dando una cabezada y ella está orgullosa de esto.

Las mujeres africanas han sido desde siempre la espina dorsal de la familia, algo que se transmitió a las normas culturales afroamericanas. Existe la expectativa de que sean las mujeres negras las que lleven el peso de la familia y del mundo, y que lo hagan con gracia. El grupo de *rhythm and blues* Destiny's Child no nos hizo ningún favor con su canción «Independent Woman», un himno para las mujeres que grita «¡Yo dependo de mí!». Y yo, desde luego, la sigo cantando a pleno pulmón, pero es jodidamente absurda. Sin pretender ofender a la reina, Beyoncé, que no hace nada malo, pero las de Destiny's Child (y la sociedad en general) nos vendieron un acuerdo injusto.

¿Qué hay de malo en necesitar a alguien? ¿Acaso es un fracaso para una mujer necesitar a alguien? ¿Dejamos de merecer amor por ello?

Al contrario, yo estaba recibiendo un montón de amor de Kristin. Ella y su marido, al que apenas conocía, me habían abierto su casa para compartirla conmigo, y Kristin me había ofrecido una ropa confortable para estar en su casa. Me había preparado comida, incluso me había escuchado cuando me había puesto a llorar incontrolablemente porque había perdido una zapatilla. Era como si mi vulnerabilidad pusiera al descubierto la profundidad del amor que ella sentía por mí.

Y cuando dejé que Kristin me viera, había dejado que muriera una parte de mí que había estado manteniendo el amor a distancia. Yo había sido tan «fuerte» que no había permitido que nadie cuidara de mí desde que abandoné la infancia. «Puedo hacerlo» y «Soy buena» se habían convertido en dos mantras que me habían llevado a la quemazón en el trabajo y a la ausencia de una intimidad real. Pero yo quería una vida amable, una vida tierna, una vida lozana, una vida sencilla. No una vida que me exigiera ser fuerte. Pero, para ello, tenía que rendirme y aceptar la ayuda.

Fruncí el ceño ante el sándwich que me había preparado Kristin para el desayuno, y fruncí el ceño mientras me lo comía. Cada bocado que daba era como admitir mi incapacidad para cuidar adecuadamente de mí misma. Y cada bocado bajaba por mi esófago como el papel de lija.

Hay quienes nos pasamos la vida sin aceptar ayuda. Muchos de mis clientes son, cuando los conozco, islas que se hicieron a sí mismas. A veces, como doula de la muerte, me toca ser el mensaje en la botella que llega a una de sus playas para decirles que nunca es demasiado tarde para extender el brazo y poner la mano en ese espacio vacío que tienen ante ellos, para atreverse a pedir ayuda.

Morir es el acto más íntimo que realizaremos jamás, y exige cierta intimidad con nosotros mismos, con nuestro cuerpo, con nuestra vida y con el instante presente, para desvelar las partes que creemos que son difíciles de amar, el rostro detrás de la máscara que llevamos en el mundo exterior, y las zonas blandas que llevan las heridas y forman cicatrices. Todo lo demás es un *show*. Dejarse ayudar es la muerte de una pequeña parte del ego. Dejar que el amor entre es una invitación a que nuestra desordenada gloria humana ocupe el primer plano y a que el amor se derrame en esos lugares que han sido apaleados por el ego y el mundo exterior.

Eso ocurrió con mi clienta Claudia.

Claudia me llama para hablar de una sesión de planificación para un potencial final de la vida, después de que una embolia pulmonar la deje varada tres semanas en el hospital. A los 57 años, está impactada por la idea de que un miserable coágulo de sangre pudiera terminar con su vida. Ni emocional ni prácticamente está preparada. Su muerte habría sido una muerte súbita.

Cuando alguien muere de repente, solemos decir que su muerte fue inesperada, como si no fuera de esperar que la muerte nos llegue cualquier día. Pero, a menos que nos muramos teniendo una salud perfecta, la mayoría de las personas acabaremos nuestra existencia débiles y enclenques. Y para la mayoría, ese momento llegará bastante antes de sentirse preparada, sea porque un diagnóstico aparece de la nada o porque una enfermedad se desarrolle mucho más rápido de lo esperado. Nuestros cuerpos son frágiles. Bastará una mella en una hojilla oxidada o una válvula cardíaca defectuosa para que un joven de 21 años se convierta en un cadáver. Toda persona lo suficientemente mayor como para tener una tarjeta de crédito y un carnet de conducir debería planificar su muerte. Hay quienes consideran un regalo saber que su vida está terminando como consecuencia de una enfermedad, pues les da la oportunidad de prepararse para ello. La muerte llega bien como una amiga o bien como una extraña. De nosotros depende cómo lo haga.

—¿No será demasiado pronto para contactar con una doula de la muerte? Quiero decir que no creo que vaya a morir pronto —dice *literalmente todo el mundo*, salvo las personas muy mayores.

—Depende —respondo irónicamente—. ¿Cuándo es demasiado pronto para empezar a planear algo que sabes que llegará un día, pero que podría ocurrir mañana?

—Bueno, si lo planteas así, supongo que tendría que empezar a planearlo ya.

Funciona siempre.

Claudia y yo hemos establecido una buena comunicación, en la medida en que ha hecho un millón de preguntas acerca de lo que hacemos las doulas de la muerte y ha decidido que encaja con lo que necesita. Dado que ha pasado por una prolongada estancia hospitalaria con la embolia pulmonar, Claudia entiende que la ayuda es necesaria. Alguien tuvo que cuidar de sus perros, regar sus plantas, pagar sus facturas, recoger el correo, tirar a la basura comida del frigorífico, etc. Ha tenido un anticipo de lo que le ocurre a todo el mundo en un momento u otro. Tras nuestra muerte, alguien tendrá que revisar cada aspecto de nuestra existencia, cerrar cuentas y deshacerse de la mayoría de las evidencias físicas de que hemos vivido. Claudia se ha enfrentado a esto y está lista para hacer los preparativos.

Así pues, decidimos juntas hacer un documento de planificación del final de la vida que lo detalle todo y ponga orden en todos sus asuntos.

Nos encontramos presencialmente en una sesión de tres horas. Es de tez morena, nicaragüense, regordeta, bajita y jovial, y da unos abrazos que son como si te metieras en la bañera familiar, sobre todo porque he tenido que inclinarme mucho para abrazarla. Su casa es acogedora, con muchas plantas, y está decorada en tonos amarillos y pardos, con un gran sillón color siena quemado junto a la ventana, delante de la chimenea, donde tiene las camas de sus dos perros, ya mayores. Los labradores color chocolate apenas se percatan de mi presencia cuando llego. Sus colores también van a juego con el pelo de Claudia, que tiene el cabello ondulado y rizado, con algunas pinceladas de canas en la raíz. Tiene velas de color naranja encendidas, que le dan a la casa un aroma como a clavo y Navidad, aunque estemos en abril. Me trae un té de hierbas y me siento en el extremo largo del sofá, mientras Claudia se sienta en el rincón.

Charlamos rápidamente sobre el paquete que le he traído (el preliminar del documento de planificación, un lápiz y algunas tarjetas de visita). Una vez que terminemos el documento (a lápiz, dado que pretende ser un documento vivo y, por tanto, sujeto a montones de cambios con el tiempo) será legalmente vinculante.

Le sorprende el tamaño. La mayoría de las personas se sorprende con la cantidad de trabajo que lleva prepararse para la muerte. Va bien tener una guía en el sendero.

La planificación del final de la vida se le antoja diferente a cada persona, puesto que las necesidades que deben satisfacerse son únicas en cada. Pero hay algunas áreas comunes a todo el mundo. Un buen punto de partida son las voluntades anticipadas.

Elegir un apoderado sanitario es la decisión más importante que hay que tomar.

Así pues, Claudia y yo abrimos el documento y comenzamos. En primer lugar, la toma de decisiones sobre la asistencia sanitaria. Le explico lo que hace la persona que toma las decisiones sobre asistencia sanitaria y los permisos que le concedemos en caso de que estuviéramos incapacitados. Con la denominación de agente de asistencia sanitaria, apoderado de asistencia sanitaria o sustituto médico (dependiendo del sitio y de la entidad), ésta es la persona que tomará las decisiones cuando se estime que el paciente es incapaz de tomarlas por sí mismo. Se trata de una posición de mucha confianza y de respeto mutuo, pues esta persona puede tener tu vida en sus manos.

La primera vez que le pregunto a Claudia quién querría que tomara las decisiones por ella, se pone nerviosa y pide un descanso cuando apenas hemos comenzado. La escucho suspirar y rebuscar algo en la otra habitación. Cuando regresa no trae nada que mostrarme, de modo que le pregunto de nuevo. Pasa algunas páginas y entrecierra los ojos para leer, y finalmente me pregunta si podemos dejar esta parte para más adelante. Tomando nota de su incomodidad en mi interior, accedo a pasar a la sección 2, sobre el soporte vital, y sugiero que volvamos atrás.

Casi tres horas más tarde, me ha dado el nombre de la persona que cuidará de los perros, ha especificado sus deseos acerca del tratamiento de soporte vital, ha hecho un listado de sus contraseñas y me ha prometido que contactará (¡mañana, dice!) con el abogado que la ayudó a hacer un borrador de sus últimas voluntades. Hemos hecho una lista de sus cuentas bancarias y de jubilación, he tomado nota de sus deseos respecto a la disposición de su cuerpo y he hecho algunas anotaciones acerca de lo que quiere para el servicio funerario: narcisos por doquier y todo el mundo *tiene que* llorar, añade, para aligerar el ambiente. También he tomado nota de las secciones que tenemos que volver a ver en la siguiente reunión para que no se me olvide.

A lo largo de la mayor parte de la consulta, Claudia se muestra incansable. Incluso navega con soltura en la conversación sobre el soporte vital, que normalmente enerva a la gente. Todavía no he conocido a nadie a quien le entusiasme la idea de que su cuerpo yazca sin reaccionar y al borde de la muerte sobre una mesa, mantenido con vida a través de máquinas. Una pregunta que hay que plantearse cuando se planifica el final de la vida es «¿Qué condición de vida es peor que la muerte?». Hago esta pregunta en las sesiones de planificación del final de vida para que mis clientes tomen decisiones sustentadas en sus valores respecto al tratamiento de soporte vital. En lugar de pedir al cliente una respuesta general de sí o no acerca de si desea disponer de un tratamiento intermedio para aplazar una muerte inminente, considero que es mejor ayudarles a desentrañar el «por qué» de las decisiones. Es imposible pensar en los millones de escenarios posibles que pueden llevar a necesitar soporte vital desde nuestro punto de vista actual, pues el juego del «¿y si…?» puede llegar a desbocarse. «¿Y si tengo 95 años?»; «¿Y si estoy embarazada y en coma?»; «¿Y si tengo sólo un ojo y un cuarto de pie?». Podemos acotar nuestros deseos utilizando nuestros valores como fundamento, pues de este modo nuestros seres queridos que están al cargo de tomar las decisiones sobre el soporte vital pueden hacerlo desde unos criterios más claros.

Como respuesta a la pregunta de los valores, muchos dicen que no quieren ser una carga para sus seres queridos. Pero si exploramos con más profundidad esa respuesta, nos podemos encontrar con un sistema de valores basado en el tiempo y el dinero; es decir, que no quieren que sus seres queridos tengan que gastar un montón de tiempo y dinero en mantenerlos con vida. Pero ¿qué valor monetario tiene una vida? ¿Cuánto tiempo está bien dedicar al cuidado de una persona a la que se quiere? Por mera curiosidad, pido a menudo aclaración acerca de cuánto cree el cliente que vale su vida, como si sus seres queridos fueran a apagar las máquinas en cuanto las tarjetas de crédito digan basta o en el momento se tengan que ir a cenar. Todavía no he conocido a un miembro de la familia que haya tomado la decisión de apagar las máquinas de soporte vital tomando en consideración exclusivamente el coste económico o el tiempo que les suponga. Aunque los tratamientos al término de la vida son absurdamente caros, la decisión de «apagar» el soporte vital suele basarse en la certeza de que la persona querida no querría vivir enganchada a una máquina.

Otras muchas personas ponen como condición para mantener el soporte vital el ser capaces de comunicarse, pero los niveles de comunicación pueden variar enormemente. Sin embargo, a muchas personas les resulta difícil imaginárselo cuando están sanas y sin discapacidades. Eso apesta a capacitismo. Hay personas con enfermedades en las que las neuronas cerebrales y de la médula espinal han colapsado y que, sin embargo, han encontrado formas ingeniosas de comunicarse, aunque arrastren las palabras o pierdan por completo la capacidad de hablar. Los gestos con las manos, las expresiones faciales e incluso algunos dispositivos de alta tecnología les ayudan a comunicarse.

Por algún motivo, a Claudia le resulta más fácil manejar esa parte de la planificación que la de dar el nombre de la persona que tomará las decisiones por ella en caso de que no pueda hacerlo.

—¿Hay alguna persona en tu vida en la que confíes lo suficiente como para que tome las decisiones por ti en caso de que tú no puedas? –pregunto por tercera vez.

—No –dice Claudia.

Es una frase de una única palabra. Pero algo no cuadra, de modo que sigo presionando cautelosamente.

—¿Y tus hermanos?

Sé que Claudia es la mayor de cinco hermanos y que cuidó de los más pequeños siendo niños en Nicaragua. Después de trasladarse a Estados Unidos, siguió enviando dinero a casa para cuidar de la familia y, con el tiempo, ayudó a algunos de ellos a trasladarse a Estados Unidos, y dependen de ella en lo relativo a apoyo económico y cuidado de los niños. Me sorprende que no me dé el nombre de ninguno de ellos. No hace otra cosa que negar con la cabeza.

—De acuerdo –digo con un tono de voz neutro, a pesar de mi curiosidad–. ¿Y no tienes amigos que te hayan echado un cable cuando has estado en apuros?

Claudia piensa por unos instantes y niega con la cabeza de nuevo. Tiene la repisa llena de fotos de excursiones familiares, de fiestas de cumpleaños, noches en la ciudad con amigos y con niños. Vacaciones, bodas, graduaciones. Es evidente que no es una mujer que viva en soledad. Su carácter acogedor me hace pensar que tiene que ser una persona muy querida, salvo que esté ocultando su lado oscuro. Me estoy perdiendo algo.

—¿Y la persona que estuvo sacando a pasear a tus perros y que regó las plantas cuando estabas en el hospital?

—Pagué a alguien –responde, evitando mirarme a los ojos.

Cuando consigo verle los ojos, constato que los tienes húmedos, y se enjuga una lágrima antes de que se le corra el rímel.

Claudia me dice que tiene un montón de amigos, pero que es ella a la que todos llaman cuando tienen alguna necesidad, y deja a un lado sus planes y sus prioridades para ayudar a los demás. Cuando estuvo en el hospital, muchos le preguntaron qué podían hacer para ayudarla, pero ella repetía que ya se había ocupado de todo. El equilibrio entre el dar y el recibir está tan descentrado en su vida que ya no sabe cómo recibir atenciones. Se ha vuelto tóxicamente autosuficiente y cree que los demás no acudirán en su ayuda cuando los necesite. Es una profecía autocumplida.

Esta autosuficiencia tóxica suele levantar la cabeza cuando uno se acerca a su lecho de muerte. Con frecuencia, en las conversaciones de planificación del término de la vida, los clientes que han sido ferozmente independientes durante toda su vida hacen declaraciones tales como «¡Si no me puedo limpiar el culo, llévame a la parte de detrás de la casa y pégame un tiro!». Estos clientes suelen sustentar esa versión del mito americano que dice: vinieron de la «nada» e hicieron «algo» de sí mismos sin apoyarse en nadie. Me obsequian con historias acerca de cómo consiguieron elevarse en el aire tirando de los cordones de sus zapatos. Son historias que pasan por alto los privilegios en los que se fundamentaron, o las docenas de personas que les llevaron un bocadillo cuando tenían hambre, que les permitieron pagar el alquiler un par de días más tarde o, incluso, les dejaron utilizar el baño en la cafetería.

Vivir en sociedad significa vivir con otras personas. Y ninguna persona, con independencia de lo que piense, es una isla. En estos tiempos modernos, también la muerte tiene lugar en comunidad. Hacen falta médicas, enfermeros, cuidadoras, personas que preparen alimentos o cuiden de los niños. La lista es interminable.

La mayoría de las personas moriremos debido a una enfermedad, y esto significa un lento descenso hacia la indefensión. Todos vamos a necesitar de alguien en algún momento. Hasta la petición de «llévame a la parte de detrás y pégame un tiro» precisa de alguien que ayude. Nuestra vida, tal como está concebida, supone colaboración. El esperma se encuentra con el óvulo.

Comprendo lo difícil que es tener que recurrir a alguien: confiar en otra persona con todo nuestro corazón, con nuestros miedos, nuestra oscuridad y nuestras partes sombrías, y también confiar en que cuidarán de nosotros y, con todo, se nos seguirá queriendo. Es difícil someterse a la vulnerabilidad. Claudia ha construido una fortaleza a su alrededor por miedo a que la gente la decepcione y no esté ahí para ayudarla, cuando ella ha estado ahí para ayudarles a todos. De este modo, se está preparando para que los demás no le den su apoyo ni siquiera en la muerte. Literalmente, no se le ocurre a nadie en quien poder confiar para que tome decisiones en caso de una enfermedad grave o de su fallecimiento. Sólo confía en sí misma porque ella misma no se ha confiado a nadie.

Después de un buen llanto, con su rizado cabello agitándose junto a sus hombros, Claudia dice que hablará con su hermana pequeña acerca de su reciente estancia en el hospital y que utilizará eso de excusa para hablar de la muerte. De todos sus hermanos, esta hermana es la que con más probabilidad respetará sus deseos y hará lo que quiere Claudia, aunque ella misma no quisiera hacerlo. La mera idea de hablar con su hermana hace que Claudia se retuerza un poco más. No es fácil necesitar a alguien cuando hemos estado dejando que los demás nos necesiten a nosotros. Pero todos necesitamos superarnos y necesitamos a alguien, ya.

Estoy triste por Claudia. Pero también estoy triste por los miles de veces que no he permitido que los demás cuidaran de mí. No les he dado la oportunidad de quererme cuidando de mí, y he bloqueado el ciclo energético de la abundancia al rechazar su regalo de cuidados. La sociedad nos dice que el epítome de la feminidad es ser abnegada. Dar y dar hasta que el patriarcado se lo haya llevado todo, y que tenemos que ser dóciles y autosuficientes. No hemos de tener necesidad alguna. Un pozo sin fondo sin aguas freáticas que lo rellenen. ¿Quién se supone que nos tiene que rellenar? ¿De qué modo vamos a aprender a recibir?

Claudia me hace ver que mi actitud, al no estar dispuesta a permitir a nadie que me ayudara, fue lo que me convirtió en una isla. Una supuesta loba solitaria para quien se había vuelto casi imposible dejar que alguien le llevará las bolsas de la compra, y mucho menos cuidar de ella en mis momentos más vulnerables.

Los mensajes negativos acerca de la necesidad vienen de todas partes: he oído a gente quejarse de lo necesitadas que están de pareja y a chicas caseras quejarse de ese amigo que llama demasiado a menudo. Y, sin embargo, yo he necesitado muchas veces el largo abrazo de una amiga, llorar con una de mis hermanas o pasar un rato con un hombre. ¿Acaso eso me hace estar «necesitada»? ¿Qué hay de malo en tener necesidades? ¿O son demandas humanas básicas? Me acuerdo de todas las veces que no he dado voz a mis necesidades, cuando mi madre o mis amigas llamaban para preguntarme si estaba bien. Me encojo para no sentirme una carga y mido mis fuerzas calculando cuánto dolor podré soportar yo sola.

Uno de mis deseos más profundos es que se me ame y se me aprecie, y lo satisfago cuidando de los demás a mi manera clásica, la de cabalga o muere, pero yo cabalgo *y* muero. Charlando con Claudia, me di cuenta de hasta qué punto podría influir esto en mi propia muerte si nunca llego a tocar fondo lo suficiente como para ser vulnerable. Me resistí a no aceptar ayuda hasta que ya no tuve opción.

Capítulo 15

Forzando una salida

Los días en Colorado con Kristin se encadenaron uno con otro. Cada mañana, ella me dejaba un menú, y Luke me hablaba de lo que iba a hacer durante el día por si me apetecía participar. Normalmente declinaba sus ofertas, salvo que fuera a dar una vuelta en bici, dado que él compartía mi amor por las bicis, y había puesto a punto una vieja Schwinn roja de diez velocidades para mí. Me pasé los días mirando a la gente pasar por la calle a través de la ventana del salón, dando largos y relajados paseos en bici y preguntándome por qué seguía paralizada. No encontraba respuestas, y un día pensé en un viejo ligue, Joshua, que solía tener acceso a drogas psicodélicas. Quizás él pudiera ayudarme a quitarme esto de encima. Al menos, sería una forma interesante de pasar la tarde, de modo que le llamé.

Hasta aquel día, yo sólo había consumido psicodélicos con fines terapéuticos, con el ocasional uso recreativo durante Halloween en la universidad (horrible elección) y en el festival del Burning Man (una buena elección, entonces y siempre). Mis experiencias con LSD, psilocibina, ayahuasca, ketamina y DMT me habían enseñado que una experiencia alucinógena le permite a una mirar bajo la alfombra para revelar una verdad que quizás esté oculta en la mente subconsciente. Incluso su uso recreativo es sanador a su manera. Las drogas psicodélicas y enteogénicas son medicinales.

Joshua y yo habíamos salido juntos cuando yo estaba en Derecho, y habíamos conservado la relación. Con la esperanza de tener una nueva aventura (porque no, no había dejado de intentar distraerme con hombres), me quedé decepcionada cuando me di cuenta de que mi atracción por él se había desvanecido. No supe discernir si eso se habría debido al tiempo que hacía que no nos veíamos, a su aspecto descuidado o a mi depresión. No le devolví el coqueteo, pero, no obstante, me ofreció una tableta de chocolate con setas. Le di la vuelta en mis manos, constatando que no se diferenciaba en nada de una tableta normal de chocolate, salvo por el envoltorio, que parecía que lo hubieran hecho con una impresora casera. Con un guiño y una sonrisa cauta, Joshua no me quiso cobrar por ello.

—Utilízalo sabiamente –me dijo.

Una tarde, decidí comerme la mayor parte de la tableta. Luke y Kristin iban a estar fuera todo el día, de modo que podía hacer lo que quisiera. Le conté a Kristin mi plan y, aunque se mostró vacilante, sabía que no me iba a poder detener. Me puse una silla bajo el Sol en el vallado patio trasero de la casa y extendí una colchoneta de yoga por si acaso necesitaba tumbarme o dar vueltas por el suelo. Dejé preparada una infusión de menta, dado que las setas psicodélicas pueden generar náuseas en ocasiones cuando empiezan a hacer efecto. Una lista de reproducción con música neo-soul, que había confeccionado especialmente para este propósito, sonaba de fondo, mientras yo fijaba una intención para mi viaje psicodélico: «Ojalá vea la verdad».

Las siguientes horas fueron borrosas. Me estuve meciendo al son de mis viejas canciones favoritas hasta que no pude soportar la música. Los colores se arremolinaban mientras los recuerdos, conmovedores todos, iban y venían, como si estuviera viendo un carrete estilizado de mi vida. De cuando en cuando, agitada por la luz del Sol y sintiéndome vulnerable en el exterior, me metía dentro de la casa. Me sentaba en el enorme sofá azul del salón, junto a la ventana. El mastín inglés de Kristin, Chloe, le hacía compañía a mi cuerpo mientras mi mente se iba de viaje. Y, al igual que hice la mayor parte de los días en casa de Kristin, me puse a mirar por la ventana, anhelante.

La diferencia era que, en esta ocasión, me puse a llorar.

La gente en la calle parecía estar conectada a la vida con aparente facilidad, inconsciente del desastre que estaba teniendo lugar en el interior de la bronceada casa de Lowell Street. Paseaban con sus hijos y sus perros, pasaban con sus coches de camino a sus recados habituales y salían a recoger el correo. Durante meses, yo había sido incapaz de hacer ninguna de estas tareas básicas, pero me acordé de una versión de mí misma que sí que las hacía.

¿Adónde se había ido? Parecía imposible que la hubiera perdido de vista, pero no podía encontrarla.

Yo era una casa vacía.

Sin alegría.

Sin esperanza.

Sin sentido del yo.

Sin valor para el mundo.

Sin valor para mí misma.

Nada.

La apariencia a la que me había aferrado se desmoronó como un muro en la Acrópolis. Y con ella una serie de creencias acerca de mí misma y del mundo. Que tendría una buena vida si yo hacía lo «correcto»: ejercer la abogacía, ser una buena hija, casarme, poner mis talentos al servicio de los demás, hacer lo que se «suponía» que tenía que hacer. Si hacía lo «correcto», sería perfecta, feliz, me sentiría plena y completa. Pero, ¿quién era yo en ausencia de lo que se me había dicho que constituía una buena vida? ¿Qué partes de mi se desarrollaron para enmascarar el trauma, para sentirme valiosa, para mantener en pie mi armadura, para evitar ser juzgada? ¿Qué partes de mi eran verdaderas?

Las lágrimas no cesaban de brotar, y me pregunté si finalmente había colapsado. Y las compuertas no se cerraban por mucho que lo intentara. Al cabo de unas horas sin dejar de llorar, llamé a Kristin a su trabajo, desesperada.

—Algo no va bien —dije a través de las lágrimas cuando respondió al teléfono.

—¿Estás bien? —preguntó angustiada.

—No, no, no, no. No creo que esté bien —admití, derrotada al fin.

Note que Kristin forcejeaba por mantener la calma.

—De acuerdo. ¿Qué es lo que va mal?

No podía responder. Mi única respuesta fue el silencio y sollozos.

—¿Vas a hacerte daño? —preguntó.

Sí, la idea del suicidio había pasado por mi cabeza, pero sólo como una abstracción, nunca como hecho. No es que quisiera morir. Simplemente, no me quería sentir *así* nunca más. El dolor era demasiado grande.

—No, no me voy a hacer daño.

Era sincera.

—Prométemelo –rogó–. Estaré en casa en media hora. Llama a tu terapeuta y después me vuelves a llamar, ¿de acuerdo? ¡PROMÉTEMELO!

Llamé a mi terapeuta en Los Ángeles. Me hizo unas cuantas preguntas básicas, como cuánto tiempo hacía que había ingerido las setas y cómo me sentía en esos momentos.

—Rota –le dije–. He colapsado finalmente.

Tras escuchar lo relativo a mi situación y la corriente continua de lágrimas, me sugirió el ingreso en un centro hospitalario.

—No –dije vehementemente y sin dudar.

Lo pensé, y dije «No» de nuevo. No, *joder*. Me había pasado nueve años en una prisión de mi propia factura en Ayuda Legal, y seis meses en el equivalente a una celda de aislamiento en la Mazmorra. No había ni una puta posibilidad de que dejara queme ingresasen.

No me iba a confinar en otro sitio.

Mi terapeuta estaba suficientemente familiarizada con mis mierdas y mis autojustificaciones como para sorprenderse, de modo que me sugirió amablemente que pensara en ello y lo dejara correr de momento. «Esas personas sí necesitan ayuda, yo no», pensé.

Y, sin embargo, yo era una de «esas personas». Era incapaz de gestionar mi vida sola. No podía ir a trabajar. Necesitaba que alguien cocinara para mí. No comía a menos que me presionaran. Necesitaba que alguien me lavara la ropa, que alguien pagara mis facturas, que alguien me sostuviera en pie, que alguien hiciera mis recados, que alguien enjugara mis lágrimas. Nunca me había sentido tan indefensa y tan pequeña. Y no sabía por qué me sentía así. Sólo sabía que aquel sentimiento era abrumador, y que bloqueaba todo lo bueno que había en mi vida y todo lo que me parecía bueno siendo quien era.

Kristin entró por la puerta como una exhalación antes de que hubiera terminado de hablar con mi terapeuta. Iba todavía con la ropa de trabajo. Se sentó en el sofá y estuvo conmigo durante varias horas hasta que le hablé de lo mal que estaba. Cuando Luke llegó a casa, Kristin se lo llevó aparte unos momentos y, luego, desapareció. Aquella noche lloré todo cuanto me quedaba dentro mientras mi dulce amiga me velaba, siendo testigo de mi pequeña muerte. Había colapsado por completo.

Algunas personas calificarían esta experiencia psicodélica como de un «mal viaje». Pero, para mí, fue un viaje de lo más productivo. Habían sido años de sonrisas, de ir acumulando emociones fingiendo estar bien, mientras la depresión arrasaba mi mente y mi cuerpo pagaba las consecuencias. Y me sentía impotente ante ello. Al final, pude verme con claridad y admitir que estaba desesperadamente enferma.

—Tenemos que hablar de cómo te vas a curar –dijo Kristin al día siguiente–. Te conozco lo suficiente como para saber que no vas a querer que te ingresen, ¿no es así?

Asentí enfáticamente.

—De acuerdo, entonces, ¿qué hay de la medicación?

—No quiero tomar drogas –solté.

Kristin abrió los ojos y se le cayó la mandíbula. Nos echamos a reír. Me acababa de comer unas drogas psicodélicas no hacía ni veinticuatro horas, y ella *me conocía;* los estados alterados de la conciencia no eran algo extraño para mí.

—Tú sabes lo que quiero decir –le espeté, riendo–. No quiero drogas de *ese* tipo.

Sabía de mucha gente a la que le habían ido bien los fármacos contra la depresión. De hecho, mi terapeuta me los había sugerido en multitud de ocasiones. Pero yo siempre me había resistido a las pastillas. Estoy convencida de que no era más que un terco remanente de mi retorcido concepto de fortaleza, aunque también podría venir en parte de mi sana desconfianza hacia el sistema médico occidental, como persona negra que soy. Aparte de un suplemento diario para un trastorno tiroideo multinodular y de 800 milígramos de ibuprofeno una vez al mes para calmar un útero que parecía optar por la violencia para despojarse de su forro, no tomaba nada más. No debería sorprender a nadie que mis decisiones para el final de la vida en cuestión de atenciones y tratamiento especifiquen el uso de métodos principalmente holistas. Nuestros valores en la vida los llevamos también a la muerte.

Además, estaba convencida de que mi depresión se debía a un desequilibrio químico. Yo ya me había automedicado y me había adormecido con marihuana, vino, viajes y romances durante demasiado tiempo. Algo me estaba diciendo que tenía que volver a mí misma, y era hora de atender esa llamada. Las setas me habían mostrado lo que tenía que ver, y yo tenía que tomar ya una decisión.

—Entonces, ¿qué nos queda? –preguntó Kristin en tono suplicante.

Me encogí de hombros. No había nadie que me pudiera decir qué necesitaba para sanar… o para morir. Sólo yo tenía las respuestas.

Decidí volver a mi práctica meditativa, algo que había dejado de lado. Necesitaba *escucharme* de nuevo, escuchar mis verdaderos pensamientos, mis verdaderas razones, mis verdaderos deseos, mis intenciones subyacentes, mi verdad. Y dado que había recurrido a mi mente subconsciente para ver el problema, ahora quería contar con mi atención consciente para sanarlo.

Evidentemente, ésta no es una opción segura para todo el mundo. Ni siquiera estaba segura de si ése sería el curso de acción «correcto» para mí. Pero sentía que tenía que intentarlo. Yo había estado haciendo meditación a diario durante la mayor parte de mi vida adulta. Sin embargo, en esta ocasión, cuando las cosas se pusieron difíciles, en vez de insistir en la meditación, lo que hice fue abandonarla. Me resultaba muy duro estar conmigo misma: lo bueno, lo malo, lo incómodo y lo oculto. Sombras, monstruos, demonios y secretos. Quedarse quieta puede dar miedo, sobre todo cuando estás acostumbrada a correr, como hacía yo. Tenía que entrar en el espacio liminal.

La quietud no es mi punto fuerte. Yo eché a andar cuando tenía un año, y llevo en movimiento desde entonces; jugueteo con los anillos, con las manos o con la ropa, aunque el resto de mi cuerpo parezca tranquilo. No soporto la cafeína porque me pone de los nervios. Recurro al ejercicio para quemar el exceso de energía, pero la meditación me permite obtener un atisbo de serenidad que mi cuerpo parece no poder encontrar de otra manera. Cuando estoy en un sitio demasiado tiempo, siento como que se me llenan los pantalones de hormigas, pero mi padre siempre me recordaba que, si no sabes dónde estás, lo que tienes que hacer es *quedarte quieta*.

No intenté meditar de verdad hasta que tuve que sobrevivir a la Facultad de Derecho. En la universidad, había empezado a fumar tabaco y hierba, los cuales me permitían conectar con mi respiración, lejos del ruido y de la estimulación de las fiestas. Aquélla fue mi primera meditación no intencionada. Pero en mis primeros intentos de meditación mediante atención plena, me sentaba y me frustraba al no poder calmar mi mente el tiempo suficiente como para quedarme quieta. Inspira, espira…, te remueves, jugueteas, miras la hora, mueves las piernas, te tocas el cabello… Agitarse. Preguntarme qué estaría haciendo en aquel mismo momento el chico del que estaba enamorada entonces. «¿Dónde estás, Chad?». Te remueves nerviosa.

Estaba a punto de rendirme cuando me di cuenta de que lo que tenía que hacer no era domar lo que los meditadores llaman «la mente del mono», sino observarla; es decir, practicar la atención plena observando a mi mente vaya donde vaya, siguiendo los surcos por los que discurre. La meditación es una práctica después de todo. Es la práctica que te lleva a ser consciente de la mente, pero no a silenciarla; que te lleva a encontrar la serenidad en el espacio liminal, en el espacio entre dos respiraciones.

Experimentamos muchos espacios liminales mientras vivimos. Escaleras y ascensores. Las vacaciones invernales. Aviones y zonas de embarque. El interludio del *Urban Hang Suite* de Maxwell. El Puente de Brooklyn. El crepúsculo. El alba. Tocar fondo antes de impulsarse hacia arriba. Nacer, la quintaesencia de las transiciones. En la pubertad, nos encontramos entre la infancia y la edad adulta. Cuando tenemos novio, no estamos solteras ni tampoco casadas. Y cuando nos estamos muriendo, ya no estamos en este mundo, pero tampoco estamos en el otro, si es que hay otro. En las culturas, los ritos de paso marcan los espacios liminales. En la cultura occidental, no hay muchos rituales donde se honre lo liminal. Velar al moribundo es uno de esos rituales. Los seres humanos nos sentimos incómodos con los espacios liminales, motivo por el cual necesitamos a veces un guía que se siente con nosotros.

Una joven llamada Summer entra como un soplo en mi vida tres meses antes de su muerte. Sabiendo que ésta se acerca debido a un cáncer de mama terminal que fue detectado demasiado tarde, quiere planear un funeral en casa para no cargar con ello a sus amigas. También quiere asegurarse de que será el tipo de servicio que *ella* desea. A los 26 años y distanciada de su familia hasta recientemente, Summer ha oído hablar de las doulas de la muerte y me encuentra a través de Instagram. A través de las redes sociales conecta con otros jóvenes pacientes de cáncer, se siente conectada con la cultura popular y obtiene apoyo a lo largo de su proceso de muerte.

Para cuando la conozco, Summer ha comenzado a asumir ya su rápido descenso hacia la muerte.

—¡Se supone que soy demasiado joven para morir! ¡Pero la muerte está llegando de todos modos! –dice.

Es crudamente realista, lo que sorprende dada su edad; hace 15 años los médicos comenzaron a sugerir las mamografías (y hará una treintena de años que se «supone» que la gente contrae un cáncer de mama). Ignoró un bulto en el pecho que su exnovio descubrió un año antes. Su médico de atención primaria tampoco le hizo mucho caso, dada su edad y dado que no había antecedentes en el historial familiar. Pero todo cambió cuando le hicieron la biopsia. El plan de tratamiento fue agresivo: quimio, radio y una doble mastectomía. Funcionó durante un tiempo, y Summer llegó a vivir la alegría de la remisión. Pero el cáncer volvió a aparecer en los nodos linfáticos e hizo metástasis rápidamente por el resto del cuerpo. Su novio la dejó poco después.

Me sobrecoge la entereza con la que Summer me cuenta todo esto, y se lo digo. Pero, cuando lo hago, me pregunto si no seré una bocazas y no debería haberme puesto el pie en la boca. Sin utilizar el término, ¿no estaré diciéndole «valiente», una palabra temida entre los enfermos terminales? Aunque pueda parecer un cumplido, las personas que viven con enfermedades graves no tienen mucho donde elegir a este respecto. La enfermedad está presente. El cáncer arroja una avalancha de mierda sobre las personas y, aunque siempre se puede elegir cómo lo vamos a enfrentar, el mero hecho de vivir con la enfermedad no le hace a uno más valiente ni heroico.

Muchos de mis clientes me han dicho que el hecho de que la gente intente animarlos remitiéndose a su coraje y su heroísmo les coarta a la hora de expresar su miedo y su cólera. Los lleva a ocultar su mal humor con una sonrisa. Y una persona enferma no quiere hacer eso ni tiene por qué pasar por eso. Mi propia depresión me demostró que la sinceridad puede ser una víctima habitual de la enfermedad. Yo sabía lo fácil que era poner una sonrisa heroica, y lo sola que me llegaba a sentir detrás de esa sonrisa.

Summer no es diferente. Conectamos de forma fácil e inmediata. Ella no pierde el tiempo para hacerme saber lo que pasa.

—Ya que estamos en ello, por favor, que nadie diga que «perdí» mi «batalla» contra el cáncer, ¿vale? —dice, entornando los ojos y gimiendo de manera teatral.

Cuando utilizamos un lenguaje de combate, declaramos ganadores y perdedores en personas a las que queremos cuando, en realidad, sus cuerpos están respondiendo al tratamiento o no están respondiendo. Muchísima gente que quiere «vencer» al cáncer termina muriendo. ¿Significa eso que no «lucharon» lo suficiente? ¿Ya no son «héroes»? Hay personas para las que las metáforas bélicas pueden ser útiles porque les dan coraje, pero convendrá pedir permiso antes de utilizar tal lenguaje para asegurarnos de que no estamos enajenando a aquellos que no se sienten guerreros, valientes soldados o héroes. Hay quienes simplemente están enfermos y cansados de estar enfermos. No quieren luchar.

Aunque está muriéndose, Summer está «ganando» su combate con el cáncer, al menos por lo que a mí respecta. Sigue siendo guapa como una *cheerleader*, con una nariz pequeña y labios carnosos, con una peluca rubia hasta los hombros a capas, y una actitud en la que reconoce que, dado que el tiempo se le acaba, no tiene por qué disculparse al hablar de sí misma. Continuó con las clases de equitación a pesar del tratamiento mientras se sintió lo suficientemente bien, e hizo que le reconstruyeran los pechos con el tamaño que siempre había querido tener: «34D-plus», como dicen en el entorno.

—Es una pena que nadie haya jugado con estos pezones tatuados —dice.

Cuando se ofrece a enseñármelos, suelto una risita y acepto encantada. Se levanta su camiseta de Rihanna para mostrarme sus nuevos pechos, sin sujetador. Los tatuajes de los pezones parecen tridimensionales, con aureolas de color marrón rosáceo y puntitos marrones simulando las glándulas de Montgomery, que enmascaran las cicatrices. Aunque he visto de cerca muy pocas tetas de mujeres blancas, creo que las suyas resultan muy convincentes.

—Me encantan estas supertetas –dice, mientras las menea suavemente con un movimiento de hombros y se las estruja.

En otra vida en la que no se estuviera muriendo, los clientes de los restaurantes Hooters la habrían adorado.

Se pone triste cuando dice que no podrá cabalgar de nuevo. Navega entre la alegría y la pena, y las mantiene, de una forma que personas con varias decenas de años mayores que ella no creen posible.

Su casa es pequeña y fresca, y tiene dos ventanas abiertas. Tiene un aroma ligeramente dulzón, como de caramelo y medicinas. Echando un vistazo alrededor, me pregunto qué querrá hacer con sus posesiones. Vive en un estudio de 40 metros cuadrados, en una casa de huéspedes con jardín en el Valle de San Fernando, en Los Ángeles, con sólo una olla para hacerse la comida. En la encimera de la cocina hay platos alineados de distintos tamaños y formas, así como una colección de vasitos de chupito. Ha decorado el lugar con sus sombreros y con una serie de tacos de madera con palabras caligrafiadas en ellos. No hay «vive, ríe, ama», pero sí hay otras muchas citas inspiradoras. Te da la sensación de estar en el primer hogar de una persona joven, con pósteres de conciertos enmarcados en las paredes, luces parpadeantes detrás de la cama, un sofá verde oliva de segunda mano que consiguió gratis en Craigslist. Siento una tristeza profunda por saber que su vida habrá terminado antes de que pueda comprarse un sofá nuevo o de que cambie los pósteres por obras de arte.

Me analizo de nuevo, pero esta vez por mis juicios y por el edadismo, que parece asomar la cabeza. ¿Merece más Summer mi tristeza por no haber podido llegar a la edad adulta del modo en que yo considero debería llegar? La cercana muerte de Summer destaca una de mis creencias más perjudiciales y arraigadas acerca de las personas que mueren jóvenes. La gente suele proyectar sobre los demás sus propios temores sobre la muerte. Estoy triste porque Summer no ha podido tener experiencias como una persona adulta, aunque ser una persona adulta no siempre sea divertido. Se fue del hogar familiar y se forjó su propia vida con 17 años, encontró un empleo, pagó sus impuestos y consiguió muebles rentables que tienen muy buen aspecto. A los 17, a mí nadie me había besado todavía y sólo sacaba 6,25 dólares la hora en el cine. Quizás Summer sea más adulta de lo que yo la veo. Me digo a mí misma (una vez más) que deje de juzgar las experiencias de vida de los demás.

El edadismo se desboca en los cuidados terminales y en el duelo. Por bienintencionado que pueda ser, no está bien. Tendemos a dar mayor importancia cuando una persona que muere joven, otorgándole un mayor grado de infortunio a su muerte, al tiempo que pasamos por alto en gran medida el hecho de que la gente joven también se muere. Cuando una persona joven muere, decimos que es una tragedia, dado que «tenían toda la vida por delante». Pero lo que Summer ha vivido hasta el momento *es* la totalidad de su vida. Negar esto niega la soberanía absoluta de la muerte en la elección del momento de su llegada.

—No me preocupa lo que ocurra con la mayor parte de todo esto. Ya les he dicho a mis amigos que pueden llevarse lo que quieran, y que se deshagan del resto –me dice.

Le pregunto por sus posesiones sentimentales, pero no ha acumulado muchas recientemente.

—Mi hermana se puede quedar con mi camiseta P!nk, no obstante.

Es del primer concierto al que asistió.

Summer dejó en la casa familiar algunos objetos de su juventud cuanto se largó de allí, tras denunciar los abusos sexuales de su padrastro. Cuando su madre optó por ponerse de parte de su padrastro, Summer se mudó a Los Ángeles desde el Medio Oeste, con la esperanza de hacer dinero a costa de su físico en la industria del cine y la televisión. Se esforzó por encontrar un agente o papeles que no fueran los de extra, y decidió cortar la comunicación con la familia. Pero, al ver que se acerca el final de su vida, Summer ha cambiado de opinión y ha reconectado con su madre, Betsy, y su hermana pequeña, Georgia. Al enterarse de que el cáncer va a acabar con la vida de Summer, ambas se han venido a Los Ángeles para cuidar de Summer, y tienen planeado estar aquí hasta que fallezca. El día en que he ido yo a verla, Betsy y Georgia se han marchado para dejarnos tiempo y espacio a Summer y a mí. Sospecho que no están preparadas para la franca conversación que vamos a tener Summer y yo acerca de su funeral. Summer quiere un funeral alternativo, un funeral casero.

Summer ha decidido que quiere que su cuerpo repose en casa durante unas horas después de su muerte. Ha visto un vídeo de funerales en el hogar y, dado que su grupo de amigos en Los Ángeles se ha reducido mucho a lo largo de su tratamiento, quiere que los más cercanos estén un tiempo con su cuerpo antes de la cremación. Ella se ha apoyado mucho en estos amigos a lo largo de su tratamiento y no quiere poner en marcha una campaña de *crowdfunding* para pagar un funeral al uso. Las cenizas se las llevara su madre a casa. Imaginando su lecho de muerte ideal, Summer ve rosas de color naranja, que es su flor favorita. A partir de este detalle, visualizamos un lecho de muerte con flores en su cama y sobre su cuerpo, así como decorando el apartamento. La canción «Don't Wanna Go» de The Lumineers sonará cuando se congreguen los que la quieren.

Me pone la canción. Al escuchar la letra se me saltan las lágrimas. A pesar de haber estado con muchos clientes, siempre siento una gran emoción cuando estoy en presencia de alguien cuya vida terminará pronto. Esto no me hace menos profesional. Me hace más humana.

A través de mi trabajo he aprendido a querer a la gente que se está muriendo. Es un gaje del oficio. Inevitablemente, van a morir. Y, aunque sé que la muerte les está llegando, porque es precisamente el motivo por el cual estamos trabajando juntos, eso no lo hace más fácil. En cierto modo, es más difícil. Conozco todos los miedos a la muerte, la preocupación por sus familias, las preocupaciones por los líos que puedan estar dejando atrás. Y sé que van a hacer este viaje directamente, de todos modos. No hay elección. Eso hace que los quiera más.

Summer también es emotiva. No quiere morir, pero sabe que su tiempo está cerca. Está enferma. En los meses que hemos estado trabajando juntas, su aspecto ha cambiado. Mejillas vacías. Tez pálida. Movimientos lentos. Arrastra las palabras. Venas azules visibles bajo la piel, sobre todo en sus nuevos pechos. Su luz vital se desvanece. Y tiene claro cómo quiere que se apague esa luz.

Tras hacer planes para que una funeraria se lleve su cuerpo directamente al crematorio, y discutir que le quiten los implantes antes de la cremación, hablamos un poco acerca de la religión. Al igual que yo, Summer fue educada en la fe cristiana evangélica. Y también al igual que yo, nunca llegó a conectar con la idea del cielo y el infierno. Rechazó el cristianismo después de irse del hogar familiar y no ha echado la vista atrás. Hasta ahora.

—¿Qué pasaría si estoy equivocada? –pregunta, pronunciando cada sílaba.

—¿Verdad? ¿Y si hubiéramos tenido que ir a la iglesia todos los domingos? –respondo en tono lúdico.

—¡O si no debiéramos haber dicho maldiciones, joder!

—Bueno, ¡estás a punto de averiguarlo! Házmelo saber, ¿vale?

Nos reímos, pero mantengo el tema de conversación de la religión, dado que parece que está en su corazón. La muerte es el momento más importante para que lo que más apremia en nuestros corazones ocupe un lugar central. Pronto ya no quedará tiempo para hablar de aquellas cosas que atenazan nuestro corazón. Para cuando terminamos la sesión, Summer ha decidido qué partes del cristianismo quiere conservar, y ha decidido que le gustaría ser bautizada. Por si acaso. Aunque no cree que la vayan a enviar al infierno por rechazar el cristianismo y haber llevado una vida secular, todavía alberga alguna duda. Mejor salvarse que arder en la condenación eterna.

Celebro su decisión del mismo modo que lo haría si fuera musulmana, budista, hindú o derviche danzante.

La forma en que ejerzo de doula otorga un lugar central a la laicidad. Las necesidades de los clientes de distintas religiones son bastante universales. Esto me permite mantener un enfoque secular para ayudarles en la preparación para la muerte. En general, todos morimos igual, salvo por lo que creemos que ocurre después. Puedo dar soporte a los clientes para que aclaren en qué creen sin embarrar el escenario con lo que yo pueda creer. Por otra parte, lo que yo creo cambia, muta y se redefine con cada muerte a la que asisto y con cada día que vivo, de modo que es un asunto arriesgado dependiendo del día.

Hablo de esto con el capellán de cuidados paliativos, que está encantado con la conversión de última hora de Summer. Yo también. Y también su madre, que ha estado rogando para que Summer regresara a la iglesia desde que se fue de casa. Al final, está haciendo realidad su deseo; su niña irá al cielo, según sus creencias. Sé lo mucho que significa para ella. Probablemente, mis padres también estarían en éxtasis. El pastor Joe realiza los ritos bautismales, derrama un poco de agua sobre su cabeza y da las gracias a Dios por perdonar los pecados de Summer. Cuando el pastor se va, Summer dice:

—Algunos de esos pecados fueron ser realmente divertidos. ¿Pasa algo si no lamento haberlos cometido?

Su desenfado es un bálsamo para mi espíritu, y le digo que se lo preguntaré al pastor Joe en su nombre (y un poco en el mío también).

Dado que el momento de morir de Summer parece estar acercándose, voy a verla de nuevo al día siguiente por la tarde. Al entrar por la puerta del patio que da a su dormitorio, percibo algo diferente. Summer está sentada en la cama y está tirando de las sábanas, intentando destaparse los pies para levantarse. Y, aunque no pesa más que mi pierna izquierda, es incapaz de ponerse de pie, debido a que la enfermedad ha debilitado su tono muscular. Murmura repetidamente que necesita la maleta y que quiere marcharse. Está frustrada, y esto marca una clara diferencia con las visitas que hemos tenido hasta entonces. Es un tipo de comportamiento que he visto en otros clientes cuando la muerte está cerca. Le ofrezco ayuda para destaparle los pies, pero no sirve de nada.

Reconociendo su comportamiento como el de la agitación terminal, le pregunto de todos modos adónde quiere ir, por si acaso estoy equivocada. Summer murmura en su mayor parte para sí misma, pero, respondiendo a mi pregunta, dice:

—A alguna parte. No sé. A alguna otra parte. Cualquier sitio menos aquí. Me quiero ir. Ayúdame.

Pero no hay a donde ir. La muerte activa está cerca. La agitación terminal (denominada a veces inquietud terminal o delirio hiperactivo) es la ansiedad, agitación y confusión que se presentan al final de la vida, pero más marcadas que los habituales cambios de humor de la fase terminal. La persona moribunda puede parecer enfadada, angustiada, impaciente, inquieta e incapaz de relajarse. Los cambios metabólicos y fisiológicos que atraviesa uno mientras los sistemas corporales se van apagando pueden ser una de las causas, pero nadie lo sabe a ciencia cierta. Me pregunto si es un último esfuerzo desesperado por escapar de la muerte. Los medicamentos contra la ansiedad pueden aliviar los síntomas y los suelen prescribir los equipos de cuidados terminales cuando están disponibles.

Betsy me dice que a Summer le han estado dando analgésicos recientemente, de modo que podemos descartar un dolor insoportable como causa de su angustia. Georgia está desconsolada por el hecho de que su hermana esté siendo brusca con ella. Le explico que el comportamiento de Summer se debe probablemente al proceso de muerte, aunque no estoy muy segura de si le va a servir de algo. El enfermero no tardará en llegar para comprobar otras causas posibles de la inquietud. Hasta el momento en que llegue, me siento con Betsy, Summer y Georgia e intento calmar a Summer con la lista de reproducción que ella misma había confeccionado y que me había dicho que le ayudaría a superar la angustia emocional. La lista de reproducción de Summer se parece a la música que podrías escuchar en una clase de yoga nidra. La elección de músicas es parte de las conversaciones habituales que mantengo con mis clientes en las primeras sesiones de planificación del final de la vida: juntos hacemos una lista de consuelos sencillos, rituales, palabras cariñosas, música, poesía y textos o versículos religiosos que les ayuden a superar la angustia emocional de la muerte.

El enfermero confirma los síntomas de Summer en cuanto llega. No parece tener dolor alguno. El enfermero me pide que prepare a Betsy y a Georgia para la fase final; hemos intimado un poco, de modo que me confía a mí el darles la noticia. Les explico lo que cabe esperar en los próximos días y me pongo a su disposición para cualquier cosa que puedan necesitar a partir de esa noche. Se han llegado a sentir muy mal con las desdichas de Summer con su enfermedad, pero ahora están agradecidas de escuchar que el alivio no tardará en llegar, aunque ese alivio sea la muerte. Después de que Summer haya caído en un profundo sueño, me voy a casa para descansar un poco, sabiendo que los días que tenemos por delante van a ser transformadores. Toda muerte lo es.

Las únicas veces que duermo sin poner en silencio mi teléfono es cuando un cliente está muriendo activamente. De todos modos, la calidad del sueño es pobre cuando sé que alguien a quien he llegado a querer está haciendo su partida. Esta noche no es diferente. Normalmente, dejo a la discreción de la familia si quieren o no que yo esté cerca en el momento del fallecimiento. Los hay que quieren que esté con ellos, en tanto que a otros les basta con saber que hay alguien que se preocupa por ellos. Otros necesitan respuestas a sus preguntas, y otros te llaman cuando el fallecimiento ya ha tenido lugar. Para mí está todo bien, siempre y cuando se sientan apoyados. La propia Summer me pidió que estuviera ahí con ella en el momento de su muerte y Betsy aceptó encantada. En cualquier otra situación, confío en la capacidad innata de mis clientes para morir.

Desorientada, me despierto a las siete de la mañana con el estridente timbre del teléfono, y tomo nota mentalmente de cambiarlo por un sonido que no me haga pensar en la llegada de unos camiones militares a mi ciudad anunciando una guerra. La respiración de Summer ha cambiado significativamente, y Betsy no ha pegado ojo, concentrada en sus inspiraciones y espiraciones. Su respiración es irregular y cada vez más lenta desde hace una hora. La muerte no va a ser larga. Me lavo la cara, me cepillo los dientes y agarro una tableta de proteínas rápidamente y me voy a velar a Summer en su espacio liminal.

Cuando llego a una habitación donde la muerte es inminente, hago una pausa antes de entrar para recordarme a mí misma que trate cada muerte como si fuera la primera vez que la presencio. A modo de ritual, toco el marco de la puerta como un recordatorio de que estoy cruzando un umbral. Toda persona con la que me encuentre al otro lado me va a transformar. La Alua que entra no será la Alua que salga de allí. La muerte nos cambia a todos. En silencio, repito el mantra que he adoptado para mí en este trabajo: «Que la verdad salga de mis labios. Que el amor salga de mis labios. Sea yo mi mayor bendición».

Al igual que un parto activo, la muerte activa constituye un sustancioso espacio liminal, por lo que merece una sacralidad y un respeto total. Después de todo, morir es el espacio entre el aquí y el allí (dondequiera que esté el allí). En la mayoría de las muertes naturales, existen unos cuantos signos reconocibles de que la muerte está cerca. En los días y horas previos a la muerte, la persona moribunda comienza a desvincularse de las personas de su vida y ponen su atención en el interior. La función renal se ralentiza, reduciendo y oscureciendo la emisión de orina. La presión arterial cae, al igual que la temperatura corporal. Las extremidades están frías al tacto y comienzan a aparecer manchas en la piel, a lo cual se le denomina moteado. Esto es también evidente en las personas de piel oscura. En este espacio liminal, los párpados caen para quedar ligeramente abiertos, pero la persona ya no responde a ningún estímulo que tenga lugar delante de sus ojos. La boca se abre y los patrones respiratorios se hacen irregulares. La vida pende de un suspiro.

Cuando entro en la habitación siento el cambio de energía. Una palpable quietud ha comenzado a descender, una quietud que cubrirá toda la habitación cuando Summer la abandone. Me concentro para lo que va a suceder, teniendo la certeza de que no hay nada que hacer, salvo preservar el espacio y ser testigo de este inexplicable acontecimiento. Tengo la inmensa suerte de estar en el pórtico de la existencia, de entrar y salir, transformada por el poder de la vida y la muerte.

Al cruzar el umbral, dejo mi bolsa de objetos de doula de la muerte junto a la puerta. La bonita bolsa marroquí de cuero de camello contiene algunos artículos para el ritual: libros de poesía, un cuenco, papel en blanco, velas, aceites esenciales, incienso, cerillas, Agua Florida, una bolsa de tierra y otra de hojas de té; y artículos que la familia puede utilizar durante el cuidado natural de la muerte: bolas de algodón, empapadores, toallitas, gomas para el pelo, pañuelos, loción, jabón de Castilla, un cepillo para el pelo y un pequeño recipiente para lavarse. En mi bolsa de doula llevo también una botella de agua, una manzana, Cheez-Its, un cargador de teléfono y cualquier novela jugosa que pueda estar leyendo en ese momento. Conviene estar hidratada y equilibrada. También llevo varias telas para vestir un espacio, por si acaso.

Betsy tiene en una mano un pañuelo desgastado de suaves hilos de algodón y en la otra sostiene la mano izquierda de Summer. Tiene los ojos enrojecidos y el cabello alborotado. Cuando miro a Summer confirmo que está muriendo activamente, y su pulso débil e irregular me lo confirma. En un susurro, le digo que le voy a dar un beso, para a continuación depositar mis labios en su frente y percatarme de que su pequeña nariz ha comenzado a ponerse azul en la punta. Es la cianosis, otro signo de muerte activa. Sus ojos castaños están ligeramente abiertos, pero no responden a ningún estímulo. La mandíbula se le ha aflojado y la respiración es ahora mecánica, habiéndose reducido a entre siete y diez respiraciones por minuto. El cuerpo está haciendo su trabajo para apagarse. Tomo las rosas de color naranja de fuera que tanto le gustan a Summer y las pongo en la mesita de noche. Y después, tal como me pidió, le pongo una rosa en la mano. Le doy otro beso y le digo en un susurro que lo está haciendo muy bien.

Durante las siguientes tres horas, me dedico a frotarle la espalda a Betsy, a entonar canciones, a abrazar a Georgia y recordarle que respire, a tomar de la mano a Summer y a contar sus respiraciones. Éstas se reducen a seis por minuto, para luego acelerarse. Es probable que se trate de un patrón respiratorio distinto, denominado las respiraciones Cheyne-Stokes. El espacio entre sus inspiraciones y sus espiraciones es breve y marcado, y sin embargo parece que pase una eternidad entre unos y otros. Juntas, nos quedamos en este espacio liminal con Summer, aguantando también nuestra respiración con ella, hasta que Summer no vuelve a inspirar.

Summer ha muerto. Y, entonces, una quietud sagrada nos envuelve y nos sostiene a todas. Es una quietud plena con la maravilla y el asombro de la vida y el sobrecogimiento de la muerte. Betsy y Georgia lavan su cuerpo entre lágrimas, reverentemente, siguiendo mis instrucciones, frotando su cara, sus brazos, el torso y las piernas con una toallita mojada en agua perfumada con aceite de lavanda.

Juntas, le ponemos un vestido blanco de ganchillo que ella había elegido para este momento y esparcimos las rosas de color naranja a su alrededor. Los amigos que ella me pidió que vinieran a casa llegan vestidos de blanco. Me pidió también que se pusieran los sombreros que ella había coleccionado, de manera que cada uno se pone uno de ellos, un variopinto surtido de sombreros de camionero, sombreros de vaquero, bombines y fedoras. Uno a uno, se despiden de ella, mientras los otros se arremolinan, mordisquean bocadillos y se consuelan mutuamente. Summer pidió que cada uno de ellos se tomara un chupito y se llevara el vaso. Yo también me tomo un chupito, pero dejo el vaso para otro.

Al cabo de una hora más o menos, el pastor Joe viene y nos introduce en un funeral cristiano, con un breve sermón incluido, en el que resalta la importancia de la reciente conversión de Summer y su fallecimiento. Luego, cantamos unas canciones seculares de las elegidas por Summer. Cuando termina todo, nos tomamos de las manos alrededor de su cuerpo hasta que el personal del crematorio llega para llevarse el cuerpo, mientras suena la canción de The Lumineers.

El dolor por la muerte de Summer es muy parecido al que se siente cuando muere una persona mayor. Si miro alrededor, veo el mismo dolor: las cabezas gachas, los murmullos, las lágrimas calladas…, las mismas que yo habría tenido en el funeral de un abuelo o abuela. Sin embargo, culturalmente, cabría esperar que el dolor fuera mayor debido a que Summer era joven. El edadismo también levanta la cabeza con la muerte en lo relativo a la expresión de las condolencias. En el dolor, el edadismo suena a algo así como «Ella vivió una vida larga y plena» o bien «Tú pasaste 65 buenos años con ella», cuando se habla de la muerte de personas mayores, aunque esos 65 años fueran una mierda. Cuando decimos de alguien que ha fallecido que vivió una «vida larga y plena», terminamos minimizando sin darnos cuenta el dolor de la persona que vive el duelo por la muerte de esa persona mayor. ¿Acaso no pueden estar tristes, aunque la abuela fuera ya vieja? ¿Quién puede decir si alguien ha muerto demasiado pronto? ¿O si vivió todo lo que hubiera querido vivir? Quizás la abuela habría querido enamorarse por última vez y sus expectativas se vieron frustradas por vivir sólo 97 años. Eso duele, sea como sea.

Summer era joven en el momento de su fallecimiento, y su cuerpo ya no respondía al tratamiento. Pero se estaba curando, pues en la muerte también puede haber sanación, aunque pensemos que la salud es la antítesis de la muerte. La palabra «sanación» indica que algo puede cambiar y mejorar; sin embargo, sabemos que una persona no se puede «curar» de la muerte. Lo mejor que podemos hacer es traer consuelo al proceso de muerte y dar apoyo para la sanación de las heridas emocionales y espirituales. A veces, «sanar» supone abandonar un cuerpo enfermo.

En su muerte, Summer sanó su relación con su cuerpo, algo que se hizo evidente en la metáfora que utilizaba —que estaba «bailando» con el cáncer, no convirtiendo así su enfermedad en la malvada de la película—, así como en el orgullo que sentía al mostrar sus pezones recién tatuados. Summer sanó la relación con su familia y sanó su relación con la religión a través de su muerte. Reconcilió la vida que había tenido con la vida que había querido. Summer tuvo la buena muerte que muchos desean, aunque muchos podrían creer que ella «debería» haber tenido una vida más larga. Pero, gracias a que murió cuando lo hizo, su vida llegó a su culminación a pesar de todo.

Capítulo 16

Cuba te espera[11]

Si sólo pudiera hacer una pregunta al Creador/la Luna/Prince/los orishas/la fuerza mágica del amor que lo sabe todo, yo preguntaría simplemente:

¿Por qué?

¿Por qué tanto dolor? ¿Por qué la depresión? ¿Por qué los mosquitos? ¿Por qué todo el dolor, la inseguridad, la incertidumbre y, por encima de todo, por qué la vida en sí? ¿Por qué la muerte?

El «por qué» de la vida es siempre poderoso cuando se contacta con la muerte. El impulso por conocer la respuesta es intenso, y puede generar una urgente necesidad emocional, una necesidad abrumadora. Hay veces en que un cliente *exige* directamente conocer la respuesta, mirándome como si yo pudiera desvelar todos los grandes misterios de la vida a cambio de unos dólares. Estas personas me inspiran mucha compasión, y lo único que puedo hacer en estos casos es ayudarles a mirar lo desconocido y darles apoyo ante el miedo y las dudas de si sus vidas fueron lo suficientemente buenas. Yo misma conozco bien ese miedo.

Cuando conozco a Leslie, me recibe, casi sin aliento, en los escalones delanteros de su humilde apartamento. A los 67 años, está conectada a

---

11. En castellano en el original. *(N. del T.)*

un equipo de oxígeno desde hace meses. Se halla en las últimas etapas de una enfermedad pulmonar que ha endurecido sus vías respiratorias, y los pocos pasos que tiene que dar desde el sillón donde suele estar sentada para abrir la puerta le hacen que se quede sin aliento.

El apartamento de Leslie está decorado con cachivaches diversos –búhos de porcelana, cucharas decorativas enmarcadas, muñecas rusas, fotos de su hija Kathleen…—. Kathleen me llamó por teléfono para que le diera apoyo a su madre, que está intentando hacer las paces con la enfermedad que terminará con su vida. Acompaño a Leslie hasta el sillón de nuevo, que está en la zona principal del apartamento, frente a la puerta y a una ventana. En los doce pasos que tiene que dar entre la puerta del apartamento y el sillón, nos tenemos que detener dos veces.

Se sienta y lleva la mano a la mesita que tiene al lado, donde tiene todo cuanto pueda necesitar a lo largo del día. Mando a distancia, medicamentos, un libro devocional de oraciones cristianas diarias, teléfono móvil y fijo, pañuelos de papel, una bolsa de almendras, la foto de su hija, un plato sucio con los restos del desayuno, y una libreta de notas y un bolígrafo, que toma de la mesa.

Intercambiamos saludos y cumplidos, y luego Leslie va directamente al grano:

—¿Qué se siente al morir?

Es su primera pregunta. En todos los años que llevo haciendo esto, nunca nadie me había hecho esta pregunta de manera tan directa. Estoy impresionada.

—Oh…, bueno…, no lo sé –tartamudeo–. Pero, dado que he estado con bastantes personas que estaban muriendo, sí que puedo contarte lo que me dijeron acerca de sus experiencias mientras aún podían comunicarse. ¿Te sirve eso?

—Mmm, no del todo –responde Leslie–. Lo que realmente quiero saber es qué se siente en el momento de morir.

No sé qué hacer.

—No lo sé. No me he muerto todavía, de modo que no puedo hablar de esa experiencia.

Leslie ladea la cabeza y me mira inquisitivamente.

—De acuerdo, entonces sigamos… –dice, mientras traza una línea en la libreta de notas, supuestamente para tachar la pregunta que acaba de hacer, y explora de nuevo sus preguntas– ¿Qué ocurre después de que nos morimos?

Siento un poco de alivio; no porque sepa la respuesta, claro está, sino porque me hacen esta pregunta constantemente. La mayoría de las personas tenemos nuestras creencias acerca de lo que ocurre después de la muerte, pero las personas que se encuentran en el final de su vida se ven especialmente confrontadas con esto. Las creencias suelen ser como un lago de aguas turbias para aquellas personas que están al borde del risco a punto de lanzarse a las aguas. No tardarán en tener evidencias de lo que hay en el fondo. Lo mejor que puedo hacer es ayudar a aclarar las ideas acerca de lo que ellos creen que ocurre. Me he dado cuenta de que hasta las personas más religiosas empiezan a replantearse calladamente sus creencias cuando saben que pronto averiguarán la respuesta.

—Tampoco conozco la respuesta –le digo a Leslie–, dado que aún estoy aquí, con los vivos.

Como norma, no hablo mucho con mis clientes de mi punto de vista sobre lo que ocurre después de la muerte. Es algo privado. Además, quiero ser un espejo impoluto para los moribundos, a medida que van elaborando sus propias ideas. Es *su* muerte, *la de ellos*. Yo tendré al mía más adelante. En un artificio clásico de doula, le devuelvo la pregunta.

—¿Qué crees *tú* que ocurre cuando morimos?

—Pienso que no importa lo que yo crea, pues lo que quiero saber es lo que ocurre realmente –responde–. ¿Me puedes ayudar con eso?

Leslie toma aliento penosamente, mientras el equipo de oxígeno que tiene al lado zumba con suavidad.

—No te lo puedo decir con absoluta certeza –digo–, dado que quienes han recorrido todo el camino hasta allí nunca han regresado para contárnoslo.

Le digo que quizás sería más útil que habláramos de lo que ella cree, porque tomamos elementos y piezas de la religión, de la ciencia, la cultura, las películas, nuestros temores, etc. Pero Leslie me vuelve a cortar:

—No quiero jugar a las adivinanzas –insiste–. Quiero saber. ¿Me estás queriendo decir que no tienes la respuesta?

Temiendo estar fallándole, pero no viendo otra salida, asiento con la cabeza y digo:

—Tienes razón. No lo sé. No podré saberlo con certeza hasta que muera.

—De acuerdo.

Vuelve a la libreta de notas y, tachando enérgicamente otra línea de la página, continúa con sus preguntas:

—¿Morir es doloroso?

Por fin, una pregunta que puedo responder con cierta claridad.

—Por lo que sé, morir, en sí, no es doloroso. El dolor que la gente experimenta al final de la vida es normalmente una función del proceso de la enfermedad, y no de la muerte en sí. El equipo de cuidados terminales estará bien preparado para darte analgésicos con el fin de que no te sientas mal cuando vayas a morir.

—¿Quieres decir que no me dolerá?

—Estoy diciendo que cualquier dolor que puedas experimentar por la enfermedad debería estar controlado por el equipo médico. Puedo hablar con tus médicos acerca de tus preocupaciones y hacer un plan para abordarlas. ¿Te tranquiliza eso?

—Más o menos. Quiero saber si dolerá.

—No debería doler.

Leslie inspira profundamente varias veces y se queda mirando su libreta de notas con la mirada perdida. No sé si es que necesita unos instantes para poner orden en sus pensamientos o si es que se está impacientando conmigo. Pasa de página y arrastra el bolígrafo hasta que se detiene un momento a mitad de la nueva página.

—Cuando pierda la conciencia, ¿cuánto tiempo pasará hasta que esté muerta?

¡Mierda! Empiezo a sentirme inútil.

—Varía de una persona a otra. Hay personas que mueren rápidamente después de cerrar los ojos por última vez y otras se quedan en ese espacio intermedio durante días. No hay manera de saber con certeza cuál será tu proceso.

Leslie suspira con fuerza. Puede que sea por la enfermedad, pero suena mucho a impaciencia.

—¿Podré comunicarme con mi hija después de morir?

Aquí hay otro trocito con el que puedo trabajar. Puedo hablar con Leslie acerca de aquellas partes de la conciencia que ella cree que existen tras la muerte. Podemos hablar de las pequeñas bromas que comparte con su hija. Podemos explorar de qué maneras Kathleen podrá sentirse cerca de su madre tras su fallecimiento, cuando escuche determinadas palabras o vea ciertas imágenes. Puedo compartir historias que he escuchado acerca de colibríes y de mariposas que se negaban a abandonar a la persona que estaba sumida en el duelo. Pero estoy perdiendo la fe en que nada de todo esto le sirva a Leslie.

El verdadero trabajo que estamos haciendo juntas aparece de pronto. Leslie está forcejeando con los grandes misterios de la muerte y con el sometimiento que la muerte le exige. Para la mayoría de sus preguntas no existe una respuesta adecuada, simplemente. Y me pregunto si, en lo más profundo, ella lo sabe. Quizás le habría venido mejor un consejero espiritual, y le sugiero que le haga también estas preguntas al capellán del equipo de cuidados terminales. Yo podría haberle hablado de algunos tópicos concretos o haberle hablado lo que yo imaginaba que querría escuchar. A veces me pregunto si eso sería más compasivo. Pero la verdadera respuesta a la mayoría de las preguntas acerca de la muerte es «No lo sé».

Le pregunto a Leslie si ha sentido alguna comunicación con personas de su vida que hayan muerto ya. Me dice que la cuchara decorativa de su tía favorita, que ya murió, es la única que se cae de la pared de cuando en cuando, y que le encanta que su tía le diga calladamente que sigue estando con ella. Contándome esto parece que se ablanda un poco conmigo, pero vuelve sobre su libreta de notas. Tras un espeso e incómodo silencio, pregunta de forma tentativa:

—¿Cuánto tiempo me queda?

Se me para el corazón. Esbozo una leve sonrisa y le sostengo la mirada valientemente. No digo nada.

—Deja que lo adivine –dice–. No lo sabes.

Suspira, mientras yo aguanto la respiración.

Finalmente, Leslie cierra el cuaderno con cierta fuerza. Sí, se ha impacientado.

—Entonces, ¿qué es lo que *sabes?*

—¡No mucho, evidentemente!

Nos reímos, incómodas.

—Entonces, ¿para qué sirves? –pregunta Leslie con un suspiro.

Le explico mi papel como acompañante y le ofrezco mi apoyo en todas aquellas tareas que pueda controlar. Tranquilizo a Leslie diciéndole que está haciendo las preguntas correctas y que está haciendo el trabajo más duro. Le recuerdo que las preguntas que formula no hay persona en el mundo que pueda responderlas, y la animo a que siga inmersa en ellas. Para algunas de ellas no hace falta una respuesta. Otras no tienen respuesta. Esto es lo difícil de morirse. También es lo difícil de vivir. ¿Cómo podemos permanecer presentes en el hoy sin saber si habrá un mañana?

En la escuela elemental se nos enseña que podemos reunir suficiente información para resolver un problema si respondemos a cinco preguntas básicas: quién, qué, cuándo, dónde y por qué. Sin embargo, esto no nos sirve de nada cuanto intentamos abordar el misterio de la muerte. Cuando aplicas la fórmula de las cinco preguntas de nuestra educación elemental, el método se vuelve absolutamente inútil.

¿Quién muere? Todo el mundo. Nadie, desde tiempos inmemoriales, ha escapado a la muerte.

¿Qué es la muerte? La ciencia y la experiencia nos dicen que la muerte es la cesación de todas las funciones corporales críticas y de las actividades necesarias para sustentar la vida.

¿Cuándo morimos? A menos que una persona decida la fecha y hora de su muerte, esto es algo que nos resultará desconocido hasta que demos el último suspiro.

¿Dónde morimos? Véase «Cuándo», justo arriba.

¿Por qué morimos? Las principales religiones, filósofos y personas que consumen sustancias que alteran la conciencia han lidiado con esta pregunta desde siempre, y nadie parece tener una respuesta suficientemente buena como para calmarnos.

No es de extrañar que la muerte nos haga sentir tan incómodos. No podemos recopilar demasiada información sobre ella, y recopilar información es lo que hace que nos sintamos seguros. Pensar en la muerte nos lleva directamente a la inquietud del «No lo sé». En mi trabajo de apoyo a personas moribundas he conocido a muchas que se aferran a lo que creen que pueden controlar para evitar someterse al mayor «No lo sé» de la vida.

Sentirme cómoda con los «no lo sé» en el trabajo con la muerte me ha hecho ser más humilde. No hay certidumbre alguna en la práctica del acompañamiento terminal. A veces me deja con una sensación de impotencia por no poder ayudar a mis clientes. No puedo aliviar su inquietud ante la incertidumbre ni puedo darles información que les haga sentirse mejor. No puedo quitarles el miedo. Lo único que puedo hacer es estar ahí con ellos mientras intentan encontrar respuestas por sí mismos, mientras se ejercitan en el sometimiento ante lo desconocido. Hay cosas que podemos controlar, como gestionar nuestros asuntos y decir «te quiero» y «me has hecho daño», pero las grandes preguntas seguirán siempre sin respuesta.

Sentirme cómoda con los «no lo sé» de la vida también me ha hecho más humilde. La vida es un «no lo sé». No sabemos qué va a ocurrir dentro de un minuto. Si lo asumimos, nos sentimos pequeñitos, patéticos e impotentes, de modo que ocupamos la vida con quehaceres, tareas, adicciones, trabajo, sexo y cualquier otra cosa que podamos hacer para evitar ese terror existencial.

Sin embargo, el néctar de todo este asunto lo encontramos en el momento en el que nos abrimos a la inquietud del no saber. Si pensamos que sabemos, dejamos de ser flexibles y maleables. Nos estancamos y endurecemos. Abrirnos a la inquietud de no saber significa abrirnos a la magia de lo que puede ser, a ese lugar de potencial puro, sin límites, donde cualquier cosa es posible. Es algo que permite que los seres humanos con los que nos encontramos a lo largo del camino nos guíen de vuelta a nosotros mismos y a nuestra verdad individual. La vida se despliega ante nosotros. Ésta es la única certeza disponible. Lo desconocido es precisamente lo que nos hace humanos. Me apoyo en esta verdad con cada cliente.

Leslie muere menos de un año después de nuestro primer encuentro. Durante todo ese tiempo estoy yendo a su casa y me siento a charlar con ella varias veces más. Sus grandes preguntas permanecen, pero, en vez de buscar las respuestas en mí, ella se ha llegado a sentir cómoda con el no saber y está prestando atención a su propia verdad, que es lo único que importa. Mi trabajo, tanto en mi condición de doula de la muerte como en la de ser humano, no es más que ser testigo de su inquietud y su vulnerabilidad por no saber lo que viene, y darle apoyo hasta que averigüe la verdad por sí misma.

En mis películas favoritas, la protagonista experimenta siempre una revelación cegadora: Celie descubre su poder y maldice a Albert «Mister» Johnson en *El color púrpura*, y Cher Horowitz se da cuenta de que está enamorada de su hermanastro, Josh, en *Fuera de onda (Clueless)*. Hay fuegos artificiales y una fuente brota cuando se da cuenta.

En la vida real, la verdad de quién somos y qué queremos no se suele revelar de un modo tan espectacular. El sendero hacia la verdad personal es lento, enloquecedor, insoportable y progresivo. La vida nos va dejando miguitas de pan para que las sigamos, pero dependerá de nosotros si las seguimos —una a una— o no. Nos pueden llevar a algún sitio que, finalmente, sintamos como nuestro hogar. Al final, puede que también tengamos nuestro instante «¡Amo a Josh!».

Yo fui una de las miguitas de pan de Leslie.

Elián González, entre todas las personas, fue una miguita de pan mía.

Después de unas frustrantes semanas intentando afianzarme en mi práctica meditativa en casa de Kristin, donde el tiempo se movía como la melaza y mi mente no dejaba de errar, mi práctica comenzó a calar. Mi mente iba de un lado a otro, como si discurriera por las viejas y gastadas vías de un tren, rotando entre mi enfermedad y la esperanza de si volvería a estar bien. Me preguntaba cómo había ido a parar allí y cómo había tomado las decisiones que había tomado. Me preguntaba por mis errores y por la gente a la que podría haber hecho daño. Me preguntaba por mis antiguos novios y por cómo habían aguantado mi carácter voluble y poco comprometido. Me preguntaba si mi familia tendría el corazón roto por lo mucho que había estado sufriendo.

Durante una meditación matinal, mi mente deambuló hasta llegar a Elián, un niño cubano que había emigrado a Estados Unidos con su madre navegando sobre la cámara de un neumático. Ella se ahogó a lo largo del viaje y Elián, que tenía seis años entonces, se vio inmerso en una batalla judicial internacional por su custodia entre su padre, en

Cuba, y sus familiares en Estados Unidos. Elián debió sufrir enormemente. Su nombre dominaba las noticias; no podías meterte en una gasolinera sin oír hablar de él.

En junio de 2000, el tribunal de apelaciones de Estados Unidos dictó que Elián tenía que volver a Cuba, por lo que hubo que sacar al niño a la fuerza del hogar de sus familiares. La primera página de todos los periódicos mostraba la imagen del niño, asustado, mientras los agentes de la patrulla de fronteras le apuntaban con sus armas a él y a su tío, que estaban ocultos en un armario. Me horrorizó ver la fuerza desmedida que habían utilizado para llevarse al niño, y aquella imagen me tuvo obsesionada durante meses.

Doce años después, en meditación, la cara de Elián volvió a emerger en mi mente y no pude quitármela de la cabeza.

Al salir de la meditación me entró el anhelo por saber qué había ocurrido con Elián. Averigüé que se había convertido en miembro del Ejército cubano, y desde ahí entré en una madriguera de conejo. Leí acerca del embargo de Estados Unidos a Cuba, de la crisis de los misiles, de la Guerra Fría y la historia de los líderes de Cuba. Indagué en la geografía y la cultura de la isla. Me acordé de que una de mis bandas favoritas, la Buena Vista Social Club, era de Cuba.

Me intrigaba la familiaridad que sentía con todo aquello, pero desconfiaba de mis propias tendencias: en uno de los momentos más duros de mi vida, ¿no estaría buscando otra distracción más? ¿Por qué sentía tanta curiosidad por Elián?

Sin tener claro nada, dejé el ordenador a un lado y me fui a la cocina a comerme las zanahorias baby y el humus que Kristin me había dejado aquella mañana, y después me fui a la biblioteca con la bici roja Schwinn de diez velocidades que me había prestado Luke, bombeando mis piernas contra los pedales, con el viento agitándome el cabello. Iba a devolver un libro titulado *Morir para ser yo*. Son los recuerdos de una médica, Anita Moorjani, cuyos órganos colapsaron tras un baile (no una batalla) con el cáncer,[12] y detalla su experiencia cercana a la muerte, para luego darse cuenta de cuál era la raíz de su enfermedad, curándose a partir de ese momento. El libro había saltado del estante cuando ha-

---

12. Publicado por Gaia Ediciones, Móstoles, Madrid, 2013.

bía estado en la biblioteca unos días atrás, y me había resultado muy inspirador, llevándome a pensar si podría encontrar la raíz de mi enfermedad para curarme, como había hecho ella.

Cuando llegué a la biblioteca había unas cuantas personas dando vueltas por allí, solicitando ayuda, y yo no estaba de ánimo para firmar. A pesar de mi paseo en bicicleta y de escuchar a la Buena Vista Social Club toda la mañana durante mis indagaciones sobre Cuba y Elián, estaba irritada y de mal humor. Había estado así durante meses –culpa de la depresión–. Pero la biblioteca era uno de los pocos lugares que me animaban. Tenía ganas de entrar. La lectura todavía me proporcionaba un billete fiable al exterior de mí misma. Devolví el libro de Moorjani y agarré unos cuantos más: *La bruja de Portobello*, de Paulo Coelho,[13] *La decisión más difícil*, de Jodi Picout,[14] y *Curación cuántica*, de Deepak Chopra.[15]

En el exterior de la biblioteca, un joven larguirucho con un portapapeles en la mano intentó buscar mi mirada.

—¡Perdone, señorita! –levantó la voz mientras venía hacia mí.

Yo miré al suelo y seguí caminando. «¿No es éste el lenguaje universal de "Déjame en paz"?». Evidentemente, él no hablaba ese lenguaje.

—Hola, ¿dispone de un minuto… por el medioambiente?

—No, tengo prisa –mentí, sabiendo perfectamente que no tenía ningún lugar adonde ir durante los próximos meses.

Pero el joven me siguió.

—Es sólo un minuto. ¿Ha oído hablar alguna vez de Greenpeace?

Pero no importaba si había oído hablar o no, porque me lo iba a contar de todos modos. Mientras el tipo ensalzaba las virtudes de la organización medioambiental, su voz chillona, desproporcionada en relación con su alta y nervuda complexión, me reblandeció el corazón. Su pasión por su trabajo hizo que aminorara el paso. Después de hablarme de los peligros del cambio climático y de sus efectos sobre el bosque lluvioso, realizó su petición:

—¿Podría hacer alguna donación?

---

13. Publicado por Editorial Planeta, Barcelona, 2012.
14. Publicado por Zenith, Barcelona, 2006.
15. Publicado por Plaza & Janés, Barcelona, 1997.

Le dije que iba muy justa con el presupuesto y le pregunté si no habría algo que pudiera firmar a cambio. Pero él siguió presionando, de modo que comencé a impacientarme. ¡Yo tenía un montón de nada por hacer! Al final, viendo que no iba a conseguir dinero conmigo, el joven me ofreció un panfleto de Greenpeace como regalo de despedida. Se puso a buscar en una vieja bolsa azul oscuro de mensajería, con la correa llena de grietas y algunos hilos colgando por aquí y por allí. En la parte delantera, en una especie de blasón rojo, ponía, en castellano: *Cuba te espera.*[16]

Con un gesto de impaciencia, señalé la bolsa.

—¿Qué significa esto?

Yo sabía lo que significaba con mi rudimentario español, pero seguía buscando una respuesta externa a mí.

El joven me miró confuso.

—¿Se refiere a esto? –preguntó, señalando el eslogan– Significa «Cuba te espera».

Tomé aire. Entrecerré los ojos. La piel erizada.

Al parecer, *Cuba te espera* era un eslogan publicitario de los tiempos en que Cuba era un destino turístico abierto a los estadounidenses. Actualmente, Cuba ya no está abierta para éstos (al menos, no oficialmente), a menos que exista un propósito de aprendizaje legítimo. Las directrices parecían estrictas, y sólo la violaban los aventureros. O los estúpidos. O los desesperados. Y yo era las tres cosas a la vez.

—¿Has estado en Cuba? –pregunté, pues mi curiosidad crecía por segundos.

Respondió que no, pero que algunos amigos suyos sí habían estado.

—Tienes que ir por México o por una de las islas del Caribe para poder hacer lo que te apetezca allí –explicó–. También tienes que decirles que no te sellen el pasaporte al llegar, porque, si te pillan, te pueden poner una fuerte multa por no respetar las normas.

Asentí lentamente con la cabeza, pendiente de cada una de sus palabras.

—He estado indagando sobre Cuba esta mañana –le dije tentativamente.

---

16. En castellano en el original inglés. *(N. del T.)*

Luego le hablé de Elián González y de algunas de las actualizaciones sobre su vida que había leído.

El chico era demasiado joven para acordarse de Elián. Entorno los ojos como para decirme cortésmente que no sabía de lo que hablaba.

—¿Crees que esto puede ser una señal? –le dije señalando la bolsa con un movimiento de cabeza.

Me protegí los ojos de la luz del Sol con la mano y esperé una respuesta del chico del portapapeles. Yo estaba desesperada, y habría aceptado cualquier cosa, de cualquier persona, que me confirmara que Cuba era una buena idea. Todo se me antojaba una pista que me indicaba el camino para salir de la depresión.

El joven se encogió de hombros, mientras yo intentaba ignorar las burbujas de champán que se formaban en mi sangre.

—Podría ser –respondió.

Aquello fue suficiente para mí.

Volví a toda velocidad sobre la Schwinn con la mochila llena y el corazón a punto de estallar por el esfuerzo. Era lo más rápido que me había movido durante meses. Arrojando mi mochila sobre Paco, mi amable colchón, me precipité hacia el despacho, del que había salido una hora antes. La página de búsqueda que había dejado abierta sobre la crisis de los misiles de Cuba seguía abierta.

Unas cuantas horas más tarde, había encontrado una ruta a través de Cancún y una agencia de viajes en la que me ayudarían a rellenar los documentos oficiales para entrar legalmente en el país, recurriendo al vacío jurídico de los fines educativos. El tour era estricto en lo relativo a no violar las restricciones de viaje de Estados Unidos, pero, tras los tres primeros días, yo iba a ausentarme sin permiso y viajar por mi cuenta. Sólo necesitaba el tour de la agencia de viajes para entrar en el país y para obtener legalmente mi valioso sello en el pasaporte.

El plan estaba saliendo a la perfección, salvo por el hecho de que yo estaba clínicamente deprimida, no me había cocinado nada para comer en seis meses y me había apoyado en Kristin para mis necesidades más básicas. ¿Cómo iba a hacer un viaje internacional yo sola? No lo sabía, pero no me importaba. Seguía haciendo gilipolleces, pero Cuba me estaba esperando.

Antes de que Kristin llegara a casa del trabajo y pudiera disuadirme, reserve un vuelo a Cancún para dos semanas más tarde. Supuse que dispondría de tiempo suficiente para recuperar algunas habilidades vitales básicas, aprender un poco de español y convencer a familia y amigos de que estaría bien viajando sola. ¿No es así?

Ni toda la formación en derecho del mundo me podría haber preparado para el pleito que todos y cada uno me plantearon cuando les dije que me iba a Cuba yo sola. Yo me justificaba en que había estado viajando sola por medio mundo durante quince años. Kristin me recordó el día que había estado llorando durante horas por haber perdido una zapatilla. Mi terapeuta me preguntó cómo iba a contactar con ella mientras estuviera allí. Mi madre –siempre angustiada con mis viajes internacionales de todos modos– apenas pudo disimular la angustia en su voz. Casi podía verla con el ceño fruncido y sus redondeados hombros a través del teléfono.

—Ah, de acuerdo –dijo, que era lo que siempre decía cuando yo le hablaba de alguna idea disparatada.

Mis hermanas intentaron convencerme de que esperara un año antes de irme a Cuba.

Mi padre me recordó que Cuba tenía unas terribles relaciones internacionales con Estados Unidos.

Todos ellos tenían razón. Era una idea terrible. Y yo estaba atendiendo exactamente a las mismas voces que me habían llevado a recorrer medio mundo en busca de mí misma sólo para terminar en el vacío. Después de todo, me había pasado la última década saltando de una cabina de escape a otra cada vez que me encontraba con una mala racha. ¿Cómo podía estar segura de que Elián y su desgarradora historia no eran una excusa más que me había montado yo sola para sembrar el caos y huir de mi vida, cuando lo que necesitaba era estarme quieta, confrontarlo todo y encontrar algo de paz?

Yo había encontrado un poco de paz en la meditación, pero los impulsos profundamente arraigados que nos llevan a huir de nosotros mismos son más profundos que esos atisbos de paz. En ocasiones, esos impulsos nos llevan a estrellarnos directamente de vuelta sobre nosotros mismos y nos obligan a enfrentarnos a algo que siempre hemos sabido, pero temíamos reconocer.

Lo único que sabía entonces era que sentía un hormigueo en la sangre por vez primera en…, no podía recordar cuánto tiempo. Todo en mi vida, en aquel momento, era un enorme NO, y yo sentía que Cuba era un atronador SÍ. Tenía que ir, aunque tuviera que luchar conmigo misma para ello. Todas las noches daba vueltas y más vueltas, con pesadillas en las que estaba perdida en el país sin nadie que pudiera rescatarme. Era una posibilidad. ¿Caería de nuevo en mis viejos hábitos y patrones? Yo había probado antes con estos «viajes curativos» y no habían funcionado. ¿Cuál era aquella vieja definición de la locura? ¿Cómo podía saber que esta vez iba a ser diferente?

Pero aquel puntito de luz que había dentro de mi cuerpo –aquel hormigueo que susurraba «Cuba te espera»– sonaba más fuerte que mis resquemores. Quedé con mis padres en que les escribiría correos electrónicos a diario y que ellos se los enviarían a mis hermanas. Quedé con mi terapeuta en que haríamos un largo chequeo una vez a la semana, y le prometí que continuaría con la meditación. Me di permiso a mí misma para no tener las respuestas, para tomarme tiempo, para cagarla, para decirme la verdad de cómo me sentía, y para perdonarme regularmente; para abrazarme con la ternura de un pajarillo. Me sentía una, me sentía frágil. Una terminación nerviosa con patas.

La casa de Kristin había sido un útero para mí. Durante seis semanas, me había permitido mostrarme necesitada. Había permitido que Kristin viera todas mis partes fracturadas y le había dejado que me ayudara a recomponerme. Ahora, estaba de regreso en el mundo, tanto si estaba preparada como si no.

En el aeropuerto, cuando me alejaba finalmente de ella en la terminal, me entró un escalofrío. ¿Y si no me acordaba de comer? Estaba allí en la terminal, de pie, mirando el indicador de Cancún. ¿Era yo la misma de antes, dando vueltas en aquellos tristes círculos, o había algo… diferente? Si así era, ¿qué había cambiado, yo o la situación? No podía estar segura.

Después de todo, ahí estaba de nuevo, corriendo una vez más. ¿Estaba sucumbiendo al aburrimiento y la inquietud una vez más? Había llegado a pensar que mi inquietud era mi talón de Aquiles, ese defecto fatal que me haría desdichada por siempre. La inquietud era esa voz que me gritaba que dejara los papeleos, que rompiera con mi pareja, que reservara billetes para lugares de dudosa reputación. Era la voz que no me permitía concentrarme en la escuela, que no me hacía fiable en el trabajo, voluble en el amor. Había estado encerrada en una batalla mortal con esa voz durante tanto tiempo, y había sufrido tanto…

Y, sin embargo…

Quizás aquella voz no era la que me había provocado tanto sufrimiento. Quizás mi sufrimiento había venido por no querer escucharla. Quizás siempre estaba inquieta porque forcejeaba con el mensaje urgente que me enviaba. Quizás lo que necesitaba, en última instancia, era despertar a esa voz en mi interior, y reconocer, definitiva y plenamente, lo que estaba intentando decirme:

UN DÍA TE VAS A MORIR.

Es la verdad más simple de todas y, sin embargo, es aquella verdad contra la cual más nos rebelamos.

La apartamos. Dejamos las cosas para más tarde. La muerte es algo que les sucede a *otras* personas, o bien a nosotros en un futuro tan distante que es lo mismo que decir «nunca». Priorizamos todas las cosas que menos importan a expensas de las que más importan.

Hay gente que espera toda una vida para ver la Gran Muralla de China, hasta que están demasiado enfermos para viajar, o guardan una botella de champán Veuve Clicquot hasta que ya no pueden bebérsela.

Dejamos para mañana esa importante llamada telefónica, para el viernes el pintarnos los labios de púrpura o para el verano el comenzar a trabajar en la casa club de los niños. Pero, antes de que nos demos cuenta, enfermaremos, nos harán un diagnóstico y estaremos llamando a la puerta de la muerte.

La vida es ahora. Es justo aquí. Es esto.

El pasado no es más que una serie de recuerdos codificados en el hipocampo. El mañana, siempre un día más allá, es una falsedad y una ilusión de nuestro cerebro, que insiste en la existencia del tiempo lineal. *Este* momento es el único que existe. Al momento siguiente, quizás ya no estés aquí, y no serás más que un recuerdo en el hipocampo de otra persona.

Al final, tener una personalidad como la mía –apasionada, sensible, creativa, curiosa, extravagante– me ha hecho singularmente consciente de esta verdad. Como abogada, mi impaciencia ante la burocracia y mi enfoque en las verdades últimas y la compasión me habían sacado de mis casillas. En el trabajo con la muerte, este enfoque me ayuda a estar presente con mis clientes y a que estén presentes consigo mismos. Estoy firmemente arraigada en mi cuerpo. Mi costumbre de estar buscando siempre sin expectativa alguna de encontrar nada me permite ayudar a mis clientes a sobreponerse al terror ante lo desconocido. Si alguna vez hubo una respuesta al eterno *por qué,* yo no querría saberla. De este modo, puedo seguir saboreando el delicioso misterio de cada faceta de la existencia. El quién soy no es un defecto. El quién soy es un don.

De modo que sí, estaba huyendo de algo mientras esperaba mi vuelo hacia Cuba. Pero también estaba corriendo *hacia* algo. Todavía no sabía por qué ni hacia quién me dirigía, pero sabía que estaba allí, en alguna parte. La encontré en Cuba, en un autobús de Viazul, en la electrizante compañía de una mujer alemana que recorría el mundo para ver lo que podía contemplar antes de que un cáncer uterino pudiera acabar con su vida. La encontré imaginándome a mí misma en mi lecho de muerte por vez primera. Y con mi muerte como guía, la encontraré una y otra vez, siguiendo los pasos de mi curiosidad, de mi verdad y mi dicha hasta que, al fin, muera yo también.

Cada una de las personas a las que he tenido el honor de acompañar hacia su muerte me ha dejado una valiosísima lección sobre la vida, mostrándome los miles de formas en que una elige vivir... y morir. Todas ellas viven dentro de mí, y sus lecciones también.

Pero, en lo referente a seguir tu verdad sin ningún temor, malditos sean los detractores, pocas personas hay que me hayan conmovido tanto como la señora Bobbie.

Conozco a la señora Bobbie unos años después de haber comenzado a ejercer como doula de la muerte. Su hija me ha pedido que vaya a verla una vez a la semana en los días en que ella y su hermana no pueden hacerle compañía. Al poco tiempo se me hace evidente que mi trabajo con la señora Bobbie guarda relación con la revisión de vida, una larga vida, paseando por el carril de los recuerdos y dando algo de contexto a sus experiencias. Esto es lo que deduzco de las historias que la señora Bobbie cuenta una y otra vez, centrándose en el pasado y en la vida que ella se creó, intentando ahora darle culminación. Nada queda por hacer en su vida, y no hay tareas pendientes.

Nacida en 1923, la señora Bobbie acaba de cumplir 94 años y está confinada en una cama de una residencia de ancianos en Los Ángeles, tras verse incapacitada para seguir viviendo sola. Su cama es la primera de tres camas, separadas por cortinas en una habitación en penumbra, la cama más alejada de un televisor atornillado a la pared en la esquina superior derecha de la habitación. La enfermedad de Parkinson ha marchitado sus manos, y las piernas ya no aguantan el peso de su cuerpo. Sin embargo, su espíritu es luminoso, y la señora Bobbie se muestra entusiasmada por tener compañía.

—¡Cariño, mírate! ¡Qué buen aspecto tienes cuando vienes a verme! –dice con los ojos brillantes cada vez que entro por la puerta.

Sus comentarios hacen que me asegure de vestirme bien para ella y que me pavonee. Me pregunta por mis conjuntos, mis relaciones, mis alhajas. Normalmente, le pongo a ella algo de lo que llevo puesto, sacándome un anillo para pasárselo a ella hasta sus huesudos nudillos. Ella se lo mira y sonríe, haciendo como que posa. Y se ve que está anhelando compartir las historias de su vida con una persona nueva. Imagino que los miembros de su familia han oído estas historias tantas veces que quizás están cansados de ellas. Me siento en un sillón a su izquierda, separada de la cortina color crema, un poco sucia de las manos que tiran de ella una y otra vez a lo largo del día para dar la impresión de que los residentes tienen algo de privacidad.

Durante las visitas, la señora Bobbie me cuenta cosas mientras le pongo loción en las manos, le pinto las uñas de color ciruela o le depilo los pelillos de la barbilla, que le han crecido debido al abandono. El álbum de fotos de terciopelo granate que tiene en la mesilla de noche alberga toda una vida de recuerdos, y transpira un tenue aroma a Shalimar. Como enfermera itinerante que fue, se le concedió el derecho a viajar durante la época de Jim Crow, a pesar de ser negra. Ella presume de los lugares que ha visto y que sus amigas nunca llegaron a ver. La señora Bobbie estuvo en China, y le hubiera gustado enseñarme las perlas que se trajo de allí, pero las tuvieron que vender para pagar su estancia en la residencia de ancianos. Me habla de su marido, al que hizo huir con una pistola cuando descubrió que la había engañado con otra. Y me habla de sus otros divorcios, cuatro en total, con muchos amantes de por medio. Mientras la peino, la señora Bobbie insiste en que ella fue una de las primeras mujeres negras en llevar el cabello recogido con un moño francés en Estados Unidos, porque ella lo había visto en París. Vivió en 26 casas en Los Ángeles y está orgullosa de haber vivido en un par de vecindarios selectos.

—Tendrías que haber visto sus blancas caras cuando yo salía con la bata y los rulos a la calle los domingos por la mañana a recoger el periódico.

Y cuando se le pregunta cuántos bisnietos tiene, la señora Bobbie responde con un bufido:

—Cariño, he perdido la cuenta.

Aunque está cerca del final de su existencia, sigue estando llena de vida. Y, aunque repite las historias con frecuencia, la señora Bobbie sigue teniendo una memoria muy detallista. Durante el transcurso de un año, veo cómo su salud va empeorando poco a poco. Sus historias se hacen más cortas y ya no tiene ganas de comer, salvo pasteles de crema de avena, que se pueden encontrar en las gasolineras y que yo cuelo en la residencia para ella. Son lo suficientemente suaves como para que pueda masticarlos sin tener dientes. Llega un momento en que pierde el interés porque la peine o le pinte las uñas.

En el que sería nuestro antepenúltimo encuentro, la saco en la silla de ruedas a un pequeño patio para que vea las orquídeas, que tanto le gustan. Han florecido por fin y la señora Bobbie se sobrecoge con sus colores: magenta en el centro, con una corona blanca. Le pregunto si sus 94 años –casi 95, me interrumpe para recordarme– tienen algún sentido para ella. Su vida ha sido compleja. Las mujeres de su edad, normalmente se casaban, no se divorciaban, no trabajaban y tenían hijos. Pero la señora Bobbie trazó su propio sendero. Espero de ella que me dé una frase para el recuerdo, algo que alivie mi miedo, profundamente arraigado, de no estar haciendo lo que tengo que hacer con mi vida. Quizás debería haber seguido en Ayuda Legal. Quizás debería haber continuado mi vida con Kip. Quizás debería haber tenido hijos.

De manera despreocupada, la señora Bobbie dice:

—Cariño, no he descubierto una mierda. Mi vida fue tan caótica…
Pero no cambiaría ni un maldito detalle.

Hace una pausa, aprieta los labios y mueve la mandíbula de un lado
a otro, aplastando el pastel de crema de avena con las encías.

—¡Muchacha! Mi vida ha sido un viaje extraordinario.

Tres semanas más tarde, una de sus hijas me llama por teléfono para
decirme que la señora Bobbie ha tenido un episodio cardíaco. Consuelo a la hija y le digo que quedo a la espera de más noticias, siempre y
cuando estén dispuestas a dármelas. Para mis adentros, desestimo el
episodio como una ocurrencia menor, dado que la señora Bobbie ha
navegado mucho más en su vida y tendrá una historia más que contar.
Pocos minutos después, la realidad me pone en mi sitio. El extraordinario viaje por la vida de la señora Bobbie terminará pronto. De hecho,
muere pocos días antes de su nonagésimo quinto cumpleaños, ocasión
para la que había planeado ponerse un vestido rojo de lentejuelas con
el cabello recogido en un moño francés.

Es para mí un honor haber sido invitada al funeral de la señora Bobbie. No es extraño que me inviten, dado que llego a intimar con mis
clientes y sus familias durante el proceso de muerte, pero esta vez es
diferente. No he llegado a conocer a ninguno de los miembros de la
familia de la señora Bobbie; el acuerdo de servicio se hizo por teléfono,
los documentos se firmaron electrónicamente y en mis visitas a la señora Bobbie sólo estuvimos ella y yo. Conozco los nombres y las historias,
pero los únicos rostros que conozco son de viejas fotografías, de instantes que tuvieron lugar 40 o 50 años atrás. Estando en su funeral, siento
a la señora Bobbie. La mayoría de las personas tienen un aspecto similar, dado que muchas de ellas son familiares suyos y entre sí. Su pane-
gírico, que pronuncia el mayor de sus nietos, es intimista, y comparte
historias aún más absurdas que las que yo había escuchado. Añade nuevas capas a una mujer que luchó por vivir a su manera en una época en
que se suponía que la vida era una versión reducida de una misma. Éste
es su legado, y es asombroso. Lloro en silencio en el último banco de la
iglesia dando gracias por su ejemplo.

Existe una creencia social falsa en eso de «tenerlo todo». Es esa falsedad que dice que debemos tener un buen empleo, que debemos tener un propósito en la vida y una pasión, los abdominales marcados, unos hijos que destaquen, una casa limpia, un cónyuge cariñoso y unas cejas perfectas. Pero las cejas se depilaron en exceso en los primeros años del siglo XXI y ya no han vuelto a crecer del todo, y los seres humanos nunca serán perfectos. En algún momento, todos y cada uno de nosotros nos debilitaremos, nos derrumbaremos y moriremos.

Muchas personas llegan al final de su vida rumiando sobre lo que creen que «deberían» haber hecho. Pero no hay ningún manual o guía para vivir la vida. Sólo venimos en un saco de materia esperando que la vida haga lo que tenga que hacer. Hacer las paces con la guía de la vida fantasma es un trabajo que muchas personas sólo logran hacer en su lecho de muerte, cuando ya es demasiado tarde para cambiar de rumbo. Mientras vivimos, podemos construir una vida en la que nos encontremos cómodos muriendo.

Me he pasado gran parte de mi vida intentando desenredarme de la espesura de las expectativas que los demás han forjado sobre mí, e intentando desaprender las normas que la sociedad me dio acerca de lo que debería ser la vida. Vivir mi vida como «se suponía» que tenía que vivirla me ha traído más dolor que propósito, y ciertamente más tristeza que satisfacciones. La segunda pregunta que me hago a mí misma con más frecuencia sigue siendo, «¿Estoy haciéndolo bien?» (la primera es «¿Tengo hambre o estoy aburrida?»).

La respuesta es siempre SÍ. Tengo hambre. Y sí, lo estoy haciendo bien, con independencia de lo que cualquier otra persona pueda pensar. Es mi vida y yo soy la única que tendrá que enfrentarse, en mi lecho de muerte, a las decisiones tomadas.

Sólo sabemos qué tipo de historia es cuando conocemos el final de la historia, y queremos un final feliz tipo Hollywood. Queremos envolverlo todo con un lazo brillante… donde podría haber un humeante montón de mierda. Pero la vida no funciona así. Y la muerte tampoco. Puede ser enrevesada, tortuosa, llena de sorpresas y difíciles giros a la izquierda. Y el bonito lazo que queremos ponerle a la vida quizás no llegue. Quizás sea la corona que se pone sobre el ataúd.

Lo único que sabemos es que todo termina. Nuestro negacionismo colectivo de la muerte nos lleva a comportarnos como si fuéramos a vivir para siempre. Pero no tenemos un «siempre» para crear la vida que queremos.

Por el amor a la vida, no te mueras con el frigorífico lleno de plátanos. Haz el pan de plátano. Grita sobre la almohada. Échate una siesta. Cómete el pastel. Perdónate a ti mismo. Cómprate unos zapatos. Pide perdón a las personas a las que hayas hecho daño. Observa a los pájaros haciendo nidos. Cuenta tu verdad. Di a las personas que quieres que las quieres. Folla. Un montón. Y haz el amor. Deja el trabajo. O *toma* el trabajo. Sea lo que sea que *tú* sabes que tienes que hacer para reconciliar tu vida con tu muerte, hazlo. Hazlo hoy. Y no pares hasta que tengas suficiente.

Una ola de purpurina

Pienso en mi muerte casi a diario. A veces es porque estoy haciendo algo ridículo, como patinar por la cocina. Estoy a punto de perder el equilibrio y me imagino que me doy en la cabeza con la encimera. A veces pienso en mi muerte porque estoy en el umbral entre este mundo y lo que sea que venga después, presenciando la muerte de otra persona. Sigo preguntándome cómo un ser humano puede tener una chispa de vida en su interior para evaporarse de pronto, en un instante, como una voluta de humo. Y a veces pienso en mi muerte porque toda mi vida me lleva a ese desconcertante momento.

Nadie sabe lo que ocurre cuando la vida termina. Muchos optamos por llenar ese espacio de no saber con temor, por el miedo a abandonar el único lugar que hemos experimentado. Sin embargo, en nuestra vida cotidiana, cuando pensamos en hacer un viaje a algún lugar que no hemos visto, lo anticipamos con gozo. Y podemos hacer lo mismo con nuestra muerte, si así lo decidimos, añadiendo detalles sensoriales tan exuberantes que podamos sentirlos en los huesos.

Esto es lo que *yo* he decidido:

En los instantes previos a mi muerte, yazgo en mi propia cama, que está en una plataforma en el exterior de la casa. Todos mis sentidos están alertas, en la medida en que mi cuerpo moribundo pueda soportar, ya que ésta es la última vez que van a poder disfrutar de las imágenes, los sonidos, los olores y el tacto que he llegado a atesorar con los años. Dejando que mis ojos disfruten de su último atardecer, quiero ver naranjas de acuarela, rosas exquisitos y púrpuras vibrantes, mientras el día muere en la noche sobre las copas de los árboles. Quiero escuchar el viento aleteando a través de las hojas, mientras los árboles se balancean en su danza sincronizada de décadas. Sólo escucho la callada conversación de mis seres queridos y el suave murmullo del agua de un arroyuelo un poco más abajo.

Girasoles naranjas y amarillos me rodean en la plataforma, junto con algunas peonías, que todavía puedo oler desde mi lecho de muerte. Incienso de ámbar Nag Champa flota en el aire y se introduce en mi nariz. También puedo oler los árboles y la tierra húmeda y mohosa. Espero que mi última comida haya incluido plátano frito, aunque es posible que mi cuerpo en decadencia no haya querido tomar alimento alguno durante semanas.

Mis amigos y mi familia no revolotean a mi alrededor, aunque no me pierden de vista por si acaso digo algo memorable. Con mi suerte y mi boca de marinero, mis últimas palabras podrían ser «¡Puta y jodida mierda!».

Una suave manta polar me cubre y llevo puestos unos calcetines calentitos. Detesto los pies fríos, y me estremezco sólo con la idea de que ésa pueda ser una de mis últimas sensaciones. Me humedecen los labios, al igual que la piel, porque cuidan de mí personas que saben que no voy con la tez pálida a ninguna parte, y menos aún en mi muerte. Tengo que mantener mi cuerpo lo más chocolatoso posible. Y mejor que no lleve sujetador.

Mis asuntos terrenales están todos resueltos y mis seres queridos saben qué hacer con mis posesiones y mis restos: quiero un funeral verde. Poned mi cuerpo directamente en la tierra, cubierto sólo con un sudario de seda cruda de color rosa y naranja, a no más de un metro bajo tierra para que los bichos devoren mi celulitis y se deshagan de mi cuerpo de forma natural. También tienen instrucciones para mi funeral. Tiene que ser en el exterior, con mis joyas y alhajas colgadas de las ramas bajas de los árboles. Y quiero que quienes asistan al funeral elijan una de ellas y se la lleven a casa.

Sobre las mesas quiero gerberas de brillantes colores, y muchas de las fotografías que tomé en mis viajes, esparcidas por todas partes.

Quiero que mis deudos lleven por atuendo aquello con lo que se sientan más fabulosos, que beban un montón de tequila, que bailen, que lloren, canten, rían y se consuelen.

He dejado a la gente que quiero una directiva muy importante: que cuenten la verdad de quién soy. Honrad la abundancia de mi existencia por lo que es: no más que el parpadeo en el tiempo de un minúsculo cuerpo, sobre un planeta que es apenas una mota de polvo en la inmensidad del universo. Quiero que reconozcan la enormidad de mi pequeñez.

Espero que mis seres amados digan que viví en el amor y que hice mi trabajo. Quiero que digan que los animé a llegar hasta los límites de su vida y que no fui tacaña. Convendrá que no me santifiquen, pues tengo tanto de santa como de pecadora. Quiero que se sientan orgullosos por haberme dado la gracia de ser humana, y quiero que reconozcan todos aquellos momentos en que no fui la mejor versión de mí misma.

Me reservo el derecho de cambiar de opinión, de reconocer mis errores, de cambiar de creencias y de crecer hasta mi muerte. Puedo ser generosa, cariñosa, intuitiva, decidida, audaz y tontorrona. Pero también puedo ser exigente, mezquina, avariciosa, testaruda, criticona e impulsiva. Soy una persona entera.

Quiero morir tranquila: tranquila corporalmente, pero también tranquila en mi ser, libre para expresar mi malestar y mi miedo si emergen; tranquila sabiendo que mis seres amados me sustentarán así. Que ellos también estén tranquilos, que hablen libremente conmigo sobre su dolor por mi muerte inminente y que me permitan sentir mi propio dolor por la partida. Mis lágrimas caen sin necesidad de que nadie las enjugue. Y si no lo he aprendido antes, quiero en mi lecho de muerte no sentir vergüenza por la profundidad de mis emociones.

Quizás esté asustada de dejar atrás todo lo que he conocido y amado, pero también estoy preparada. En mi muerte, carezco de hasta el último gramo de habilidades y talentos que cultivé. Estoy, finalmente, consumida.

Quiero morir con gratitud. Me he movido con rapidez toda mi vida y, sin embargo, quiero caminar hacia mi muerte como una mujer borracha caminaría hacia su amante a través de una habitación oscura. Me entrego.

Todas las preguntas sobre mi vida han desaparecido. No más preocupaciones sobre si fui lo suficientemente buena para ser amada como soy. Sé que lo fui.

No más inquietud por lo que los demás piensen de las decisiones que tomé. Las dudas que tenía sobre cómo empleaba mi tiempo han desaparecido. Mis continuas luchas con la depresión, la duda y mi tendencia al caos han terminado por fin. Ya no puedo seguir huyendo de las cargas que yo misma me creé. Se acabó.

Mi cuerpo, en su tamaño y capacidad perfectos, me llevó a través de la vida, y ahora estoy en el instante de su muerte. Pero él sabe muy bien cómo morir.

Mi respiración se ha ralentizado significativamente, y mi corazón, debilitado, está haciendo lo que puede por bombear sangre a los órganos, que están colapsando. Mi sistema nervioso central también se ha ralentizado y, sin embargo, la red de nervios, venas y arterias que recorren mi cuerpo se estremece a medida que toda la dopamina, la serotonina, DMT y demás hormonas del bienestar corren por mi organismo. Siempre me pregunté si una se siente mal al morir, pero lo cierto es que me siento bien.

Mi capacidad sensorial está menguando, pero, dentro de mi cuerpo, todas las sensaciones y emociones que experimenté durante la vida comienzan a congregarse. Entrando lentamente en un *crescendo,* comienzo a sentir cada gozo, pena, excitación, dolor, vergüenza, orgasmo, culpa, libertad y júbilo que he sentido alguna vez. También siento las pequeñeces, como el chasquido de una rana que pise en Nairobi con los pies descalzos, el calor sofocante del automóvil tras un largo rato con las ventanillas cerradas en un día de verano, y las primeras notas de «As» de Stevie Wonder. Pero, por encima de todo, siento el amor en su dolorosa belleza. Amor por mí misma, por mi imperfecta vida y por todos los seres humanos, los animales, las plantas y los insectos que hicieron el viaje a mi lado.

He perdido la conexión con el mundo exterior, mientras la conciencia comienza a girar dentro de mi cuerpo y se dirige hacia el centro de mi corazón. Mis seres queridos, que se han reunido para velarme, están pendientes de cada una de mis respiraciones. No tienen que esperar mucho, dado que libero una suave y definitiva espiración. Mis pulmones descansan y mi cuerpo vuelve a la materia.

Siguiendo mis instrucciones, mis seres amados aplauden para celebrar la vida que amé y la gracia con la que la dejo escapar. Pero apenas puedo escucharlos. Mis sentidos se han opacado.

Mi conciencia se expande hacia fuera, más allá de los límites de mi cuerpo, que ya no pueden contener la profundidad y la amplitud de mi experiencia humana. Ya no responde a los estímulos externos ni me percibe como algo separado de cuanto me rodeaba. A medida que mueren las células en mi cuerpo, mi conciencia se expande progresivamente como un globo de helio. Estoy comenzando a experimentar la libertad de la muerte. La libertad en el no saber y disfrutar del viaje de todos modos. Justo cuando he sentido cada una de las sensaciones de mi cuerpo humano haya sentido alguna vez y no puede asumir otro instante, el «yo», tal como me conozco, estalla en unos fuegos artificiales de brillante, colorida y resplandeciente purpurina, que llena la atmósfera de motas de todos los colores concebibles.

Y cuando la purpurina llega a lo más alto, tras ser lanzada a la atmósfera por el empuje de mi fuerza vital, se esparce y cae lentamente como los copos de nieve. Esas motas de purpurina representan el quién fui como ser humano, dado que soy una amalgama de todos aquéllos a quienes he conocido y de todas las experiencias que he tenido. Las motas de purpurina aterrizan de forma más concentrada en las personas que me amaron, y de forma menos concentrada en las personas cuyas vidas alcancé. Se aferrarán a ellas del mismo modo que lo hace la purpurina, pegándose a cada resquicio de su ser. Así es cómo nuestros muertos permanecen con nosotros.

En esas motas de purpurina que caen desde el éter, puedo ver a mi padre comiéndose la hamburguesa vegetariana acartonada, y a mamá pegando estrellas en mis botas del Burning Man. Esas motas de purpurina son doradas.

Veo a Bozoma con 6 años escondiéndose bajo la mesa mientras ve el vídeo de «Thriller», y a Ahoba, hermosa, embarazada de mi sobrino Jahcir. También veo los pies de Jahcir, que crecen ante mis ojos desde unas bolitas carnosas y regordetas hasta una talla 47. Las motas de purpurina son aquí de color bronce, rojo y azul marino.

La naturaleza atenta y cariñosa de Aba resplandece en colores rosados de purpurina.

Veo la gran sonrisa de Kip en copos de purpurina azul.

En amarillo, veo a mis amigos y amigas, y a las que fueron mis parejas…, las risas que compartimos, los espejos que nos mostramos y el dolor que sentimos unos por otros.

Mirando arriba y alrededor, veo a la señora Bobbie comiéndose sus pasteles de crema de avena, la falda dorada de Ken, el pequeño hueco entre los dientes de Tash, los pasadores del cabello de Nancy. Veo el amor de Jack por sus hijos, los pomeranias de Justina, las placas de reconocimiento en el trabajo de Dora, las madres de los hijos de James, el bautismo de Summer, Akúa bailando sólo con los brazos y las cucharas decorativas de Leslie… todos representados en destellos multicolores de purpurina. Y muchas muchas otras personas.

Por todas partes a mi alrededor veo a Peter. Veo cuánto le gustaba el *shito,* un condimento de Ghana que se ponía en todo, así como sus bonitas cazadoras de piel. Le veo arrojando a Lael al aire, y a ella riendo gozosa entre purpurina naranja. Veo su incapacidad para rechazar cualquier reto que le sugiero y su amor por los deportes y los equipos de Boston. Esas motas son de color turquesa. Pero, con un magenta oscuro, veo el dolor que su muerte causó y el agujero que llevé yo toda mi vida por su ausencia.

Y todos los trocitos de mí que no se han pegado a nadie, como mis secretos y mis viejas redecillas del cabello, caen y se posan suavemente en el suelo hasta crear una enorme ola de purpurina. Grandes marejadas de los colores más brillantes y vibrantes ondulan a través de la eternidad hasta donde puedo ver, moviéndose a un ritmo tan familiar para mí como mi manera de caminar.

Lentamente, las motas de purpurina que una vez constituyeron las experiencias terrestres y mágicas de Alua Adwoba Arthur quedan envueltas por la ola, que se traga y engulle hasta los trocitos más pequeños, que se convierten nuevamente en parte de esas inmensas extensiones cósmicas. Y dejo de ser «yo».

He regresado a todo lo que siempre fue y todo lo que siempre será. Todo se ha completado, y estoy bien.

Hay alegría.

Hay paz.

Hay éxtasis.

Hay amor puro y permanente.

Hubo mi vida individual, ahora extinguida, e indistinguible de los miles de millones de vidas que vinieron antes y que morirán después.

Ésta es mi esperanza para cuando yo muera.

Espero que la muerte sea como cabalgar una brillante ola de purpurina, pero no sé si será así. Y, dado que no sé si tendré esa ola de purpurina en mi muerte, la forjaré con mi vida. Por eso busco la purpurina en todo.

Podemos pasarnos la vida preocupándonos por la muerte, o bien podemos utilizar nuestra breve estancia para profundizar en la experiencia de ser humanos, por todo lo que supone. Lo bueno, lo engañoso, lo impermanente. Podemos reconocer que la muerte nos llegará un día, y hacer uso de ese conocimiento para crear una vida tan completa, tan sincera, tan jugosa, que valga la pena dejarla. He visto una y otra vez los balances personales que hacen los seres humanos en sus últimos momentos, y sigue cerniéndose la pregunta de «¿Qué debo hacer para estar en paz conmigo mismo, para que pueda vivir en el presente y morir con gracia?».

Sin la muerte, nada de todo eso importaría. No habría contexto para lo que hacemos. Cuando vivimos en relación con nuestra mortalidad, ésta aporta dirección a nuestras acciones, veracidad a nuestras palabras, éxtasis a nuestra experiencia, autenticidad a nuestro ser y quizás kilos a nuestras caderas. Podemos tomar decisiones que resuenen con el núcleo de nuestro ser, libres de expectativas sociales y de los juicios de los demás.

En tanto que nuestra vida y nuestras decisiones pueden parecer insignificantes en el gran esquema de las cosas, en realidad no lo son. Con las increíbles coincidencias que tienen que darse para que nazcamos, el hecho de que vivamos es un milagro. Si lo mejor que hacemos en un día cualquiera es darnos la vuelta en la cama, habrá motivos para celebrarlo —siempre y cuando hagamos las paces con nuestras decisiones desde la perspectiva de nuestra muerte—. Convivir internamente con la mortalidad a diario nos proporciona la gloriosa oportunidad de refinar nuestras prioridades, redefinir nuestros valores y aportar asombro y misterio a la cabalgada salvaje que constituye nuestra singular vida. Esto nos permitirá llegar al final francamente harapientos, saciados y borrachos de vida, pero listos para regresar a casa, porque la fiesta se ha terminado y nos duelen los pies.

Esto es lo que deseo para todos nosotros: que vivamos la vida como el milagro que es, y que tengamos una muerte que sirva de punto final para una frase satisfactoria. *Precisamente porque* vivimos, nos toca morir. Y eso es un regalo.

Agradecimientos

Escribir un libro es tanto una muerte como un nacimiento. El libro, en sí, tuvo que pasar por un parto, y partes de mí, su autora, tuvieron que morir para que el libro naciera. Me volví vulnerable y me adentré en la intimidad de mi vida; y, al igual que sucede con muchas muertes, me resistí, me enfadé y lo intenté todo, menos aceptar la realidad; hasta que finalmente me sometí, como tenemos que hacer todos. Aquí está la gente que me vio, que velaron por mí y que me dijeron que lo estaba haciendo bien. Esas personas hicieron de doulas para mí y para el libro. Por favor, perdonadme si no os nombro, pero todavía siento vuestro amor.

En primer lugar, gracias a mi familia: doctor Appianda Arthur, Aba Enim, Bozoma Saint John, doctora Ahoba Arthur, Aba Arthur, Peter Saint John, Lael Saint John y Jahcir Murphy. Sois una fuente de inspiración constante y de risas, y un recordatorio de lo que estoy hecha cuando me olvido. Perdona por haber deseado que fueras un niño, Aba. Estoy muy agradecida de que seas exactamente lo que eres y en lo que te has convertido.

A la Alua de 13 años, que con sus trenzas recorría todo el vecindario blanco con su monopatín de Marvin el Marciano, con el fin de poner en marcha un programa de reciclaje; y que siguió yendo de puerta en puerta, aun cuando muchos le cerraban la puerta en la cara, sin conseguir ni una miserable lata: gracias por no rendirte. Gracias por ser fiel a ti misma en la medida de tus posibilidades. Aún tenemos algunos baches, pero vamos bien, aunque ya no cabalguemos sobre un monopatín porque no quiero romperme las rotulas.

Gracias a mi editora, Rakia Clark, por defender mi visión, por trabajar incansablemente para hacer que el libro viera la luz, por tu camiseta con mi cara en ella, por dar cabida a mi desorden, por despreciar los infinitivos partidos. A Lindsey Kennedy y Tavia Kowalchuk, quienes, con Rakia, llevaron con ardor este libro en su corazón y a las habitaciones en las que necesitaba ser visto. A Mark Robinson, por creer que esta escritora primeriza podía lograrlo. A mi agente literaria Anna Sproul-Latimer, que me sostuvo la mano, escuchó mis desahogos, respondió a todas mis preguntas y me envió de vuelta a mí misma en busca de aquellas respuestas que sólo yo podía responder. A Jayson Greene, que estuvo en la trinchera conmigo hasta terminar este libro y me hizo mejor como escritora y más compasiva como ser humano. A Kim Green, que me orientó y sacó adelante la primera versión de este libro. Kim es la primera persona que dijo, «¡Creo que tienes algo de valor aquí!».

Al equipo central de Going with Grace, que mantuvo el negocio en marcha mientras yo daba un paso atrás y me sumergía en mí misma para terminar el libro: Aba (de nuevo), Alica Forneret, Sara Westfall, Tracey Walker, Corie McMillan, Nicole Briggs-Gary, Valenca Valenzuela y Shannon Kranzler. Vuestra dedicación, pasión, atención a la excelencia y el recordatorio sobre el «por qué» me mantuvo a flote. Baxley Andresen: te llevas infinitos corazones púrpuras. A Corinne Bowen y Corinne Consulting, gracias por dar cabida a mis ideas para que jugara con ellas y viera cuáles podría hacer realidad. A Emily Márquez —alias Emerald Fields Forever—, pues me habría perdido sin ti. Gracias por permitir que el negocio se convirtiera en lo que es.

A los estudiantes del curso de Formación en el Final de la Vida de Going with Grace y a los antiguos guías de estudiantes: guau. Sois la gente más auténtica, la más provocativa, reflexiva, hilarante y creativa que conozco. Me inspiráis para que haga repeticiones más precisas del trabajo.

A Annie Georgia Greenberg: cuando yo forcejeaba por compartirme más para Refinery29, tú me recordaste que, si la gente escucha el mensaje, es por la historia del mensajero. Si no fuera por ese potente empujón, nunca habría hecho esto.

A la muerte y al colectivo de los moribundos: todos somos mensajeros. Es para mí un honor estar entre vuestras filas. En particular, gracias al doctor B. J. Miller, Caitlin Doughty, Claire Bidwell Smith, Lashanna Williams, Michelle Acciavatti, E. E. Miller, Katrina Spade, Elizabeth Erbrecht, Narinder Bazen, la doctora Shoshana Ungerleider y Tembi Locke por no tomaros nada de esto demasiado en serio y por llevar la vida con ligereza. Olivia Bareham: eres una pionera y mi maestra eterna.

A toda la gente que pavimentó el camino hablando y escribiendo acerca de cómo morimos mucho antes de que fuera un tema guay, les expreso mi más profunda gratitud.

A LP123: vosotros sois los vivos ejemplos de liderar sin rendirse. Gracias por aguantarme. Jessica Blue: tu humor, autenticidad y fe en mí a lo largo de los años han sido inapreciables. Margo Majdi: tú me dijiste que escribiera un libro cinco años antes de que yo lo concibiera, y expandiste lo que ahora sé que soy capaz de hacer. Te estaré eternamente agradecida por orientarme hasta en tu último acto. Descansa en el amor.

A mis amigos de Ayuda Legal que me ofrecieron un refugio cuando sentía que se iba todo a la mierda: Ji-Lan Zang, Carolina Sheinfeld, Vanessa Lee —tú me mantuviste con vida a base de pasteles y risas—. Malcolm Carson, Karla Barrow, Debra Sudo-Marr, Joe Kotzin y todos los ayudantes legales que me hicieron soportable lo insoportable. Silvia Argueta, tenías razón. Ir a Inglewood Self-Help, alias la Mazmorra, fue lo mejor que me pudo ocurrir.

A los muchos amigos y amigas que me escucharon hablar incesantemente de mis forcejeos en este proceso: ¡lo conseguimos! Gracias especialmente a quienes estáis ahí de por vida: Magda Labonté-Blaise, Kim Velez, Richard Frank, Aurora Colindres, Anastasia Baranova, Jessica Amisial, el doctor Kwame Ohemeng, Patima Komolamit, mis primas hermanas Joanne Sogbaka y Dorien Agyapon, Breeda Desmond, Folake Ologunja, Brookelin Barnhill, Ariane Aumont, Allison Kunath, Jacqui Ruiz, y a mis colegas de la facultad y para toda la vida, Kristin Bowers Tompkins, Rachel MacGuire, Jess Curtis y Jenni Cohen. A mi equipo de escritura: Carla Fernández, Scott Shigeoka, Liz Tran, sois la bomba.

A los tofes *mah kumah*, los caramelos de mi corazón, mi espacio más seguro: gracias por no ser nunca suficientes. Me hacéis sonreír con todos los dientes y derramar amor hasta en aquellas partes de mí que no quiero que vea nadie porque creo que son difíciles de amar. Me equilibráis, me hacéis arraigar, me sacáis de dudas y hacéis que mi vientre se voltee cuando entráis por la puerta o huelo vuestra camisa. Espero que sepáis siempre que os adoro con todas las fibras de mi ser. Gracias por no cansaros nunca de hablar de la muerte.

A todas y cada una de las personas que me ofrecieron un estrado o un sencillo «tu trabajo es importante», pues me animasteis a continuar. A los clientes que compartieron su vida conmigo, todos vosotros hicisteis de doulas conmigo para desarrollar nuevas versiones de mí misma, y para aceptar mejor la gloriosa singularidad de la vida y el poder que una sencilla historia humana puede tener.

Y también tengo que dar las gracias a este libro. A *Breve aunque perfectamente humana:* gracias por el esfuerzo del parto, por obligar a mi mano a someterse, por enseñarme sobre el morir. Tú me diste la patada en el culo. Gracias por empujarme más allá del miedo y por mostrarme el camino. Te estoy agradecida por haberme permitido ser tu encargada.

Al lector o lectora: gracias por permitirme compartir mi vida y mis muertes contigo. Gracias por permitirme ser humana.

Índice